Loung Ung
Der weite Weg der Hoffnung

Loung Ung

Der weite Weg der Hoffnung

Aus dem Amerikanischen
von Astrid Becker

ARGON

Die amerikanische Originalausgabe erschien 2000
unter dem Titel »First They Killed My Father. A Daughter Of Cambodia
Remembers« im Verlag HarperCollins, New York
© 2000 Loung Ung
Deutsche Ausgabe:
© 2001 Argon Verlag GmbH, Berlin
Gesetzt aus der Bembo
Satz: LVD GmbH, Berlin
Druck und Bindung: Clausen & Bosse, Leck
Printed in Germany
ISBN 3-87024-538-7

**Im Gedenken an die zwei Millionen Menschen,
die dem Regime der Roten Khmer zum Opfer gefallen sind.**

Dieses Buch ist meinem Vater Seng Im Ung gewidmet, der immer an mich geglaubt hat, und meiner Mutter Ay Choung Ung, die mich immer geliebt hat.

Meinen Schwestern Keav, Chou und Geak, weil Schwestern für die Ewigkeit sind, meinem Bruder Kim, der mich viel über Mut gelehrt hat; meinem Bruder Khouy dafür, dass er mehr als hundert Seiten zu unserer Familiengeschichte sowie Einzelheiten unseres Lebens unter den Roten Khmer beigetragen hat, wovon vieles in dieses Buch geflossen ist; meinem Bruder Meng und meiner Schwägerin Eang Muy Tan, die mich in Amerika großgezogen haben.

Inhalt

9	Vorbemerkung der Autorin
11	Stammbaum der Familie Ung im Jahr 1975
13	Phnom Penh April 1975
21	Die Familie Ung April 1975
35	Machtergreifung 17. April 1975
43	Evakuierung April 1975
51	Sieben-Tage-Marsch April 1975
65	Krang Truop April 1975
73	Wartestation Juli 1975
81	Anglungthmor Juli 1975
89	Ro Leap November 1975
107	Arbeitslager Januar 1976
121	Neujahr April 1976
141	Keav August 1976
153	Papa Dezember 1976
169	Mamas kleiner Affe April 1977
179	Verlassen der Heimat Mai 1977
191	Kindersoldaten August 1977
211	Gold gegen Hühnchen November 1977
221	Das letzte Treffen Mai 1978
231	Die Mauern bröckeln November 1978
241	Invasion der Youns Januar 1979
255	Die erste Pflegefamilie Januar 1979
267	Unter Beschuss Februar 1979
281	Der Angriff der Roten Khmer Februar 1979
291	Die Hinrichtung April 1979
299	Zurück nach Krang Truop April 1979
311	Von Kambodscha nach Vietnam Oktober 1979
325	Lam-Sing-Flüchtlingslager Februar 1980
333	Epilog
339	Danksagung

Vorbemerkung der Autorin

Von 1975 bis 1979 töteten die Roten Khmer durch Exekutionen, Hungersnöte, Krankheiten und Zwangsarbeit etwa zwei Millionen Kambodschaner, fast ein Drittel der Bevölkerung des Landes.

Dies ist eine Geschichte vom Überleben: meinem eigenen und dem meiner Familie. Auch wenn diese Ereignisse aus meiner Erfahrung stammen, spiegelt sich in ihnen die Geschichte von Millionen Kambodschanern. Hätten Sie zu jener Zeit in Kambodscha gelebt, dann wäre dies auch Ihre Geschichte.

Stammbaum der Familie Ung im Jahr 1975

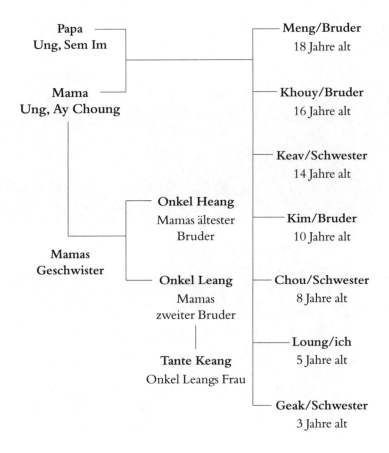

- Papa
  Ung, Sem Im
- Mama
  Ung, Ay Choung
- Mamas Geschwister
  - Onkel Heang
    Mamas ältester Bruder
  - Onkel Leang
    Mamas zweiter Bruder
  - Tante Keang
    Onkel Leangs Frau

- Meng/Bruder
  18 Jahre alt
- Khouy/Bruder
  16 Jahre alt
- Keav/Schwester
  14 Jahre alt
- Kim/Bruder
  10 Jahre alt
- Chou/Schwester
  8 Jahre alt
- Loung/ich
  5 Jahre alt
- Geak/Schwester
  3 Jahre alt

Phnom Penh

April 1975

Phnom Penh City erwacht früh, um die kühle Morgenbrise zu nutzen, bevor die Sonne durch den Dunst bricht und die Hitze in das Land einfällt. Schon um sechs Uhr morgens rempeln sich die Menschen auf den staubigen engen Seitenstraßen von Phnom Penh an. Kellnerinnen und Kellner in schwarzweißen Uniformen stoßen die Schwingtüren kleiner Restaurants auf, und der Geruch von Nudelsuppe begrüßt die schon wartenden Kunden. Auf den Bürgersteigen schieben Straßenverkäufer voll beladene Karren mit dampfenden Knödeln, Teriyaki-Spießen aus geräuchertem Rindfleisch und gerösteten Erdnüssen vor sich her, bereit für den anbrechenden Geschäftstag. Kinder in bunten T-Shirts und Shorts schießen barfuß Bälle den Bürgersteig hinunter, ohne sich um den Protest der Imbissverkäufer zu kümmern. Die breiten Boulevards hallen wider vom Gedröhn der Motorräder, von den quietschenden Fahrrädern und den wenigen Kleinwagen der etwas Wohlhabenderen. Mittags, wenn es auf vierzig Grad zugeht, wird es auf den Straßen wieder still. Die Leute sind auf der Flucht vor der Hitze nach Hause geeilt, wo sie etwas essen, kalt duschen und einen Mittagsschlaf halten, bevor sie um zwei Uhr zur Arbeit zurückkehren.

Meine Familie lebt in einer Wohnung im dritten Stock im Zentrum von Phnom Penh, deswegen bin ich an Verkehr und Lärm gewöhnt. Auf unseren Straßen gibt es keine Ampeln; Polizisten stehen auf Metallkästen mitten auf den Kreuzungen und regeln den Verkehr. Trotzdem scheint die Stadt zu jeder Tageszeit aus einem einzigen großen Verkehrsstau zu bestehen. Wenn ich mit Mama unterwegs bin, nehmen wir am liebsten ein Cyclo, weil man damit auch durch den dichtesten Verkehr kommt. Ein Cyclo ist eine Art großer Rollstuhl, der vorne an ein Fahrrad montiert wurde. Man lässt sich einfach auf den Sitz fallen und gibt dem Fahrer das Geld. Obwohl wir zwei Autos und einen Lieferwagen besitzen, fährt Mama oft auf dem Cyclo zum Markt mit mir, weil wir so schneller ankommen. Ich hopse lachend auf ihrem Schoß auf und ab, während der Fahrer durch die verstopften Straßen der Stadt strampelt.

Aber heute Morgen stecke ich in diesem großen Stuhl in einem Nudelimbiss fest. Viel lieber würde ich mit meinen Freundinnen Himmel und Hölle spielen. Große Stühle reizen mich, auf ihnen herumzuspringen. Ich kann es nicht ausstehen, wenn meine Füße in der Luft hängen und runterbaumeln. Mama hat mir schon zweimal verboten, mich auf den Stuhl zu stellen. Schließlich gebe ich mich damit zufrieden, mit den Beinen unter dem Tisch zu schlenkern.

Mama und Papa nehmen uns morgens, bevor Papa zur Arbeit geht, oft mit ins Nudelrestaurant. Immer ist das Restaurant voll. Löffel klappern gegen den Boden großer Schüsseln, heißer Tee und Suppe werden geschlürft, und der Geruch von Knoblauch, frischem Koriander, Ingwer und Rinderbrühe lässt meinen Magen knurren. Uns gegenüber sitzt ein Mann, der sich Nudeln mit Stäbchen in den Mund schaufelt. Neben ihm tunkt ein Mädchen ein Stück Huhn in ein Schälchen mit Hoisin-Sauce, während ihre Mutter sich die Zähne mit einem Zahnstocher reinigt. Für Kambodschaner und Chinesen ist Nudelsuppe ein traditionelles Frühstück. Das essen wir normalerweise, nur manchmal, zu besonderen Gelegenheiten, bekommen wir französisches Brot und geeisten Kaffee.

»Sitz still«, sagt Mama und beugt sich runter, um meine Beine mitten im Schwung anzuhalten, wobei ich aus Versehen gegen ihre Hand trete. Mama sieht mich streng an und gibt mir einen leichten Klaps aufs Bein.

»Kannst du denn nie still sitzen? Mit deinen fünf Jahren bist du das anstrengendste Kind. Warum kannst du dich nicht wie deine Schwestern benehmen? Wie soll aus dir denn jemals eine richtige junge Dame werden?« Mama seufzt. Natürlich kenne ich das alles schon auswendig.

Es muss schwer für sie sein, eine Tochter zu haben, die sich nicht wie ein Mädchen benimmt. Sie ist so schön und hat eine Tochter wie mich. Ihre Freundinnen bewundern Mama wegen ihrer Größe, ihrer schlanken Figur und ihrer porzellanweißen Haut. Ich habe sie schon oft über Mamas schönes Gesicht sprechen hören, wenn sie glaubten, dass sie sie nicht hören kann. Weil ich ein Kind bin, haben sie keine Hemmungen, alles in meiner Gegenwart auszusprechen. Sie glauben, dass ich sie nicht verstehe. Sie beachten mich gar nicht und kommentieren den schönen Schwung ihrer Brauen, ihre mandelförmigen Augen, ihre lange schlanke westliche Nase und ihr ovales Gesicht. Bei einer Größe von einem Meter achtundsechzig ist Mama eine Amazone unter kambodschanischen Frauen. Mama sagt, sie sei so groß, weil sie rein chinesischer Herkunft sei. Sie sagt, eines Tages werde ich wegen meiner chinesischen Gene auch groß sein. Ich hoffe es, denn jetzt reiche ich gerade an Mamas Hüften.

»Prinzessin Monineath von Kambodscha, ja, das ist eine Dame«, fährt Mama fort. »Man erzählt sich, sie ginge so leise, dass man sie nicht hören kann, wenn sie sich einem nähert. Sie lächelt, ohne ihre Zähne zu zeigen. Wenn sie mit Männern spricht, sieht sie ihnen nie direkt in die Augen. Was für eine anmutige Dame!« Mama sieht mich an und schüttelt den Kopf.

»Hmm ...«, gebe ich zur Antwort. Laut trinke ich noch etwas aus der kleinen Coca-Cola-Flasche.

Mama sagt, ich stampfe herum wie eine Kuh, die vor Durst stirbt. Sie hat schon oft versucht, mir beizubringen, wie eine junge Dame schreiten sollte. Zuerst muss man den Hacken aufsetzen, dann auf dem Ballen abrollen, während sich die Zehen schmerzhaft krümmen. Schließlich soll man sich mit den Zehen weich vom Boden abstoßen. Das Ganze hat anmutig, natürlich und leise zu geschehen. Ich finde das zu kompliziert und schmerzhaft. Außerdem trampele ich gerne herum.

»Diese Situationen, in die sie dauernd gerät! Vor ein paar Tagen ist sie ...«, sagt Mama gerade zu Papa. Sie wird von der Kellnerin unterbrochen, die unsere Suppen bringt.

»Phnom-Penh-Nudeln mit Hühnchen und ein Glas heißes Wasser«, sagt die Kellnerin und stellt die dampfende Schüssel durchsichtiger Kartoffelnudeln in klarer Brühe vor Mama hin. »Und zweimal scharfe Schanghai-Nudeln mit Rinderkutteln.« Bevor sie geht, stellt die Kellnerin noch eine Platte mit frischen Sojabohnensprossen, Limonenspalten, klein geschnittenen Frühlingszwiebeln, ganzen roten Chilies und Minze auf unseren Tisch.

Während ich das alles in die Suppe gebe, taucht Mama meinen Löffel und die Stäbchen in das heiße Wasser. Dann wischt sie das Besteck ab und gibt es mir zurück. »In diesen Restaurants ist es nicht sehr sauber, aber das heiße Wasser tötet die Keime.« Sie reinigt auch Papas und ihr eigenes Besteck. Mama probiert ihre klare Hühnerbrühe, während ich zwei ganze rote Chilies in meine Suppe fallen lasse. Papa sieht mir wohlwollend zu. Mit dem Löffel zerdrücke ich die Chilies am Schüsselrand, und dann schmeckt meine Suppe so, wie ich sie gerne esse. Langsam schlürfe ich die Brühe, und meine Zunge fängt sofort an zu brennen. Meine Nase läuft.

Vor einiger Zeit hat Papa mir erklärt, dass Menschen in heißen Ländern scharf gewürztes Essen zu sich nehmen sollten, weil sie dadurch mehr Wasser trinken. Und je mehr Wasser wir trinken, desto mehr schwitzen wir. Schwitzen schwemmt die Schlacken raus. Ich verstehe das nicht, aber weil ich es so gerne habe, wenn er mich anlächelt, nehme ich noch mal von den Chilies. Dabei werfe ich den Salzstreuer um, der laut wie ein Baumstamm auf den Boden donnert.

»Pass doch auf!«, fährt Mama mich an.

»Sie hat es nicht extra gemacht«, sagt Papa zu ihr und lächelt mich an.

Mama sieht Papa stirnrunzelnd an und sagt: »Ermutige sie bloß nicht. Hast du die Geschichte mit dem Hühnerkampf schon vergessen? Da hat sie auch gesagt, sie hätte es nicht absichtlich gemacht, und jetzt sieh dir nur mal ihr Gesicht an.«

Ich kann einfach nicht glauben, dass Mama sich immer noch darüber ärgert. Es ist schon so lange her, als wir meinen Onkel und meine Tante auf dem Land besucht haben und ich mit dem Nachbarskind gespielt habe. Irgendwann haben wir uns jeder ein Huhn geschnappt und ließen sie mit den Hühnern der anderen Kinder kämpfen. Mama hätte gar nichts gemerkt, wenn ich nicht eine Schramme abgekriegt hätte, die man immer noch sieht.

»Aber es ist doch ein gutes Zeichen, dass sie sich in solche Situationen nicht nur reinbringt, sondern auch wieder rauskommt. Sie ist einfach schlau.« Papa verteidigt mich immer gegenüber allen. Er sagt oft, dass viele Leute kluge Kinder nicht erkennen können und dass all diese heiklen Sachen, die ich mache, in Wirklichkeit für meine Kraft und Intelligenz sprechen. Ob Papa nun Recht hat oder nicht, ich glaube ihm jedenfalls. Ich glaube alles, was Papa sagt.

Wenn Mama für ihre Schönheit gerühmt wird, so ist es bei Papa sein gutes Herz. Bei einer Größe von einem Meter fünfundsechzig wiegt er etwa siebzig Kilogramm. Seine untersetzte Figur hebt sich von Mamas langer schlanker Statur ab. Papa erinnert mich an einen großen weichen Teddybären, den man gerne in den Arm nimmt. Papa ist zum Teil Kambodschaner und zum Teil Chinese, er hat schwarzes, lockiges Haar, eine breite Nase, volle Lippen und ein rundes Gesicht. Seine warmen Augen sind braun wie die Erde und rund wie der Vollmond. Am meisten liebe ich an Papa seine Art, nicht nur mit dem Mund, sondern auch mit den Augen zu lächeln.

Die Geschichte, wie meine Eltern sich kennen gelernt und geheiratet haben, kann ich mir immer wieder anhören. In der Zeit, als Papa Mönch war, überquerte er eines Tages einen Fluss, an dem Mama Wasser schöpfte. Papa musste nur einen Blick auf Mama werfen, schon hatte es ihn erwischt. Mama sah, wie freundlich, stark und gut aussehend er war, und verliebte sich auch in ihn. Papa kehrte dem Kloster den Rücken und fragte sie, ob sie ihn heiraten wolle. Sie sagte ja. Doch weil Papa eine dunkle Hautfarbe hat und damals arm war, verweigerten Mamas Eltern ihre Einwilligung zur Heirat. Aber die beiden waren verliebt und zu allem entschlossen, also liefen sie weg und heirateten heimlich.

Sie hatten keine Geldsorgen, bis Papa mit dem Spielen anfing. Am Anfang war er erfolgreich und gewann oft. Aber eines Tages ging er zu weit und setzte alles auf eine Karte – sein Haus und alles Geld. Er verlor das Spiel, und fast hätte er auch seine Familie verloren, denn Mama drohte, dass sie ihn verlassen würde, wenn er nicht mit dem Spielen aufhörte. Seitdem hat Papa nie wieder ein Kartenspiel angerührt. Wir Kinder dürfen nicht Karten spielen und auch kein Kartenspiel mit nach Hause mitbringen. Wenn wir erwischt werden, müssen wir alle – sogar ich – mit einer schweren Strafe rechnen. Von seiner Spielleidenschaft abgesehen, ist Papa so gut, wie ein Vater nur sein kann: freundlich, zärtlich und liebevoll. Er arbeitet hart als Hauptmann der Militärpolizei, weswegen ich ihn nicht so viel sehe, wie ich will. Mama hat mir erzählt, dass er seinen Erfolg nicht seinen Ellenbogen zu verdanken hätte. Papa hat nicht vergessen, wie es war, arm zu sein, und aus diesem Grund nimmt er sich die Zeit, denen zu helfen, die in Not sind. Die Menschen respektieren und mögen ihn.

»Loung ist schlau und gewitzt, das verstehen die Leute nicht«, sagt Papa und zwinkert mir zu. Ich strahle ihn an. Was das Schlausein angeht, bin ich mir nicht so sicher, aber in jedem Fall bin ich sehr neugierig. Mich interessiert alles: von Würmern und Käfern angefangen über Hahnenkämpfe bis zu den BHs, die Mama in ihrem Zimmer aufhängt.

»Jetzt machst du es schon wieder. Jetzt ermutigst du sie auch noch, sich so zu verhalten.« Mama sieht mich an, aber ich erwidere ihren Blick nicht, sondern schlürfe meine Suppe. »Neulich ist sie zu einem Imbissstand gegangen, wo es gegrillte Froschschenkel gab, und hat dem Verkäufer tausend Fragen gestellt: ›Haben Sie die Frösche selbst gefangen, oder züchten Sie sie? Was füttert man Fröschen? Wie zieht man einem Frosch die Haut ab? Haben Sie Würmer in seinem Bauch gefunden? Was machen Sie mit den Körpern, wenn Sie nur die Schenkel verkaufen?‹ Loung hat ihn so lange gelöchert, bis er seinen Karren weitergeschoben hat. Es gehört sich einfach nicht, wenn ein Mädchen so viel redet.«

»Auf einem Stuhl herumzuzappeln gehört sich auch nicht«, sagt Mama zu mir.

»Ich bin satt, darf ich aufstehen?«, frage ich hibbelig.

»Na gut, geh spielen«, seufzt Mama. Ich springe aus dem Stuhl und rase los zu meiner Freundin, die weiter unten in der Straße wohnt.

Obwohl mein Bauch voll ist, habe ich noch Appetit auf etwas Salziges. Mit dem Geld von Papa in meiner Tasche gehe ich auf einen Karren zu, wo geröstete Grillen verkauft werden. An jeder Straßenecke stehen Imbissverkäufer, bei denen man alles kaufen kann, reife Mangos oder Zuckerrohr, westliche Kuchen oder französische Crêpes. Diese billigen Stände sind in Kambodscha sehr beliebt. In den Seitenstraßen von Phnom Penh sieht man oft

Leute auf Hockern sitzen und essen. Kambodschaner essen andauernd, und alles will probiert werden, wenn man nur Geld in der Tasche hat, so wie ich an diesem Morgen.

Die glasierten braunen Grillen sind in ein grünes Lotusblatt eingewickelt und riechen nach Holzfeuer und Honig. Sie sind salzig und schmecken wie gebrannte Nüsse. Ich bummele den Bürgersteig entlang und sehe den Männern zu, die sich um die Stände mit den hübschen jungen Mädchen drängen. Mir wird klar, dass Schönheit für Frauen wichtig ist und dass attraktive Mädchen gut fürs Geschäft sind. Eine schöne junge Frau macht gaffende Jungs aus smarten Männern. Ich habe gesehen, wie meine eigenen Brüder einem hübschen Mädchen Süßigkeiten abgekauft haben, die sie sonst nie essen, und einen köstlichen Imbiss gar nicht beachteten, den ein reizloses Mädchen angeboten hat.

Mit fünf weiß ich auch, dass ich ein hübsches Kind bin, denn ich habe schon oft gehört, wie Erwachsene zu Mama gesagt haben, dass ich hässlich sei. »Sieht sie nicht hässlich aus?«, sagten Mamas Freundinnen immer. »Welch glänzendes schwarzes Haar sie hat, und wie glatt ihre braune Haut ist! Man kann sich kaum bremsen, wenn man dieses herzförmige Gesichtchen sieht! Man muss sie einfach in die Apfelbäckchen mit den süßen Grübchen zwicken. Seht euch diese vollen Lippen an und dieses Lächeln! Hässlich!«

»Hört auf, mir zu sagen, wie hässlich ich bin!«, schrie ich sie an, doch sie lachten nur.

Das war, bevor Mama mir erklärt hat, dass man Kindern in Kambodscha nie geradeheraus Komplimente macht, weil man keine Aufmerksamkeit auf sie lenken will. Man glaubt nämlich, dass böse Geister schnell eifersüchtig werden, wenn sie solche Komplimente hören, und dass sie das Kind dann mit in die andere Welt nehmen könnten.

Die Familie Ung

April 1975

Wir sind eine große Familie, wir sind neun: Papa, Mama, drei Jungen und vier Mädchen. Zum Glück haben wir eine geräumige Wohnung, in der wir alle bequem unterkommen. Unsere Wohnung ist wie ein Zug geschnitten, sie ist schmal, und die Zimmer liegen hintereinander. Bei uns gibt es mehr Zimmer als in den anderen Wohnungen, die ich gesehen habe. Das wichtigste Zimmer ist das Wohnzimmer, wo wir oft zusammen fernsehen. Es ist groß und hat eine hohe Decke, unter der Platz für die Galerie ist, die meinen drei Brüdern als Schlafzimmer dient. Ein kleiner Flur, der zur Küche führt, trennt Mama und Papas Zimmer von demjenigen, das ich mir mit meinen drei Schwestern teile. In der Küche riecht es nach gebratenem Knoblauch und gekochtem Reis, wenn wir uns auf unsere Stammplätze um den großen Mahagonitisch setzen. Wir haben alle einen eigenen hochlehnigen Teakholzstuhl. Der elektrische Ventilator dreht sich ununterbrochen in der Küche und verbreitet die vertrauten Aromen in der ganzen Wohnung, sogar im Badezimmer. Wir sind modern – unser Badezimmer hat Annehmlichkeiten wie eine Wassertoilette, eine Badewanne und fließendes Wasser zu bieten.

Ich weiß, dass wir zur Mittelschicht gehören. Das erkenne ich an unserer Wohnung und den Sachen, die uns gehören. Viele meiner Freunde leben in engen Wohnungen, wo es nur zwei oder drei Zimmer für eine zehnköpfige Familie gibt. Wer es sich leisten kann, wohnt nicht im Erdgeschoss. Je mehr Geld man hat, desto mehr Stufen muss man zu seiner Wohnung hochsteigen. Mama sagt, das Erdgeschoss sei unbeliebt, weil viel Dreck hereinkommt und dauernd irgendwelche neugierigen Leute ihre Nase durchs Fenster stecken. Deswegen wohnen nur arme Leute im Erdgeschoss. Die wirklich Armen leben aber in improvisierten Behausungen in Stadtvierteln, in denen ich nicht herumlaufen darf.

Manchmal kann ich auf dem Weg zum Markt mit Mama einen kurzen Blick auf diese Armenviertel werfen. Fasziniert beobachte ich, wie Kinder mit fettigen schwarzen Haaren in schmuddeligen und abgetragenen Kleidern barfuß auf unser Cyclo zurennen. Viele von denen, die da mit ihren nackten Geschwistern auf dem Rücken hüpfend angerast kommen, sehen etwa so alt aus wie ich. Selbst von weitem kann ich die rote Staubschicht auf ihren Gesichtern erkennen, die sich am Nacken und unter den Fingernägeln festgesetzt hat. Während sie uns kleine holzgeschnitzte Buddhas, Ochsen, Wagen und Miniaturbambusflöten entgegenstrecken, balancieren sie überdimensionale Flechtkörbe aus Stroh auf ihren Köpfen oder auf einer Hüfte und flehen uns an, ihnen etwas abzukaufen. Einige haben gar nichts zu verkaufen, sie nähern sich murmelnd mit ausgestreckten Händen. Doch es ist jedes Mal dasselbe: Bevor ich verstehen kann, was sie sagen, schrillt die rostige Fahrradklingel und zwingt die Kinder, uns den Weg freizumachen.

In Phnom Penh gibt es viele Märkte, große und kleine, aber die Produkte sind überall ähnlich. Es gibt den Zentralmarkt, den Russischen Markt, den Olympischen Markt und noch viele andere. Wo die Leute einkaufen, hängt davon ab, welcher Markt der nächstgelegene ist. Papa hat mir erzählt, dass das Gebäude des Olympischen Marktes früher schön war. Inzwischen ist die Fassade von Schimmel befallen und grau von den Abgasen, die Wände sind rissig. Der Vorplatz, einst grün und üppig mit Büschen und Blumen bepflanzt, ist heute unter Zelten und Imbisskarren begraben und wird täglich von Tausenden Menschen überquert.

Unter grellgrünen und blauen Plastikplanen werden Stoffe, Blumen, Bücher auf Chinesisch, Khmer, Englisch und Französisch angeboten. Neben gespaltenen grünen Kokosnüssen, winzigen Bananen, orangeroten Mangos und rosa Drachenaugen liegen Delikatessen wie silberne Tintenfische – die ihre Nachbarn mit Knopfaugen beobachten – und braune Garnelen in weißen Plastikeimern. Drinnen, wo es normalerweise deutlich kühler ist, sitzen sorgfältig frisierte Mädchen in gestärkten Blusen und Faltenröcken auf Barhockern hinter Glasvitrinen mit Gold- und Silberschmuck. An den Ohren, den Hälsen und Handgelenken und an den Fingern tragen sie Unmengen von gelbem vierundzwanzig-karätigem Goldschmuck. Sie versuchen, die Vorübergehenden an ihre Stände zu locken. Ein paar Meter von den Frauen entfernt stehen Männer in blutigen Schürzen unter Haken mit gerupften Hühnern, lassen ihre Beile herabsausen und zerteilen fachmännisch halbe Rinder. Etwas weiter spielen modisch angezogene Männer mit dünnen Elvis-Presley-Koteletten in Schlaghosen und Kordjacketts laute kambodschanische Popmusik auf ihren achtspurigen Tonbändern. Die Songs und die Schreie der Verkäufer übertönen sich wechselseitig, alle wetteifern um meine Aufmerksamkeit.

Vor kurzem hat Mama aufgehört, mich mit zum Markt zu nehmen. Aber ich wache immer noch früh auf, wenn sie ihr Haar in heiße Wickler legt und ihr Make-up aufträgt. Ich bestürme sie, mich mitzunehmen, wenn sie sich ihre blaue Seidenbluse und ihren kastanienfarbigen Sarong überzieht. Und wenn sie dann die Goldkette, Rubinohrringe und Armbänder anlegt, bitte ich sie, mir Kekse mitzubringen. Sie betupft ihren Nacken mit Parfüm, ruft dem Mädchen zu, auf mich aufzupassen, und geht zum Markt.

Weil wir keinen Kühlschrank haben, geht Mama jeden Morgen einkaufen. Mama macht das gerne so, denn so ist alles, was wir essen, so frisch wie möglich. Fleisch oder Geflügel vom Markt legt sie in einen Schrank, der mit Eisblöcken vom Laden unten an der Ecke gekühlt wird. Wenn sie erhitzt und müde vom Einkaufen zurückkommt, streift sie als Erstes ihre Sandalen ab, die sie nach chinesischer Art an der Tür stehen lässt. Dann steht sie barfuß auf den Keramikfliesen und seufzt erleichtert, wenn die Kühle der Fliesen durch ihre Sohlen dringt.

Abends sitze ich gerne mit Papa auf dem Balkon und sehe zu, wie die Leute unter uns vorbeigehen. Die meisten Gebäude Phnom Penhs sind nur noch zwei oder drei Stockwerke höher als unser Balkon, ein paar sind achtstöckig. Die Häuser sind schmal und stehen eng aneinander. Die Stadt streckt sich drei Kilometer am Tonle-Sap-Fluss entlang. Sie macht so einen modernen Eindruck, weil die Gebäude aus der französischen Kolonialzeit den schäbigen, rußgeschwärzten eingeschossigen Häusern, die traditionell in Phnom Penh gebaut wurden, gegenüberstehen.

In der Dunkelheit dringen gedämpfte Geräusche zu uns nach oben. Straßenlichter flackern an und aus. Langsam schließen die Restaurants ihre Türen, und die Imbisskarren verschwinden in den Seitenstraßen. Ein paar Cyclofahrer legen sich in ihren Gefährten schlafen, indes andere noch herumkurven und Ausschau nach Passagieren halten. Manchmal, wenn ich mutig bin, lehne ich mich übers Geländer und sehe auf die Lichter herunter. Und wenn ich sehr mutig bin, klettere ich hoch und klammere mich am Geländer fest. Während mein Körper von der Balkonbrüstung gehalten wird, traue ich mich, auf meine Füße hinabzusehen, wie sie da am Ende der Welt hängen. Wenn ich an ihnen vorbei auf die Autos und Fahrräder sehe, beginnen meine Zehen wie von tausend Nadeln gepikst zu kribbeln. Manchmal lehne ich mich ganz auf die Brüstung und lasse das Geländer los. Meine Arme flappen locker im Wind, und ich tue so, als sei ich ein Drache, der hoch oben über die Stadt fliegt. Der Balkon ist ein ganz besonderer Ort, weil Papa und ich hier oft wichtige Unterhaltungen führen.

Als ich klein war, viel jünger als jetzt, hat mir Papa einmal erzählt, dass mein Name, Loung, in einem bestimmten chinesischen Dialekt ›Drache‹ heißt. Er hat gesagt, dass Drachen die Tiere der Götter seien, wenn nicht gar die Götter selbst. Drachen sind sehr mächtig und weise. Oft können sie die Zukunft erkennen. Er hat mir auch erklärt, dass manchmal böse Drachen zu den Menschen auf die Erde kommen, um ihnen Verderben zu bringen – genau wie im Film –, wenn die meisten auch unsere Beschützer sind.

»Als Kim geboren wurde, bin ich draußen herumgelaufen«, hat Papa mir vor ein paar Nächten erzählt. »Plötzlich wandte ich den Blick nach oben und sah wunderschöne weiße Schäfchenwolken auf mich zukommen. Sie schienen mir zu folgen. Dann nahmen die Wolken langsam die Gestalt eines großen, gefährlich aussehenden Drachen an. Er war fünfzehn oder zwanzig Meter lang, hatte vier kleine Beine und Flügel mit der Spannweite seiner halben Körperlänge. Zwei gewundene Hörner wuchsen ihm in verschiedenen Richtungen aus dem Kopf. Seine Schnurrbarthaare waren fast zwei Meter lang, sie wogten sanft auf und nieder, als führten sie einen Bändertanz auf. Plötzlich stürzte der Drache auf mich zu und starrte mich aus Augen groß wie Räder an. ›Du bekommst einen Sohn, einen kräftigen, gesunden Sohn. Er wird aufwachsen und viele wunderbare Dinge tun.‹ So habe ich von Kim erfahren.« Papa erzählte mir weiter, dass der Drache ihn oft besucht habe, und jedes Mal überbrachte er ihm die Nachricht von der Geburt eines seiner Kinder. Hier bin ich also, meine Haare tanzen wie Schnurrbarthaare hinter mir her, und meine Arme flattern wie Flügel. So fliege ich über die Welt, bis Papa mich ruft.

Mama sagt, ich stelle zu viele Fragen. Wenn ich frage, was Papa bei der Arbeit macht, sagt sie mir, dass er Militärpolizist ist. Er hat vier Streifen an seiner Uniform, und das heißt, dass er gut verdient. Dann erzählt Mama mir, dass jemand mal versucht hat, Papa umzubringen, indem er eine Bombe in unserer Mülltonne deponiert hat, als ich ein oder zwei Jahre alt war. Daran erinnere ich mich nicht. Ich frage sie: »Aus welchem Grund sollte ihn jemand umbringen wollen?«

»Als Flugzeuge Bomben auf unser Land warfen, zogen viele Leute nach Phnom Penh. Doch hier konnten sie keine Arbeit finden, und dafür gaben sie der Regierung die Schuld. Diese Leute kannten Papa nicht, aber sie glaubten, dass alle Offiziere korrupt und schlecht seien. Deswegen haben sie alle hoch gestellten Offizieren auf dem Kieker gehabt.«

»Was sind Bomben? Wer wirft sie ab?«

»Das musst du Papa fragen«, antwortete sie mir.

Später am Abend fragte ich Papa auf dem Balkon nach den Bomben. Er hat mir erklärt, dass Kambodscha sich in einem Bürgerkrieg befindet und dass die meisten Kambodschaner nicht in Städten, sondern in Dörfern auf dem Land leben, wo sie ihr kleines Stück Land bebauen. Und dass Bomben Metallbälle sind, die von Flugzeugen fallen gelassen werden. Wenn sie explodieren, reißen sie Krater auf von der Größe kleiner Teiche. Die Bomben töten Bauernfamilien, zerstören ihr Land und vertreiben sie aus ihren Häusern. Obdachlos und hungrig kommen die Überlebenden in die Stadt, um ein Dach über dem Kopf und Hilfe zu suchen. Wenn sie das nicht bekommen, werden sie wütend, und das lassen sie an den Beamten aus.

Bei diesen Worten begann sich in meinem Kopf alles zu drehen, und mein Herz schlug schneller.

»Warum werfen sie Bomben ab?«, fragte ich ihn.

»Kambodscha ist mitten in einem Krieg, den ich nicht verstehe.

Und jetzt hast du genug Fragen gestellt«, sagte er und wurde still.

Die Explosion von der Bombe in unserer Mülltonne hat die Wände unserer Küche weggerissen, aber glücklicherweise wurde niemand verletzt. Die Polizei hat nie herausgefunden, wer die Bombe da deponiert hat. Mein Herz tut weh bei dem Gedanken, dass jemand wirklich versucht hat, Papa zu verletzen. Wenn diese neuen Leute in der Stadt doch nur verstehen könnten, was für ein freundlicher und hilfsbereiter Mann Papa ist, dann würden sie ihm nichts tun.

Papa wurde 1931 in Tro Nuon geboren, einem kleinen Dorf in der Kampong Cham Provinz. Nach den Maßstäben des Dorfes war seine Familie wohlhabend, und Papa bekam alles, was er brauchte. Als er zwölf war, starb sein Vater, und seine Mutter heiratete wieder. Papas Stiefvater war oft betrunken, und dann schlug er ihn. Mit achtzehn verließ Papa seine Heimat und lebte in einem buddhistischen Kloster, um seinem gewalttätigen Elternhaus zu entkommen, etwas zu lernen und Mönch zu werden. Er hat mir erzählt, dass er in seinem Leben als Mönch immer einen Besen und ein Kehrblech dabeihatte, mit dem er vorsichtig den Pfad abfegte, damit er nicht aus Versehen auf ein Lebewesen trat und es tötete. Nachdem er das Kloster verlassen hatte, um Mama zu heiraten, ging Papa zur Polizei. Er war so gut, dass er unter Prinz Norodom Sihanouk in den Königlichen Geheimdienst Kambodschas aufstieg. Papa arbeitete als Geheimagent; er gab sich als Zivilist aus und sammelte Informationen für die Regierung. Er war sehr verschwiegen, was seine Arbeit anging. Da er sich jedoch vorstellte, dass er in der Privatwirtschaft mehr Erfolg haben könnte, quittierte er schließlich den Dienst und tat sich mit Freunden in einem Geschäft zusammen. Nachdem die Regierung Prinz Sihanouks 1970 gestürzt war, wurde er von der neuen Regierung Lon Nols zwangsverpflichtet. Obwohl er unter der Lon-Nol-Regierung zum Major aufstieg, sagte Papa, dass er eigentlich nicht für sie arbeiten wollte, dass er es aber tun musste, weil er sonst Gefahr gelaufen wäre, verfolgt, als Verräter gebrandmarkt oder vielleicht sogar getötet zu werden.

»Warum? Ist das woanders auch so?«, frage ich ihn.

»Nein«, sagt er und fährt mir durchs Haar. »Du stellst so viele Fragen.« Dann zieht er die Mundwinkel nach unten und wendet sich ab. Als er wieder spricht, ist seine Stimme belegt und kommt wie von weit her.

»In vielen Ländern ist das nicht so«, sagt er. »In einem Land namens Amerika ist es nicht so.«

»Wo ist Amerika?«

»Ganz weit weg, hinter dem großen Meer.«

»Und müsstest du in Amerika nicht in die Armee eintreten, Papa?«

»Nein, da regieren zwei politische Parteien. Die einen nennen sich Demokraten und die anderen Republikaner. Wenn sie gegeneinander kämpfen und eine Seite gewonnen hat, muss sich die andere nach neuen Jobs umsehen. Wenn zum Beispiel die Demokraten gewinnen, verlieren die Republikaner ihre Jobs, und oft müssen die Menschen umziehen, um neue Arbeit zu finden. So ist das in Kambodscha nicht mehr. Wenn die Republikaner hier in Kambodscha verloren hätten, dann hätten sie allesamt Demokraten werden müssen, um nicht bestraft zu werden.«

Unsere Unterhaltung wird unterbrochen, als sich mein ältester Bruder zu uns auf den Balkon setzt. Meng ist achtzehn und vergöttert uns jüngere Kinder. Er spricht so leise wie Papa, ist sanft und warmherzig. Meng ist verantwortungsbewusst und zuverlässig, er hat die Abschlussrede seines Jahrgangs an der Schule gehalten. Papa hat ihm gerade ein Auto gekauft, aber er fährt damit nur seine Bücher aus, keine Mädchen. Meng hat eine Freundin, und sie wollen heiraten, wenn er aus Frankreich vom Studium zurückkommt. Er wollte am 14. April nach Frankreich aufs College gehen, aber da am 13. Neujahr war, ließ Papa ihn noch zu den Festtagen bleiben.

Meng ist der Bruder, den wir bewundern, und Khouy ist der Bruder, den wir fürchten. Khouy ist sechzehn und interessiert sich eher für Mädchen und Karate als für seine Bücher. Sein Motorrad ist mehr als ein Transportmittel, es ist ein Mädchenmagnet. Er findet sich selbst unheimlich cool und unwiderstehlich, aber ich weiß, dass er gemein ist.

Meine älteste Schwester Keav ist schon mit vierzehn wunderschön. Alle sagen, dass viele Männer um ihre Hand anhalten werden und dass sie sich den aussuchen kann, den sie haben möchte. Mama sagt allerdings auch, dass Keav gerne tratscht und zu viel widerspricht. Das wird nicht gerade als schicklich für eine Dame angesehen. Mama will aus Keav eine große Dame machen, aber Papa hat ernstere Sorgen, er macht sich Gedanken um ihre Sicherheit. Viele Leute sind so unzufrieden, dass sie ihre Frustration an den Familien der Regierungsbeamten auslassen. Viele Töchter seiner Kollegen sind schon auf der Straße behelligt worden oder wurden sogar entführt. Papa hat so viel Angst, dass ihr etwas zustoßen könnte, dass er zwei Militärpolizisten abgestellt hat, die ihr überallhin folgen.

Kim, dessen Name auf Chinesisch Gold heißt, ist mein zehn Jahre alter Bruder. Mama hat ihm den Spitznamen »kleiner Affe« gegeben, weil er klein und flink ist. Er sieht sich viele chinesische Kampffilme an, und dann ärgert er uns, indem er die Kämpfer nachmacht. Früher fand ich ihn irgendwie komisch, aber als ich die Brüder anderer Mädchen kennen gelernt habe, ist mir klar geworden, dass ältere Brüder alle gleich sind. Sie haben nur eins im Kopf: einen zu ärgern und zu provozieren.

Chou, meine drei Jahre ältere Schwester, ist mein komplettes Gegenstück. Ihr Name bedeutet auf Chinesisch Edelstein. Mit ihren acht Jahren ist sie ruhig, schüchtern und gehorsam. Mama vergleicht uns immer miteinander, und dann fragt sie mich, warum ich mich nicht so benehmen kann wie Chou. Mit ihrer ungewöhnlich dunklen Haut kommt Chou, im Gegensatz zu uns anderen, nach Papa. Meine älteren Brüder ärgern sie damit, dass sie keine von uns ist. Sie sagen, dass Papa sie vor einer Mülltonne gefunden und aus Mitleid adoptiert hat.

Ich bin die Nächste in der Reihe, und mit fünf bin ich schon so groß wie Chou. Meine Geschwister finden mich verwöhnt, sie halten mich für eine Unruhestifterin, aber Papa sagt, ich sei in Wirklichkeit ein ungeschliffener Diamant. Als Buddhist glaubt Papa an Visionen, an Energiefelder und auch daran, dass man die Aura von Menschen sehen kann; er glaubt an Dinge, die andere Menschen als Aberglauben abtun würden. Eine Aura ist eine Farbhülle, die deinen Körper umgibt. Sie offenbart dem Beobachter, was für ein Mensch du bist; blau bedeutet glücklich, rosa liebevoll und schwarz niederträchtig. Er sagt, auch wenn die meisten Menschen sie nicht sehen können, laufen wir doch alle in einer Hülle mit einer eindeutigen Farbe herum. Papa hat mir erzählt, als ich geboren wurde, sah er meine leuchtend rote Aura, und das bedeutet, dass ich ein sehr leidenschaftlicher Mensch werde. Mama meinte darauf knapp, dass alle Babys rot geboren werden.

Geak ist meine jüngere, drei Jahre alte Schwester. Auf Chinesisch heißt Geak »Jade« – in Asien die kostbarsten und beliebtesten Edelsteine. Sie ist wundervoll; alles, was sie tut, ist bezaubernd, selbst wenn sie nur sabbert. Die Erwachsenen kneifen sie dauernd in die Bäckchen, bis sie ganz rosig werden, sie behaupten, das sei ein Zeichen von Gesundheit. Ich glaube, dass es ein Zeichen von Schmerz ist. Aber trotzdem ist sie ein glückliches Kind. Ich war die Nervensäge.

Während Meng und Papa sich unterhalten, lehne ich mich übers Geländer und sehe auf das Kino auf der gegenüberliegenden Straßenseite hinunter. Ich gehe oft ins Kino, und weil Papa dort bekannt ist, lässt der Kinobesitzer uns Kinder umsonst hinein. Wenn Papa mitkommt, besteht er darauf, dass wir für unsere Tickets bezahlen. Von unserem Balkon aus kann ich auf eine riesige Werbetafel über dem Kino sehen, auf der der Film der Woche angekündigt wird: ein großes Bild von einer hübschen jungen Frau mit zerzaustem Haar und tränenüberströmten Wangen. Wenn man genauer hinsieht, besteht ihr Haar aus vielen kleinen gekrümmten Schlangen. Im Hintergrund kann man Bauern erkennen, die sie mit Steinen bewerfen. Im Laufen versucht sie, ihren Kopf mit einem traditionellen Khmer-Schal, dem Kroma, zu bedecken.

Die Straße unter mir liegt ruhig da, nur aus den Seitengassen ist das Geräusch von Strohbesen zu hören, mit denen der Abfall des Tages in kleine Häufchen zusammengekehrt wird. Ein paar Augenblicke später kommen ein alter Mann und ein kleiner Junge mit einem großem Holzkarren vorbei. Der Mann lässt sich ein paar Riel von den Ladenbesitzern geben, und der Junge schaufelt den Dreck auf den Karren.

In unserer Wohnung sitzen Kim, Chou, Geak und Mama vor dem Fernseher im Wohnzimmer, während Khouy und Keav ihre Hausaufgaben erledigen. Als Mittelschichtfamilie sind wir deutlich wohlhabender als die meisten anderen. Wenn meine Freundinnen zum Spielen kommen, dann stehen sie staunend vor unserer Kuckucksuhr. Und während viele Menschen in unserer Straße kein Telefon besitzen, haben wir zwei, auch wenn ich beide noch nicht benutzen darf.

In unserem Wohnzimmer steht eine hohe Vitrine, in der Mama Geschirr und Nippes, vor allem aber die köstlichen Süßigkeiten aufbewahrt, die so hübsch anzusehen sind. Wenn Mama im Zimmer ist, stelle ich mich oft vor den Schrank, presse meine Handflächen gegen das Glas und gerate in Verzückung über die Süßigkeiten. Ich sehe sie bettelnd an und hoffe, dass sie sich erweichen lässt und mir welche gibt. Manchmal funktioniert das, aber manchmal gibt sie mir nur einen Klaps auf den Po, jagt mich aus dem Zimmer und beschwert sich über die Fingerabdrücke auf dem Glas. Dann ruft sie mir nach, dass ich keine Süßigkeiten haben kann, weil die für die Gäste sind.

Abgesehen vom Geld und den vielen Sachen, haben Mittelschichtfamilien auch mehr Freizeit, soweit ich das beurteilen kann. Wenn Papa am Morgen zur Arbeit geht und wir Kinder in der Schule sind, hat Mama nicht viel zu tun. Wir haben ein Mädchen, das jeden Tag zu uns nach Hause kommt, um zu waschen, zu kochen und zu putzen. Ich muss nicht bei der Hausarbeit helfen wie andere Kinder, weil das Mädchen alles für uns erledigt. Trotzdem bin ich fleißig; Papa besteht darauf, dass wir immer zur Schule gehen. Jeden Morgen, wenn Chou, Kim und ich zusammen losgehen, sehen wir Kinder, nicht viel älter als ich, die auf der Straße Mangos, künstliche Blumen aus grellbunten Strohhalmen und nackte rosa Barbiepuppen verkaufen. Ich kaufe immer von Kindern und nicht von Erwachsenen.

Mein Schultag beginnt mit Französischunterricht, am Nachmittag habe ich Chinesisch und danach Khmer. Das geht so an sechs Tagen in der Woche, und am Sonntag mache ich meine Hausaufgaben. Jeden Tag erklärt Papa uns, dass es unser oberstes Ziel sein sollte, viele Sprachen zu lernen. Er spricht fließend Französisch, und er sagt, es habe ihm beruflich weitergeholfen. Ich liebe es, Papa zuzuhören, wenn er mit seinen Kollegen französisch spricht. Deswegen macht es mir auch Spaß, die Sprache zu lernen, obwohl die Lehrerin gemein ist und ich sie nicht ausstehen kann. Jeden Morgen müssen wir uns in einer Reihe aufstellen, sie ansehen und unsere Hände vorzeigen. Dann kontrolliert sie, ob unsere Nägel sauber sind. Wenn nicht, schlägt sie mit ihrem Zeigestock drauf. Manchmal lässt sie mich nicht auf die Toilette gegen, bis ich sie auf Französisch um Erlaubnis bitte. »Madame, puis j'aller au toilet?« Neulich hat sie ein Stück Kreide nach mir geworfen, weil ich am Einschlafen war. Die Kreide hat mich an der Nase getroffen, und alle haben gelacht. Ich wünsche mir, dass sie uns die Sprache beibringt und nicht so gemein ist.

Ich habe keine Lust, jeden Tag zur Schule zu gehen. Deswegen schwänze ich manchmal und bleibe lieber auf dem Spielplatz, aber Papa sage ich nichts davon. Was mir an der Schule gefällt, ist die Uniform, die ich in diesem Jahr trage, eine weiße Bluse mit

Puffärmeln und ein kurzer blauer Faltenrock. Ich finde sie sehr hübsch, auch wenn ich mir manchmal Sorgen mache, ob der Rock nicht zu kurz ist. Vor ein paar Tagen, als ich mit meinen Freundinnen Himmel und Hölle gespielt habe, kam ein Junge vorbei und wollte mir unter den Rock gucken. Ich war so wütend, dass ich ihn ganz kräftig geschubst habe. Er ist hingefallen, und dann ist er weggelaufen. Meine Knie haben gezittert. Ich glaube, dass der Junge jetzt Angst vor mir hat.

Wenn wir sonntags mit unseren Hausaufgaben fertig sind, belohnt uns Papa oft und nimmt uns zum Schwimmen mit in seinen Klub. Ich schwimme sehr gerne, aber ich darf noch nicht ins tiefe Wasser gehen. Der Swimmingpool ist groß, im Nichtschwimmerbereich ist genug Platz, um zu plantschen und Chou Wasser ins Gesicht zu spritzen. Nachdem Mama mir geholfen hat, meinen Badeanzug, ein kurzes rosa Kleidchen mit eingenähten Beinen, anzuziehen, gehen Papa und sie in den zweiten Stock, um Mittag zu essen. Keav passt auf uns auf, und Mama und Papa winken uns durchs Fenster von ihrem Tisch zu. Hier habe ich auch zum erstenmal einen Barang gesehen.

»Chou, guck mal, wie groß und weiß der ist«, flüstere ich ihr zu.

»Das ist ein Barang. Das heißt ein weißer Mann.« Chou grinst mich blöd an und will mir zeigen, wie viel älter sie ist.

Ich starre den Barang an, als er zum Sprungbrett läuft. Er ist mindestens dreißig Zentimeter größer als Papa, und seine Arme und Beine sind ewig lang. Er hat ein rechteckiges Gesicht und eine große dünne Nase wie ein Falke. Seine weiße Haut ist übersät von kleinen schwarzen, braunen und sogar roten Punkten. Er trägt nur eine Unterhose und eine hautfarbene Badekappe, deswegen sieht er kahl aus. Er springt vom Sprungbrett und gleitet elegant ins Wasser, fast ohne zu spritzen.

Während wir dem Barang zusehen, wie er auf dem Rücken im Wasser treibt, fährt Keav Chou an, weil sie mir etwas Falsches erzählt hat. Sie taucht ihre frisch lackierten roten Zehennägel ins

Wasser und erklärt uns, dass »Barang« eigentlich einen Franzosen bezeichnet. Weil die Franzosen so lange in Kambodscha gewesen sind, nennen wir alle Weißen »Barang«, dabei kommen sie aus vielen Ländern, auch aus Amerika.

Machtergreifung

17. April 1975

Es ist Nachmittag, und ich spiele mit meinen Freundinnen Himmel und Hölle auf der Straße vor unserem Haus. Normalerweise wäre ich an einem Donnerstag in der Schule, aber aus irgendeinem Grund hat Papa uns heute alle zu Hause behalten. Ich höre auf zu spielen, als ich in der Ferne Motoren dröhnen höre. Alle unterbrechen ihre Beschäftigungen, um die Laster in unsere Stadt einfahren zu sehen. Matschbespritzte alte Lastwagen holpern langsam an unserem Haus vorbei. Grüngrauschwarz rumpeln sie auf runtergefahrenen Reifen, die Motoren spucken Dreck und Ruß aus. Auf den Ladeflächen stehen Männer Körper an Körper. Sie tragen ausgeblichene schwarze Hosen und langärmelige schwarze Oberteile, die Taillen mit roten Schärpen umwickelt und die Stirnen mit roten Tüchern. Sie heben die geballten Fäuste zum Himmel und jubeln. Die meisten sind jung, und alle sind dünn und dunkelhäutig, wie die Landarbeiter auf dem Bauernhof unseres Onkels, mit fettigen langen Haaren, die ihnen auf die Schultern fallen. Ungewaschene Haare bei Mädchen signalisieren Kambodschanern, dass sich niemand um die Kinder kümmert. Auf Männer mit langem Haar sieht man misstrauisch herab. Man glaubt nämlich, dass Männer, die ihr Haar lang tragen, etwas zu verbergen haben.

Trotz ihres Aussehens begrüßt die Menge sie klatschend und jubelnd. Und obwohl die Männer verdreckt sind, zeugen ihre Gesichter von freudiger Erregung. Mit langen Gewehren im Arm oder über den Rücken geworfen lachen und winken sie der Menge huldvoll zu, wie es der König im Vorbeifahren tut.

»Was ist los? Was sind das für Leute?«, fragt mich meine Freundin.

»Ich weiß es nicht. Ich gehe jetzt Papa suchen. Er wird es wissen.«

Ich renne hoch in unsere Wohnung. Papa sitzt auf dem Balkon und beobachtet den Aufruhr dort unten. Ich klettere auf seinen Schoß und frage ihn: »Papa, wer sind diese Männer, und warum jubeln ihnen alle zu?«

»Das sind Soldaten, und die Leute jubeln ihnen zu, weil der Krieg vorbei ist«, antwortet er leise.

»Was wollen Sie?«

»Sie wollen uns«, sagt Papa.

»Wozu?«

»Das sind keine freundlichen Leute. Sieh dir ihre Schuhe an – sie tragen Sandalen aus Autoreifen.« Mit fünf sind die Ereignisse des Kriegs bisher an mir vorbeigegangen, aber ich weiß, dass Papa unheimlich klug ist und dass er Recht haben muss. Dass er erkennt, welche Menschen diese Soldaten sind, indem er sich einfach nur ihre Schuhe ansieht, sagt mir noch mehr über seinen allmächtigen Verstand.

»Papa, was hat das mit den Schuhen zu tun? Warum sind sie schlecht?«

»Man kann daran erkennen, dass diese Menschen Dinge zerstört haben.«

Ich verstehe nicht richtig, was Papa meint. Ich hoffe nur, dass ich eines Tages auch nur halb so schlau wie er sein werde.

»Ich verstehe das nicht.«

»Das ist schon in Ordnung so. Warum gehst du nicht spielen? Aber lauf nicht so weit weg, und komm den Leuten nicht in den Weg.«

Nach dem Gespräch mit Papa fühle ich mich sicherer, ich klettere von seinem Schoß und renne wieder runter. Ich höre immer auf das, was Papa sagt, aber diesmal ist meine Neugier stärker, als ich sehe, dass sich viele Menschen auf der Straße versammelt haben. Überall jubeln die Menschen der Ankunft dieser merkwürdigen Männer zu. Die Friseure haben die Kämme weggelegt und stehen draußen herum, die Scheren noch in den Händen. Restaurantbetreiber und Ladenbesitzer sind vor ihre Türen getreten, um zuzusehen und zu jubeln. Aus den Seitenstraßen kommen Gruppen von Jungen und Mädchen zu Fuß und auf Motorrädern, rufend und hupend, und rennen zu den Lastern, um die Hände der Soldaten zu berühren. Auf unserer Straße springen die Kinder in die Luft und rudern zur Begrüßung dieser merkwürdigen Männer wild mit den Armen durch die Luft. Aufgeregt jubele und winke ich den Soldaten zu, auch wenn ich nicht weiß, warum.

Erst nachdem die Laster durch unsere Straße gefahren sind und die Leute sich beruhigt haben, gehe ich nach Hause. Oben angekommen, bemerke ich verdutzt, dass sie alle packen.

»Was ist denn los? Wohin gehen wir?«

»Wo bist du gewesen? Wir müssen ganz schnell weg, also beeil dich, geh Mittag essen!« Mama rennt konfus hin und her, sie packt unsere Sachen. Sie hetzt vom Schlafzimmer ins Wohnzimmer, sie nimmt die Familienbilder und den Buddha von der Wand und schleppt sie weg.

»Ich habe keinen Hunger.«

»Keine Widerworte. Geh einfach was essen. Es wird eine lange Reise.«

Ich spüre, dass Mama heute keine Geduld hat, und entscheide mich dafür, sie lieber nicht auf die Probe zu stellen. Ich verdrücke mich in die Küche. Ich kann mein Essen ja rausschmuggeln und es irgendwo verstecken. Irgendwann findet es das Mädchen dann. Ich habe nur Angst vor Khouy. Manchmal wartet er in der Küche auf mich, um mich zu zwingen, etwas zu essen, sonst ... Auf dem Weg zur Küche stecke ich meinen Kopf kurz durch unsere Zimmertür und sehe, wie Keav Kleider in eine braune Plastiktüte stopft. Geak sitzt ruhig auf dem Bett und spielt mit einem Handspiegel, und Chou pfeffert unsere Bürsten, Kämme und Haarspangen in ihre Schultasche.

Ich schleiche mich auf Zehenspitzen in die Küche, und natürlich ist er da. Er isst mit der rechten Hand, und mit der linken streicht er leicht über einen dünnen Bambusstock, der auf dem Küchentisch liegt. Neben dem Bambusstock steht eine Schüssel Reis und eingelegte Salzeier. Meistens sitzen wir Kinder abends in der Küche, um Chinesisch zu lernen, dann deutet unser Nachhilfelehrer mit dem Stock auf die Zeichen auf der Tafel. In den Händen meines Bruders wird er dazu benutzt, uns etwas ganz anderes beizubringen. Ich habe gelernt, mich zu fürchten, was mein Bruder damit anstellt, wenn ich nicht tue, was er mir sagt.

Ich schenke Khouy mein gewinnendstes Lächeln, aber vergeblich. Streng fordert er mich auf, mir die Hände zu waschen und zu essen. In solchen Augenblicken steigere ich mich in Vorstellungen hinein, wie sehr ich ihn hasse. Ich kann es nicht erwarten, endlich so groß und stark zu sein wie er. Dann werde ich es mit ihm aufnehmen, dann werde ich ihm etwas beibringen. Aber solange ich noch die Kleinere bin, muss ich auf ihn hören. Ich stöhne bei jedem Bissen. Jedes Mal wenn er woanders hinsieht, strecke ich ihm die Zunge raus und schneide Fratzen.

Ein paar Minuten später kommt Mama in die Küche gelaufen und wirft Aluminiumschüsseln, Teller, Löffel, Gabel und Messer in einen großen Topf. Das Besteck klirrt so laut, dass es mich ganz nervös macht. Dann greift sie nach einem Beutel, in den sie Päckchen mit Zucker, Salz, getrocknetem Fisch, ungekochten

Reis und Konserven tut. Im Badezimmer stopft Kim Seife, Shampoo und Handtücher in einen Kopfkissenbezug.

»Bist du denn immer noch nicht fertig?«, fragt sie mich atemlos.

»Nein.«

»Egal, geh dir jetzt die Hände waschen. Und dann ab in den Lieferwagen.«

Froh, Khouy zu entkommen, der nur rumsitzt und mich anstarrt, springe ich auf und renne ins Badezimmer.

»Mama, wohin müssen wir denn so schnell?«, rufe ich ihr hinterher, als Kim mit dem Beutel rausgeht.

»Beeil dich lieber, zieh dir ein neues Oberteil an, deins ist dreckig. Dann geh runter und steig auf den Lieferwagen«, sagt Mama und dreht sich um, ohne meine Frage zu beantworten. Wahrscheinlich hängt es damit zusammen, dass ich noch so klein bin, dass mir nie einer zuhört. Es ist so unglaublich frustrierend, wenn man nie Antworten auf seine Fragen bekommt. Aus Angst vor Khouy gehe ich in mein Zimmer.

Das Zimmer sieht aus, als sei ein Monsun durchgefegt: Kleider, Haarspangen, Schuhe, Söckchen, Gürtel und Tücher – alles fliegt auf unseren Betten herum. Schnell ziehe ich mein braunes Oberteil aus und streife mir ein kurzärmeliges gelbes Hemd und blaue Shorts über, die ich vom Boden aufhebe. Als ich damit fertig bin, gehe ich runter zu unserem Auto. Unser Mazda ist schwarz und gepflegt. Es ist viel bequemer im Mazda als hinten auf dem Lieferwagen. Wenn wir im Mazda fahren, sind wir etwas Besonderes. An unseren Sachen und am Mazda erkennt man, dass wir eine Mittelschichtfamilie sind. Obwohl Mama mir etwas anderes gesagt hat, gehe ich auf das Auto zu. Beim Einsteigen höre ich Kim nach mir rufen.

»Steig nicht ins Auto, Papa hat gesagt, der Mazda bleibt hier.«

»Warum? Er gefällt mir besser als der Lieferwagen.«

Wieder ist Kim verschwunden, ohne auf meine Frage zu antworten. Papa hatte den Lieferwagen gekauft, weil er ihn für das Import/Export-Geschäft brauchte, das er eine Zeit lang mit

Freunden betrieb. Das Geschäft kam nie in Gang, und der alte Lieferwagen wurde schon vor Monaten in der kleinen Gasse hinter unserem Haus abgestellt. Er knarrt, als Khouy einen Sack draufwirft. Papa bindet ein großes weißes Tuch an die Antenne, und Meng wickelt welche um die Seitenspiegel. Ohne etwas zu sagen, nimmt Khouy mich hoch und setzt mich auf die Ladefläche, die voller Kleidersäcke, Töpfe, Pfannen und Lebensmittel ist. Meine übrigen Geschwister steigen auf, und wir fahren los.

Die Straßen von Phnom Penh sind lauter denn je. Meng, Keav, Kim, Chou und ich sitzen hinten, und Papa sitzt vorne in der Führerkabine mit Mama und Geak. Khouy folgt uns langsam auf seinem Motorrad. Der Lärm ist ohrenbetäubend: das Aufheulen der Motoren von Autos, Lieferwagen und Motorrädern, die schrillen Klingeln der Cyclos, das Klappern von Töpfen und Pfannen und das Geschrei der Menschen um uns herum. Die Leute strömen aus ihren Häusern in die Straßen und bewegen sich langsam aus Phnom Penh heraus. Manche haben so viel Glück wie wir und können fahren, aber viele verlassen die Stadt zu Fuß, bei jedem Schritt flappen ihre Gummilatschen gegen die Sohlen.

Unser Lieferwagen schiebt sich zentimeterweise vorwärts. Wir können das Geschehen von der Ladefläche überblicken. Überall verabschieden sich Menschen laut weinend und tränenüberströmt von denen, die lieber hier bleiben wollen. Kleine Kinder rufen nach ihren Müttern, Schnodder läuft ihnen in die offenen Münder. Bauern peitschen auf ihre Kühe und Ochsen ein, damit sie die Wagen schneller anziehen. Viele tragen ihre Habseligkeiten in Stoffbeuteln auf ihren Rücken oder Köpfen. Sie gehen mit kurzen schnellen Schritten und schreien ihre Kinder an, dass sie zusammenbleiben sollen, dass sie sich anfassen müssen, dass sie nicht zurückfallen dürfen. Ich drücke mich eng an Keav, als alle in kopflosem Durcheinander aus der Stadt herausquellen.

Die Soldaten sind überall. Es sind unglaublich viele. Sie brüllen in ihre Megaphone, sie lächeln nicht mehr wie vorhin, als ich ihnen zugewinkt habe. Jetzt schreien sie uns wütend Anweisungen zu, die Gewehre im Anschlag. Sie brüllen die Leute an, dass sie ihre Läden zumachen sollen, dass sie alle Gewehre und Waffen zusammentragen und zu ihnen bringen müssen. Sie schreien die Familien an, dass sie schneller gehen müssen, dass sie Platz machen sollen, dass sie nichts erwidern dürfen. Ich berge mein Gesicht an Keavs Brust, schlinge meine Arme um ihre Taille und unterdrücke das Weinen. Chou sitzt mit geschlossenen Augen still auf Keavs anderer Seite. Neben uns sitzen Kim und Meng mit versteinerten Gesichtern und sehen auf das Gedränge unter uns.

»Keav, warum sind die Soldaten so gemein zu uns?«, frage ich und umklammere sie noch fester.

»Schschsch. Es sind die Roten Khmer. Es sind Kommunisten.«

»Was sind Kommunisten?«

»Na, weißt du, es heißt ... Es ist schwer zu erklären. Frag Papa später«, flüstert sie.

Keav erzählt mir, dass die Soldaten sagen, sie würden Kambodscha und die Kambodschaner lieben. Aber ich frage mich, warum sie so gemein zu uns sind, wenn sie uns lieben. Vorhin habe ich ihnen noch zugejubelt, aber jetzt habe ich Angst vor ihnen.

»Nehmen Sie so wenig mit, wie Sie können! Sie brauchen ihre Stadtsachen nicht! Sie kommen in drei Tagen wieder zurück! Die Amerikaner werden die Stadt bombardieren! Die Amerikaner werden die Stadt bombardieren! Verlassen Sie die Stadt! Sie bleiben ein paar Tage auf dem Land! Verlassen Sie die Stadt! Jetzt!« Die Soldaten schreien diese Botschaften immer wieder heraus. Ich halte mir die Ohren zu und berge mein Gesicht an Keavs Brust. Sie legt die Arme um meinen kleinen Körper. Die Soldaten fuchteln mit den Gewehren herum. Sie feuern Schüsse in die Luft ab. Sie wollen sichergehen, dass wir alle verstehen, wie ernst sie ihre Drohungen meinen. Jeder Gewehrsalve folgt eine Welle der Panik, die Menschen schubsen und schieben sich auf ihrem Weg raus aus der Stadt. Ich bin voller Angst, aber ich habe Glück, dass meine Familie einen Lieferwagen hat, in dem wir alle zusammen sicher vor der panischen Menschenmenge wegfahren können.

Evakuierung

April 1975

Erst Stunden später sind wir schließlich aus der Stadt heraus und auf der Landstraße, auch wenn wir weiterhin nur langsam vorankommen.

»Wohin fahren wir?«, frage ich Kim immer wieder. Mir kommt es so vor, als seien wir schon ewig unterwegs.

»Ich weiß es nicht. Wir sind gerade am Po-Chentong-Flughafen vorbeigekommen, also sind wir auf der Schnellstraße vier. Hör endlich auf, mich zu löchern.«

Ich verkrieche mich unter meinen Schal, wo ich mich vor der Sonne verstecke, und schmolle vor mich hin.

Ich bin schlapp und müde. Ich kann meine Augen im gleißenden Sonnenlicht und in dem aufgewirbelten Straßenstaub kaum noch aufhalten. Der Wind fährt mir in die Haare, die mich im Gesicht kitzeln, aber ich lächele nicht. Die trockenheiße Luft brennt in meinen Nasenflügeln. Keav wickelt mir das Ende meines Schals gegen die staubige Luft fest um Nase und Mund, und sie sagt zu mir, dass ich nicht über die Seitenplanken des Lieferwagens sehen soll.

In Kambodscha haben wir nur zwei Jahreszeiten: Trockenheit

und Regen. Das Klima wird vom Monsun beherrscht, der von Mai bis Oktober starke Regenfälle mit sich bringt. Keav sagt, während der Regenzeit sei das Land ein grünes Paradies. Sie sagt, es gibt so viel Wasser, dass die Bäume in die Höhe schießen und die Blätter prall vor Nässe sind. Sie werden dunkel und metallisch grün und sehen aus, als würden sie gleich bersten. Vor dem Monsunregen im Mai müssen wir den April ertragen, unseren heißesten Monat, in dem es oft dreiundvierzig Grad wird. Dann ist es so heiß, dass sogar die Kinder drinnen bleiben, um die Sonne zu vermeiden. So heiß ist es jetzt.

Während wir uns weiter von der Stadt entfernen, verschwinden die Hochhäuser, und strohgedeckte Hütten tauchen auf. Die Gebäude der Stadt stehen hoch und eng beieinander, die Hütten hier sind niedrig und liegen vereinzelt inmitten der Reisfelder. Unser Lieferwagen rollt langsam in der Menschenmenge voran, und allmählich geht der breite asphaltierte Boulevard in eine windige staubige Piste über, eigentlich nicht mehr als eine Wagenspur. Hohes Elefantengras und dornige braune Büsche haben die blühenden Blumen und Schatten spendenden Bäume Phnom Penhs abgelöst. Mit einem Gefühl des Ekels sehe ich die Dörfer vorüberziehen. So weit man sehen kann, laufen Menschen an leeren Hütten und unbestellten Reisfeldern die Straße entlang.

Ich schlafe ein und träume, dass ich zu Hause bin und Himmel und Hölle mit meinen Freundinnen spiele. Als ich aufwache, haben wir in der Nähe einer verlassenen Hütte geparkt, wo wir übernachten wollen. Obwohl wir nur etwa fünfzehn Kilometer zurückgelegt haben, ist dies eine ganz andere Welt als Phnom Penh. Die Sonne ist untergegangen und hat uns von der Hitze erlöst. Um uns herum erhellen sich Gesichter von Frauen, die vor den Feuern hocken, auf denen sie Essen kochen. Noch immer laufen Tausende im Kreis herum oder auf ein unbekanntes Ziel zu. Andere haben sich wie wir zur Nacht am Straßenrand niedergelassen.

Meine Familie ist damit beschäftigt, unser Nachtlager in der Nähe einer verlassenen Hütte aufzuschlagen. Meine Brüder sammeln Feuerholz, Mama und Keav bereiten das Essen vor. Chou kämmt Geaks Harre, wobei sie aufpasst, nicht zu ziepen. Als alles fertig ist, versammeln wir uns ums Feuer und essen Reis und das gesalzene Schweinefleisch, das Mama heute Morgen gekocht hat. Es gibt weder Tisch noch Stühle, wir Kinder kommen hockend zurecht, unsere Eltern setzen sich auf eine kleine Strohmatte, die Mama eingepackt hat.

»Ich muss mal ganz dringend«, sage ich zu Mama nach dem Essen.

»Dann musst du in den Wald gehen.«

»Aber wohin?«

»Irgendwohin, wo es dir gut vorkommt. Warte, ich gebe dir etwas Toilettenpapier.« Mama geht weg und kommt mit ein paar bedruckten Scheinen zurück.

Ich reiße meine Augen auf, ich kann's nicht glauben: »Mama! Das ist doch Geld. Ich kann doch kein Geld nehmen!«

»Nimm es, es ist uns zu nichts mehr nütze«, antwortet sie und steckt mir die steifen Scheine in die Hand. Ich verstehe das nicht. Aber ich begreife jetzt, dass wir in einer wirklich schlimmen Lage sind. Und ich verstehe, dass jetzt keine Zeit zum Widersprechen ist, also nehme ich das Geld und gehe auf den Wald zu.

Als ich zurückkomme, erkunden Chou und ich die Gegend. Plötzlich raschelt es im Gebüsch direkt neben uns. Steif vor Schreck fassen wir uns an den Händen und halten den Atem an, aber dann spaziert eine kleine Katze auf der Suche nach etwas Essbarem aus dem Unterholz. Die Besitzer müssen sie in der Eile des Aufbruchs vergessen haben.

»Chou, was wird wohl aus unseren Katzen?«

»Um die brauchst du dir keine Sorgen zu machen.«

In Phnom Penh hatten wir fünf Katzen. Obwohl wir sie *unsere* Katzen nannten, hatten wir eigentlich keinen Anspruch auf sie.

Wir hatten noch nicht einmal Namen für sie. Sie kamen zu uns, wenn sie hungrig waren, und wenn sie sich langweilten, gingen sie wieder.

»Wahrscheinlich hat sie jemand zu Abend gegessen«, ärgert uns Kim, als wir ihn danach fragen. Wir lachen alle und schimpfen, dass er so etwas sagt. Normalerweise essen Kambodschaner keine Hunde oder Katzen. Es gibt Spezialitätenläden, in denen Hundefleisch verkauft wird, aber es ist unheimlich teuer. Es gilt als Delikatesse. Die alten Leute sagen, wenn man Hundefleisch isst, erhöht sich die Körpertemperatur und mit ihr die Energie. Allerdings sollte man nicht zu viel davon essen, sonst fängt der Körper Feuer und verbrennt.

In dieser Nacht bringt mich Mama auf der Ladefläche des Lieferwagens zu Bett. Chou, Geak und ich schlafen dort mit ihr, die älteren Kinder mit Papa auf der Erde. Es ist eine von diesen lauen Nächten, in denen man keine Decke braucht. Ich schlafe so gerne draußen unter den Sternen. Meine Phantasie entfesselt sich an ihrem Glanz, wenn ich auch die Weite des Himmels nicht begreifen kann. Jedes Mal wenn ich versuche, mich dem Gedanken des Universums anzunähern, fängt sich alles in meinem Kopf an zu drehen.

»Chou, der Himmel ist so groß.«

»Schschsch, ich versuche zu schlafen.«

»Sieh dir die Sterne an. Sie sind so schön, und sie zwinkern uns zu. Ich wünschte mir, ich wäre da oben bei ihnen und den Engeln.«

»Ja, das wäre schön. Schlaf jetzt.«

»Weißt du, die Sterne sind Kerzen im Himmel. Jede Nacht kommen die Engel raus und zünden sie für uns an. Damit wir noch etwas sehen können, wenn wir uns verlaufen haben.«

Papa sagt immer, ich hätte eine blühende Phantasie und würde mir wunderbare Geschichten ausdenken.

Als ich am anderen Morgen aufwache, sind meine Geschwister schon wach. Sie sind von Gewehrschüssen geweckt worden, die die Roten Khmer in der Ferne abgegeben haben, aber ich war so müde, ich habe einfach weitergeschlafen.

Meine Geschwister haben dunkle Ringe unter den Augen, ihre Haare stehen in allen Richtungen von den Köpfen ab. Langsam setze ich mich auf und strecke meine schmerzenden Schultern und meinen Rücken. Auf dem Lieferwagen zu schlafen ist nicht so lustig, wie ich es mir vorgestellt hatte. Kurze Zeit später kommt eine Gruppe Soldaten der Roten Khmer und schreit uns zu weiterzufahren.

Nach einem kleinen Frühstück aus Reis und eingelegten Salzeiern steigen wir auf den Lieferwagen und brechen auf. Wir fahren viele Stunden lang. Wo wir auch hinsehen, gehen Menschen. Die Sonne steigt und brennt auf uns herab. Kleine Schweißtröpfchen sammeln sich an meinem Haaransatz und über meiner Oberlippe. Nach einer Weile gehen wir uns auf die Nerven und fangen Streit an.

»Es ist nicht mehr so weit, Kinder. Wir sind fast da«, sagt Papa zu uns, als wir anhalten, um Mittag zu essen. »Bald sind wir in Sicherheit.«

Während Mama und Keav unser Essen zubereiten, gehen Papa und Meng Feuerholz suchen. Als sie zurückkommen, sagt Papa zu Khouy, dass es gut war, dass wir so schnell aus der Stadt aufgebrochen sind. Er hat eben gehört, dass die Soldaten alle gezwungen haben, die Stadt zu verlassen. Sie haben die Schulen, Restaurants und Krankenhäuser geräumt. Sie haben sogar die Kranken zur Flucht gezwungen. Da sie aber nicht erst nach Hause gehen durften, wurden viele Familien getrennt.

»Viele alte und kranke Menschen haben das nicht überlebt«, wirft Khouy aufgebracht ein. »Ich habe sie in ihren blutbefleckten Krankenhauskitteln zu beiden Seiten der Straße liegen sehen. Manche waren zu Fuß unterwegs, andere wurden von ihren Verwandten auf Karren oder auf den Krankenhausbetten geschoben.«

Jetzt verstehe ich, warum Keav mir andauernd den Schal um

den Kopf gewickelt hat. Warum sie mir befohlen hat, den Kopf gesenkt zu halten, und warum ich nicht über die Seitenplanken des Lieferwagens gucken durfte.

»Die Soldaten haben die ganze Stadt durchkämmt, an alle Türen geklopft und allen Leuten befohlen aufzubrechen. Wer sich weigerte, wurde ohne weiteres auf seiner eigenen Türschwelle erschossen.« Papa schüttelt den Kopf.

»Warum tun sie das, Papa?«, fragt Kim.

»Weil sie alles zerstören.«

Chou und Kim sehen einander an, und ich sitze da, fühle mich verloren und habe Angst.

»Ich verstehe das nicht. Was soll das bedeuten?«, frage ich sie. Sie sehen mich an, aber sie sagen nichts. Gestern habe ich Himmel und Hölle mit meinen Freundinnen gespielt. Heute rennen wir vor bewaffneten Soldaten weg.

Nach einem schnellen Mittagessen aus Reis und gesalzenem Fisch besteigen wir den Lieferwagen und fahren wieder los. Ich gucke zu, wie ein Strom von Leuten unserer Spur zu folgen scheint. Meine Gedanken kämpfen gegen die Mattigkeit von der erstickenden Hitze an. Sie rasen von einem Problem zum nächsten. Ich frage mich, warum wir flüchten mussten, wohin wir gehen und wann wir wieder nach Hause zurückkehren können. Plötzlich würgt und spuckt der Lieferwagen und setzt meinem Grübeln ein Ende. Es scheppert und rasselt, und schließlich stoppt er. Beim Runterklettern wünsche ich mir inständig, dass er gleich weiterfährt.

»Wir haben kein Benzin mehr, und hier gibt es keine Tankstelle«, sagt Papa. »Es sieht so aus, als ob wir den Rest des Wegs zu Fuß gehen müssten. Nehmt nur ein paar Anziehsachen mit, aber so viele Lebensmittel, wie ihr tragen könnt. Dann sagt uns Papa genau, was wir mitnehmen sollen und was hier bleibt.

»Ihr da!«, brüllt jemand. Wir halten inne und stehen wie gelähmt herum.

»Ja, ihr!« Ein Soldat kommt auf uns zu. »Gebt mir eure Uhren.«

»Sofort.« Gebückt, um Unterwerfung zu signalisieren, nimmt Papa Meng und Khouy die Uhren von den Handgelenken. Papa sieht dem Soldaten nicht in die Augen, als er ihm die Uhren gibt.

»In Ordnung, und nun bewegt euch!«, befiehlt der Soldat und geht weg. Als er außer Hörweite ist, flüstert Papa, dass wir den Soldaten von jetzt an alles geben sollen, was sie haben wollen. Sonst erschießen sie uns.

Wir laufen, bis es ganz dunkel ist. Als die Nacht kommt, rasten wir am Straßenrand in der Nähe eines Tempels. Wir packen den getrockneten Fisch aus und essen schweigend. Alles Rätselhafte und Aufregende ist verflogen; jetzt habe ich einfach nur Angst.

Sieben-Tage-Marsch

April 1975

Als ich am nächsten Tag meine Augen aufschlage, sehe ich Chous verdrossenes Gesicht falsch herum vor einem bewölkten Himmel. Sie zerrt an meinen Haaren. »Wach auf, wir müssen weiter«, sagt sie zu mir.

Langsam setze ich mich auf und reibe mir den Schlaf aus den Augen. Um mich herum ein Meer erwachender Menschen: Babys weinen, alte Leute ächzen, Töpfe und Pfannen klappern gegen Karren, die Staub aufwirbeln. Es sind viel mehr Menschen, als ich mit den Zahlen, die ich kenne, erfassen könnte. Ich sehe Khouy und Meng nach, die mit großen silbernen Töpfen in den Tempel gehen, um Wasser zu holen. Keav sagt, es gibt immer einen Brunnen in der Nähe eines Tempels. Einen Augenblick später kehren die beiden sichtlich erschüttert mit leeren Töpfen zurück.

»Wir sind in den Tempel gegangen, aber es waren keine Mönche da, nur Soldaten«, erzählen sie Papa. »Sie haben uns zugerufen, vom Tempelbrunnen wegzubleiben. Wir sind stehen geblieben und umgekehrt, aber andere sind trotzdem weitergegangen ...« Khouys Bericht wird von Schüssen unterbrochen, die aus dem Tempelinnern kommen. Eilig packen wir unsere Sachen und verlassen das Gelände. Später hören wir, dass die Soldaten der Roten Khmer zwei Menschen im Tempel getötet und viele verwundet haben.

Heute, an unserem dritten Tag auf der Straße, laufe ich mit etwas mehr Schwung. In Phnom Penh hatten uns die Soldaten versprochen, dass wir nach drei Tagen wieder zurückkommen dürfen. Sie hatten uns gesagt, dass wir flüchten müssten, weil die Amerikaner die Stadt bombardieren würden. Aber ich habe kein einziges Flugzeug am Himmel gesehen, und ich habe keine Bomben fallen hören. Es kommt mir merkwürdig vor, dass sie uns zum Weggehen gezwungen haben sollten, nur damit wir nach drei Tagen zurückgehen können. Es kann doch nicht sein, dass wir den ganzen Tag wie die Ameisen marschieren und am Ende des Tages anhalten, um wieder nach Hause zu gehen. Ich verstehe es nicht, aber ich denke mir, dass sie drei Tage brauchen, um die Stadt sauber zu machen.

»Papa, können wir bald wieder nach Hause? Die Soldaten haben gesagt, dass wir nach drei Tagen wieder zurück dürfen.« Ich zerre an Papas Hosenbein. Es ist Nachmittag, und noch immer werden wir nicht langsamer.

»Vielleicht, aber bis dahin müssen wir weitergehen.«

»Aber Papa, heute ist der dritte Tag. Kehren wir jetzt bald um und gehen wieder nach Hause zurück?«

»Nein, wir müssen weitergehen«, sagt Papa traurig. Widerwillig tue ich, was Papa mir sagt. Jeder muss irgendetwas tragen, also nehme ich den kleinsten Gegenstand vom Haufen, den Reistopf. Beim Laufen wird der Topf schwerer und schwerer, und die Sonne steigt höher und höher. Der Metallgriff gräbt sich in meine Handfläche. Mal trage ich den Topf mit beiden Händen vor mir her, dann nehme ich ihn in den rechten, dann wieder in den linken Arm, aber wie ich ihn auch trage, irgendwie scheint er immer an mein Bein zu stoßen. Das tut weh. Jetzt ist Abend, und ich habe die Hoffnung aufgegeben, dass wir heute nach Hause zurückgehen können. Müde und hungrig schleppe ich mich mit immer kleiner werdenden Schritten dahin, bis ich weit hinter die anderen zurückgefallen bin.

»Papa, ich habe großen Hunger, und meine Füße tun mir weh«, rufe ich ihm hinterher.

»Du kannst jetzt nichts essen. Wir haben nur noch ganz wenig übrig, und wir müssen das Essen gut einteilen, denn wir haben noch einen weiten Weg vor uns.«

»Warum müssen wir es denn aufheben?« Ich bleibe auf der Straße stehen und lasse den Reistopf fallen, um mir den Staub und die Tränen vom Gesicht zu wischen. »Unsere drei Tage sind bald vorbei. Wir können wieder nach Hause gehen. Lass uns nach Hause gehen. Ich will nach Hause zurück.«

Irgendwie bringe ich diese Worte stockend zwischen Schluchzern heraus. Meine achtzehn Kilogramm weigern sich weiterzugehen. Der rote Staub der Straße setzt sich auf meiner verschwitzten Haut ab, trocknet sie aus und juckt. Papa geht zu Keav und nimmt ein Bällchen Klebreis aus ihrem Topf. Er kommt zu mir und gibt mir den Reis. Vor Scham schlage ich die Augen nieder, aber den Reis nehme ich trotzdem an. Still streicht er über mein Haar, während ich schluchzend den Reis hinunterwürge. Papa beugt sich zu mir herunter, sieht mir in die Augen und sagt leise: »Sie lügen, die Soldaten lügen. Wir können heute Abend nicht nach Hause gehen.« Seine Worte bringen mich noch mehr zum Weinen.

»Aber sie haben drei Tage gesagt.«

»Ich weiß. Es tut mir Leid, dass du ihnen geglaubt hast. Sie haben gelogen.«

»Ich verstehe nicht, warum sie gelogen haben«, sage ich mit bebender Stimme.

»Ich weiß es auch nicht, aber auf alle Fälle haben sie uns angelogen.« Meine Hoffnungen verfliegen. Ich wische mir mit dem Unterarm über die Nase und schmiere den Schnodder übers

Gesicht. Zärtlich wischt mir Papa das Gesicht ab, nimmt den Reistopf und sagt, dass ich für den Rest des Weges nur noch mich selbst zu tragen brauche.

Mama kommt mit Geak auf der Hüfte zu mir und wickelt mir den Schal um den Kopf. Ich wollte, ich wäre ein Kleinkind, wie Geak. Sie muss nicht laufen. Mama trägt sie den ganzen Weg über auf dem Arm. Mir geht es schlecht, aber ich habe wenigstens Schuhe. Einige müssen in der sengenden Hitze barfuß laufen und ihre ganze Habe auf dem Rücken oder dem Kopf tragen. Sie tun mir Leid, denn ich weiß, dass es ihnen schlechter geht als mir. So weit wir auch laufen, überall sind schon Menschen. Als die Nacht hereinbricht, übernachten wir wieder am Straßenrand unter freiem Himmel, zusammen mit hunderttausend anderen Familien aus Phnom Penh.

Unser vierter Tag auf der Straße beginnt so wie die vorangegangenen. »Wann sind wir endlich da?«, löchere ich Kim. Als mich niemand beachtet, fange ich wieder an zu schmollen und zu weinen.

»Keiner hat mich lieb!«, jammere ich, aber trotzdem laufe ich weiter.

Zur Mittagszeit kommen wir am Militärkontrollpunkt der Roten Khmer in der Stadt Kom Baul an. Er besteht nur aus ein paar provisorischen Zelten, neben denen Laster stehen. In dieser Basis gibt es viele Soldaten. Man kann sie ganz leicht an ihren weit geschnittenen schwarzen Pyjamahosen und -oberteilen erkennen. Sie haben alle die gleichen Gewehre. Sie bewegen sich schnell, die Finger am Abzug. Sie schreiten vor der Menge auf und ab und brüllen Anweisungen in die Mikrophone.

»Dies ist die Kom-Baul-Basis. Sie dürfen erst weitergehen, nachdem Sie erfasst worden sind! Stellen Sie sich mit Ihrer Familie an! Unsere Kameraden werden Ihnen ein paar einfache Fragen stellen! Sie haben Sie wahrheitsgemäß zu beantworten. Sie dürfen den Angkar nicht anlügen! Wenn Sie den Angkar anlügen, werden wir es herausfinden! Der Angkar ist allwissend, er hat seine Augen überall.« Es ist das erste Mal, dass ich das Wort »Angkar« höre, es heißt »die Organisation«. Papa sagt, der Angkar sei die neue Regierung von Kambodscha. Er erzählt uns, dass früher Prinz Sihanouk Kambodscha regiert hat. 1970 wurde er von General Lon Nol in einem Militärputsch abgesetzt, der mit der Regierung des Prinzen nicht einverstanden war. Seitdem befindet sich die demokratische Regierung Lon Nols im Bürgerkrieg mit den kommunistischen Roten Khmer. Jetzt haben die Roten Khmer den Krieg gewonnen, und ihre Regierung nennt sich »Angkar«.

»Rechts sehen Sie einen Tisch, wo Ihre Kameraden und Brüder darauf warten, Ihnen zu helfen. Jeder, der für die alte Regierung gearbeitet hat, Ex-Soldaten und Politiker, treten Sie an den Tisch, und lassen Sie sich für Arbeit registrieren. Der Angkar braucht sie sofort.« Ich habe entsetzlich Angst vor den Soldaten der Roten Khmer. Ich fühle mich, als müsse ich mich übergeben.

Papa versammelt uns schnell um sich und stellt sich mit den Bauern an. »Denkt daran, wir sind Bauern. Gebt ihnen, was sie haben wollen, und widersprecht ihnen nicht. Ihr sagt überhaupt nichts. Ich spreche für euch, geht nirgends hin, bewegt euch nicht, außer wenn ich es euch sage«, bläut Papa uns ein.

Eingekeilt in einer Reihe zwischen diesen vielen Menschen, quält mich der Geruch von Körpern, die tagelang nicht gewaschen wurden. Ich ziehe den Schal eng um Nase und Mund. Vor uns gabelt sich die Reihe, als eine große Gruppe ehemaliger Soldaten, Regierungsangestellter und Politiker zu dem Tisch gehen, um sich zur Arbeit einzutragen. Mein Herz klopft schnell, aber ich sage nichts, sondern lehne mich gegen Papas Beine. Er legt seine Hand auf meinen Scheitel. Dort bleibt sie, als wolle sie mich vor der Sonne und den Soldaten schützen. Ein paar Minuten später fühlt sich mein Kopf schon kühler an, und mein Herzschlag hat sich verlangsamt.

Vor uns in der Reihe brüllen die Soldaten der Roten Khmer

irgendetwas, aber ich kann sie nicht verstehen. Ein Soldat reißt einem Mann grob eine Tasche von der Schulter und stülpt sie um. Er zieht eine alte Lon-Nol-Armeeuniform hervor. Der Rote Khmer grinst den Mann höhnisch an, dann schubst er ihn auf einen anderen Soldaten zu, der neben ihm steht. Nun geht der Soldat zur nächsten Familie. Mit niedergeschlagenen Augen, hängenden Schultern und herunterbaumelnden Armen zeigt der Mann mit der Lon-Nol-Uniform keinerlei Widerstand, als ein anderer Roter Khmer ihn mit dem Gewehrkolben vor sich herbugsiert.

Viele Stunden später sind wir an der Reihe, befragt zu werden. Ich weiß, dass wir hier schon lange stehen, weil die Sonne jetzt meine untere Rückenhälfte statt meines Scheitels wärmt. Als ein Soldat der Roten Khmer auf uns zukommt, zieht sich mein Magen zusammen. Ich dränge mich noch enger an Papa und greife nach seiner Hand. Papas Hand ist viel zu groß für meine, ich kann gerade mal meine Finger um seinen Zeigefinger wickeln.

»Was machen Sie?«, fragt der Soldat Papa kurz angebunden.

»Ich arbeite als Packer im Hafen.«

»Was machen Sie?« Der Soldat zeigt mit dem Finger auf Mama. Ihre Augen sind auf den Boden gerichtet, und sie verlagert Geaks Gewicht auf ihrer Hüfte. »Ich verkaufe gebrauchte Kleider auf dem Markt«, sagt sie kaum hörbar.

Der Soldat durchwühlt unsere Taschen, eine nach der anderen. Dann beugt er sich herunter und hebt den Deckel vom Reistopf neben Papas Füßen. Ich umklammere Papas Finger noch fester, als der Soldat den Topf kontrolliert. Sein Gesicht ist ganz nah an meinem, ich starre auf meine dreckigen Zehen. Ich traue mich nicht, ihm in die Augen zu sehen, weil ich gehört habe, dass man dann den Teufel persönlich sieht.

»In Ordnung, Sie können passieren.«

»Danke sehr, Kamerad«, sagt Papa unterwürfig und verbeugt sich ein paarmal vor dem Soldaten. Der Soldat sieht schon an Papa vorbei und macht uns nur noch ein Zeichen, schnell weiterzugehen. Nachdem wir den Kontrollpunkt hinter uns gelassen haben, laufen wir noch ein paar Stunden weiter, bis sich die Sonne hinter den Bergen schlafen legt und die Welt wieder ein Ort aus Schatten und Silhouetten wird. In der Menschenmenge entdeckt Papa einen freien Platz am Straßenrand. Mama setzt Geak neben mir ab und sagt, dass ich auf sie aufpassen soll. Als ich neben ihr sitze, bemerke ich entsetzt, wie elend sie aussieht. Sie atmet leise und kämpft gegen die Müdigkeit an, aber schließlich gibt sie auf und schläft ein. Ihr knurrender Magen spricht mit meinem, der ihm grummelnd antwortet. Weil wir erst mal nichts zu essen bekommen, lege ich mich auf ein kleines Bündel Anziehsachen neben Geak, als Kopfkissen nehme ich einen unserer Beutel. Schnell bin auch ich eingeschlafen.

Als ich aufwache, sitze ich aufrecht auf der Strohmatte, und Keav stopft mir Essen in den Mund. »Iss das«, sagt sie. »Reisbällchen mit wilden Pilzen. Khouy und Meng haben die Pilze im Wald gesammelt.«

Ich halte die Augen geschlossen, die Reisbällchen arbeiten sich langsam meine ausgetrocknete Kehle herunter und beruhigen meinen hungrigen Magen. Nachdem ich meine kleine Portion aufgegessen habe, lege ich mich wieder hin und verlasse die Welt der Roten Khmer.

Mitten in dieser Nacht träume ich, ich sei bei einer Neujahrsparade. In diesem Jahr fällt der Neujahrstag des kambodschanischen Mondjahrs auf den 13. April. Traditionell feiern wir das neue Jahr drei Tage und Nächte mit Paraden, gutem Essen und Musik. In meinem Traum explodieren die Feuerwerkskörper ganz laut. Der Tisch ist reich gedeckt: rote Kekse, rote Süßigkeiten, rotes kross gebratenes Schweinefleisch, rote Nudeln. Alles ist rot. Ich trage sogar ein neues rotes Kleid, das Mama zu diesem Anlass genäht hat. Nach chinesischer Auffassung sollten Mädchen diese Farbe nicht tragen, weil sie zu viel Aufmerksamkeit auf sie lenkt. Nur Mädchen, die Blicke auf sich lenken wollen, tragen Rot; sie werden normalerweise als »schlechte« und »unanständige« Mädchen angesehen, wahrscheinlich kommen sie aus einer schlechten Familie. Aber bei Neujahr ist das anders, und während des Festes dürfen alle Rot anziehen. Chou steht klatschend neben mir. Geak lacht und versucht, mit mir Schritt zu halten. Ich laufe hin und her und drehe mich im Kreis. Wir haben alle die gleichen Kleider an. Wir sehen so hübsch aus mit den roten Bändern in unseren Pferdeschwänzen, Rouge auf den Wangen und Lippenstift. Wir Schwestern halten uns lachend an den Händen, als die Feuerwerkskörper im Hintergrund explodieren.

Am nächsten Morgen wache ich von den Stimmen meines Vaters und meiner Brüder auf, die sich zuflüstern, was in der Nacht geschehen ist.

»Pa«, sagt Meng verängstigt, »ein Mann hat mir erzählt, dass der Lärm letzte Nacht davon kam, dass die Soldaten der Roten Khmer alle erschossen haben, die sich gestern zur Arbeit eingeschrieben haben. Sie haben sie alle getötet.« Ihre Worte hämmern gegen meine Schläfen, Furcht pocht in meinem Kopf.

»Hört auf zu reden. Es ist zu gefährlich, wenn uns die Soldaten hören.«

Als ich das höre, bekomme ich noch mehr Angst. Ich gehe zu Papa. »Wir laufen seit fünf Tagen. Wann können wir endlich wieder nach Hause gehen?«

»Sprich nicht weiter«, flüstert er und schiebt mich zu Keav. Sie nimmt mich an der Hand und führt mich auf den Wald zu, weil ich mal muss.

Wir sind erst ein paar Schritte gegangen, da stoppt uns Khouy.

»Dreht euch um und kommt zurück!«, schreit er.

»Sie muss aber ganz dringend.«

»Da, in dem hohen Gras nur ein paar Schritte von euch, da liegt ein Toter. Deswegen war hier gestern noch niemand.«

Ich umklammere Keavs Hand fester, und plötzlich bemerke ich einen stechenden Geruch. Es ist nicht der Geruch verfaulenden Grases oder mein eigener Körpergeruch, sondern ein Verwesungsgestank, dass sich mein Magen umdreht. Ein ähnlicher Gestank wie von Hühnerinnereien, die seit Tagen in der heißen Sonne stehen. Um mich herum verschwimmt alles, ich achte nicht auf Keav, die sagt, dass ich da weggehen soll. Ich höre nur das Summen der Fliegen, die sich an dem Leichnam satt fressen. Ich spüre, wie Keav mich wegzieht, meine Füße bewegen sich automatisch in ihre Richtung. Hand in Hand schließen wir uns der Familie an, und so beginnen wir unseren sechsten Tagesmarsch.

Am Weg stehen überall Soldaten, die uns vorantreiben. Mit Gewehren und Megaphonen geben sie uns Anweisungen. In der sengenden Aprilhitze werden viele alte Leute krank, sie leiden unter Hitzschlag oder Dehydrierung, aber sie wagen es nicht, sich auszuruhen. Wenn jemand nicht mehr weiterkann, werfen die Angehörigen seine Sachen weg, und der Kranke wird auf dem Rücken getragen oder auf einen Karren gelegt, wenn die Familie zu den Glücklichen gehört, die noch einen haben. Wir laufen den ganzen Morgen und den ganzen Nachmittag. Wir machen erst Rast, als die Sonne sinkt.

Um uns herum halten auch andere Familien über Nacht an. Einige wanken ins Feld und suchen nach Feuerholz, um sich Essen zu kochen. Andere essen das, was sie früher gekocht haben, und schlafen ein, sowie sie sich hingelegt haben. Auf der Suche nach einer freien Stelle gehen wir um die zusammengerollten Menschen herum. Erschöpft bemühen sich Mama und Keav darum, an unserem Rastplatz alles herzurichten und ein Feuer anzuzünden. Aus einer der Plastiktüten, in denen wir den Rest unserer Sachen tragen, nimmt Keav ein Laken und breitet es auf dem Boden aus. Mama rollt die Strohmatte neben dem Bettlaken aus. Ich sitze mit Geak auf kleinen Bündeln und reibe mir die verbrannten und schmerzenden Knöchel, Chou und Kim legen die restlichen Beutel auf das Laken. Als ich versuche, Geak an der Hand zum Laken zu führen, macht sie sich los und geht mit schwankenden Schritten auf Papa zu. Er nimmt sie hoch und drückt sie an seine Brust. Ihr braunes, sonnenverbranntes Gesicht ruht in seiner Halskuhle. Er wiegt sie leise, bis sie eingeschlafen ist.

Unser Lebensmittelvorrat besteht nur noch aus ein paar Pfund Reis, deswegen müssen Meng, Khouy und Kim irgendetwas Essbares auftreiben. Sie gehen einen Kilometer bis zum Ort Ang Sur und kommen eine Stunde später zurück. Sie sind schon von weitem zu sehen; Kim trägt ein Bündel trockenes Holz, Meng einen Stock, auf den er zwei kleine Fische und etwas Gemüse gespießt hat. Khouy kommt mit einem kleinen Topf und einem breiten Grinsen auf uns zu.

»Mama, sieh mal!«, ruft er ihr zu. Er kann seine Freude kaum verbergen. »Zucker!«

»Brauner Zucker!«, ruft Mama aus und nimmt ihm den Topf ab. So müde ich bin, diese Worte bringen mich wieder auf die Beine.

»Brauner Zucker!«, wiederhole ich leise. Nie hätte ich gedacht, dass mich zwei kleine Worte so glücklich machen könnten.

»Mama, lass mich probieren. Der Topf ist fast ein Viertel voll.«

»Schschsch, nicht so laut«, warnt mich Keav, »sonst kommen die Leute und wollen was abhaben.« Ein paar Nachbarn sehen schon zu uns herüber.

»Hier, jeder darf ein bisschen probieren. Wir müssen etwas aufheben«, sagt Mama, als wir uns alle um sie scharen. Meine Geschwister stecken ihre Finger in den Zucker und lecken sie ab.

»Ich ... ich ... ich«, flehe ich Mama an, als sie langsam den Topf zu mir herunterlässt. Ich weiß, es ist meine einzige Chance, so viel Zucker zu kriegen, wie ich kann, also warte ich ein paar Sekunden, um so viel Spucke im Mund zu sammeln wie möglich. Dann stecke ich den Finger in den Mund und ziehe ihn durch die Spucke, um sicherzugehen, dass jeder Millimeter nass ist. Erst als ich ganz sicher bin, dass er nass genug ist, nehme ich den Finger aus dem Mund und rolle ihn langsam auf dem Zucker herum. Ich wende ihn so langsam, dass ich fühlen kann, wie sich die groben Körner an ihn heften. Triumphierend ziehe ich den Finger aus dem Topf. Ich habe mehr Zucker am Finger als alle anderen! Vorsichtig halte ich die andere Hand unter den Schatz, um jedes einzelne Körnchen aufzufangen. Langsam geleite ich den Finger zurück zur Matte und fange an, den Zucker zu kosten.

Nach dem Essen geht Mama mit uns Mädchen zu einem Teich, um den sich schon Menschen drängen, die ihre Kleider auswaschen. Nackte Kinder tauchen ihre Köpfe vorsichtig in das trübe Wasser. Sie sind zu müde, um sich gegenseitig nass zu spritzen oder zu toben. Wir sollen unsere Sachen ausziehen. Ich streife das braune Oberteil ab, das gelb war, als ich es vor sechs Tagen eilig übergezogen habe. Nackt warten Chou, Geak und ich darauf, dass Mama ihre Unterwäsche unter dem Sarong auszieht und die Sachen Keav gibt. Sie geht damit zum Ufer und versucht, sie durch Reiben auf den Steinen ohne Seife sauber zu kriegen.

Geak auf der Hüfte balancierend, nimmt Mama mich bei der Hand und geht mit Chou und mir zu unserer ersten Wäsche seit sechs Tagen. Hand in Hand halten wir an, als mir das Wasser bis zur Taille reicht. Das Wasser liegt kühl und weich auf meiner Haut, und langsam lösen sich die Dreckschichten. Das glitschige Gras wiegt sich im Wasser und schmiegt sich an meine Beine. Meine Füße verheddern sich in den Schlingpflanzen, und mir laufen Schauder den Rücken hoch. Ich springe hoch und falle ins Wasser zurück, dabei ziehe ich Chou mit, die immer noch Mamas Hand hält. Als ich wieder auftauche, lachen sie alle über mich. Ich bin glücklich, dass wir alle lachen.

Am Morgen weckt uns Mama, und wir bereiten uns auf unseren siebten Tagesmarsch vor. Die Straße vor uns flimmert in der Hitze, überall stehen Staubwolken. In weiter Ferne sehe ich einen einsamen Radfahrer. Ich kann nicht sagen, wie groß er ist, nur, dass er sehr dünn ist. Es ist merkwürdig, dass er gegen den Strom fährt. Plötzlich erschrecken mich Mamas Schreie. Zwischen lautem Schluchzen schafft sie es hervorzustoßen: »Es ist euer Onkel Leang!«

Wir reißen die Arme hoch und springen aufgeregt hoch und runter, so machen wir unseren Onkel auf uns aufmerksam. Onkel Leang winkt mit einer Hand zurück und tritt schneller in die Pedale. Ein paar Meter vor uns hält er an, und wir rennen alle auf ihn zu. Er zwinkert und nimmt Mama in die Arme. Papa steht ruhig neben ihnen. All die Ängste und Sorgen der vergangenen Tage sind nun vorüber, denn endlich hat er seine Schwester gefunden. Onkel Leang reicht Mama ein Paket vom Gepäckträger, und während sie die Büchsen mit Tunfisch und anderen Lebensmitteln öffnet, erzählt er Papa, dass an diesem Morgen Leute aus Phnom Penh in seinem Dorf angekommen sind. Sie haben ihm von der Evakuierung erzählt und davon, dass die Roten Khmer alle gezwungen haben, die Städte zu verlassen, Phnom Penh, Battambang und Siam Reap. Als er das gehört hat, hat er sich gleich aufs Fahrrad gesetzt und den ganzen Morgen nach uns gesucht. Dann eröffnet er uns, dass Mamas ältester Bruder Heang unterwegs ist, um uns mit dem Ochsenkarren abzuholen. Ich freue mich, weil wir nicht mehr zu Fuß gehen müssen und in ein paar Tagen in ihrem Karren nach Hause fahren können.

Wenn ich neben Onkel Leang stehe, muss ich meinen Kopf ganz weit zurücklehnen, um sein Gesicht sehen zu können, weil er so groß ist. Selbst dann kann ich nur den Schwung seiner Lippen und seine breiten schwarzen Nasenflügel sehen, die sich alle paar Sekunden aufblähen, als er mit Mama spricht. Mit seinen fast ein Meter achtzig überragt er uns alle. Seine langen Arme und Beine erinnern mich an die Strichmännchen, die ich immer in meine Schulbücher gemalt habe. Onkel Leang lebt in einem Dorf namens Krang Truop. Schon vor der Revolution haben beide, Onkel Leang und Onkel Heang, auf dem Land gelebt. Sie haben noch nie in einer Stadt gewohnt. Für die Roten Khmer sind sie die unverdorbenen Mustermenschen der neuen Gesellschaft. Papa sagt, wir werden mit unseren Onkel mitgehen und bei ihnen in ihrem Dorf leben.

Der Wagen, der ganz langsam von zwei mageren gelben Kühen gezogen wird, kommt am Spätnachmittag an. Während sich Mama und Papa noch mit unserem Onkel unterhalten, erobere ich mir schnell einen Platz auf der Karre mit Chou und Geak. Unser Weg führt auf einer ungepflasterten Straße an der Route sechsundzwanzig westlich, bis wir das von den Roten Khmer eingenommene Dorf Bat Deng erreichen. Wo wir auch hingehen, in welche Richtung wir uns auch wenden, immer marschieren Menschen vor uns und hinter uns. Inmitten der Menschenmenge passiert unser Karren das Dorf der Roten Khmer, ohne anzuhalten. Dann biegen wir nach Westen ab und lassen unsere Weggefährten weit hinter uns zurück. Irgendwo zwischen Bat Deng und Krang Truop schlafe ich ein.

Krang Truop

April 1975

Am Morgen des 25. April, acht Tage nachdem wir unsere Wohnung in Phnom Penh verlassen haben, erreichen wir unser Ziel. Krang Truop ist ein staubiges kleines Dorf, von Reisfeldern umgeben, die sich bis zum Horizont erstrecken. Um die Reisfelder winden sich Pfade aus roter Erde wie durch Wasser gleitende Schlangen. Auf den Feldern weiden träge graue Wasserbüffel und braune Kühe. Viele tragen Glocken an Stricken um die Hälse, die bei den langsamen Kopfbewegungen der Tiere anklingen. Wenn sie galoppieren, erinnert mich das Geräusch an die Eiskarren von Phnom Penh. Statt in Betongebäuden oder Häusern leben die Menschen hier in Strohhütten, die auf vier Pfählen über dem Elefantengras inmitten der Reisfelder stehen.

»Die Kinder sind ja noch dreckiger als ich«, rufe ich laut, als uns ein Kind über den Weg läuft. Ich habe vollkommen vergessen, wie abgerissen ich herumlaufe. »Mama beschwert sich immer über mich – aber seht die doch mal an.« Die Kinder sind rot und staubig, purpurrote Erde liegt auf ihren Kleidern, ihrer Haut, ihren Haaren.

Chou sieht mich missbilligend an und schüttelt ihren Kopf. Obwohl sie nur drei Jahre älter ist als ich, tut sie immer so, als ob sie viel mehr wüsste. Ich bin größer und könnte sie leicht verhauen, aber das mache ich nur selten. Weil sie schüchtern, ruhig und gehorsam ist und nicht viel sagt, denken unsere älteren Geschwister immer, wenn sie dann mal etwas sagt, sei es auch wichtig. Meistens ergreifen sie ihre Partei, wenn wir uns streiten. Weil ich laut und mitteilsam bin, sind meine Worte ihrer Meinung nach auch unbedeutend und albern. Jetzt sieht mich Chou stirnrunzelnd an, als wolle sie meine Gedanken erraten. Ich strecke ihr die Zunge raus. Ist mir doch egal. Ich finde es toll, hier zu sein, und freue mich, dass wir in ein paar Tagen nach Hause zurückkönnen.

Nachdem uns die Tanten und viele Cousins und Cousinen freudig begrüßt haben, verschwindet Papa mit Onkel Leang, um sich dem Dorfvorsteher vorzustellen und ihn um die Erlaubnis zu bitten, hier bleiben zu dürfen. Onkel Leang und Onkel Heang haben uns erzählt, dass die Soldaten den alten Dorfvorsteher nach ihrem Sieg mitgenommen und durch einen Kader der Roten Khmer ersetzt haben. Jetzt müssen die Dorfbewohner für ihre kleinsten Wünsche erst eine Erlaubnis einholen – ob sie Familienmitglieder bei sich aufnehmen oder jemand außerhalb des Dorfes besuchen wollen.

Kurz darauf kehren sie zurück und erzählen, dass unserer Bitte stattgegeben wurde. Mein Interesse an dem Ort erstirbt, als Papa uns erklärt, dass wir alle bei Onkel Leang und seiner Familie wohnen. Onkel Leang und seine Frau haben sechs Kinder, mit uns neun sind wir siebzehn unter dem Strohdach. Nach städtischen Maßstäben würde man ihre Behausung nicht als Haus bezeichnen. Es sieht eher wie eine dieser einfachen Hütten aus, in der arme Leute leben. Wände und Decken sind aus Stroh, und der Boden ist aus Lehm. Es gibt weder Schlaf- noch Badezimmer, nur einen einzigen großen Raum. Es gibt drinnen auch keine Küche, deswegen wird draußen unter einem Vordach aus Stroh gekocht. Später am Tag hat mich Kim beiseite genommen und ausgeschimpft, weil ich mich so snobistisch verhalten habe. Schon mit seinen zehn Jahren hat er genau gemerkt, wie mutig unser Onkel war, als er den neuen Dorfvorsteher der Roten Khmer gebeten hat, uns bei ihm wohnen zu lassen.

»Das Dorf ist so arm«, sage ich zu Papa, als wir uns alle auf dem Boden von Onkel Leangs Hütte versammeln. Auf Strohmatten oder Holzschemeln sitzend, hören wir Papas Verhaltensregeln zu.

»Wir auch.« Die Strenge in Papas Stimme treibt mir die Schamesröte ins Gesicht. »Von jetzt an sind wir so arm wie diese Menschen hier. Wir müssen weit weg von der Stadt leben, wo mich die Leute erkennen könnten oder wissen, wer ich bin. Wenn irgendwer, der nicht mit euch verwandt ist, danach fragt, woher wir kommen, dann sagt ihnen, wir sind vom Land genau wie eure Onkel.«

»Warum wollen wir nicht, dass sie wissen, wer wir sind, Papa? Warum können wir nicht in unsere Wohnung zurück? Die Soldaten haben uns versprochen, dass wir nach drei Tagen zurückgehen können.«

»Die Roten Khmer haben gelogen. Sie haben den Krieg gewonnen, und wir können nicht mehr zurückgehen. Du musst aufhören zu denken, dass wir zurückgehen können. Du musst Phnom Penh vergessen.«

Papa hat noch nie so barsch mit mir gesprochen, und ganz langsam begreife ich unsere Situation. Eine große Angst ergreift von mir Besitz. Ich werde nie mehr nach Hause zurückgehen. Ich werde Phnom Penh nie wieder sehen, nie wieder in unserem Auto oder mit Mama auf einem Cyclo zum Markt fahren, ich werde mir nie wieder etwas von den Imbisskarren kaufen. Das war einmal. Papa nimmt mich in seine Arme. Meine Augen sind nass, meine Lippen zittern.

Während Papa weiterspricht, klettere ich von seinen Armen zu Keav. Papa versucht, meinen Brüdern die politische Geschichte Kambodschas nahe zu bringen. Unter der Herrschaft von Prinz

Sihanouk wurde Kambodscha, damals noch französische Kolonie, 1952 zu einer unabhängigen Nation. In den fünfziger und sechziger Jahren gab es einen wirtschaftlichen Aufschwung in Kambodscha. Viele Menschen waren mit der Regierung Prinz Sihanouks jedoch unzufrieden, weil sie sie als korrupt ansahen, als Selbstbedienungsladen, in dem die Armen immer ärmer, die Reichen aber immer reicher wurden. Verschiedene nationale Splittergruppen verlangten Reformen. Eine dieser Gruppen, eine geheime kommunistische Organisation, die Roten Khmer, verwickelte die kambodschanische Regierung in einen bewaffneten Kampf.

Der Krieg in Vietnam breitete sich nach Kambodscha aus, als die USA in ihrem Versuch, nordvietnamesische Basen zu zerstören, Kambodschas Grenzen bombardierten. Die Bomben zerstörten viele Dörfer und töteten viele Menschen, wodurch die Roten Khmer die Unterstützung der Bauern gewannen. 1970 wurde Prinz Sihanouk von seinem ranghöchsten General Lon Nol weggeputscht. Die von den USA unterstützte Lon-Nol-Regierung war schwach und korrupt und konnte leicht von den Roten Khmer gestürzt werden.

Papa erklärt meinen Brüdern noch vieles, aber mir ist die Politik ziemlich egal. Ich weiß jedenfalls, dass ich mich dumm stellen und nie von unserem Leben in der Stadt erzählen soll. Nie werde ich jemand erzählen dürfen, dass ich mein Zuhause vermisse, dass ich möchte, dass alles wieder so ist wie früher. Ich lege meinen Kopf an Keavs Schulter und schließe meine Augen, dabei knirsche ich mit den Zähnen. Zärtlich streicht sie mir übers Haar und liebkost meine Wangen.

»Mach dir keine Sorgen, deine große Schwester kümmert sich um dich«, flüstert sie mir leise ins Ohr. Mama hält Geak im Arm, die ruhig schläft. Neben ihnen sitzt Chou, die angespannt ihr rotweißes Kroma zusammenfaltet und wieder glattstreicht.

In der Nacht halte ich sie wach, weil ich mich auf den Holzdielen, die uns als Betten dienen, hin und her werfe.

»Ich kann's nicht aushalten, es ist so ungemütlich!«, nerve ich Chou, die neben mir schläft. In der Stadt haben wir drei kleinsten Mädchen in einem Bett auf einer Matratze zusammen geschlafen. Hier auf dem Bauernhof dürfen die Jungen in Hängematten schlafen, aber die Mädchen liegen wie Sardinen auf den ungehobelten Bambusstöckern aufgereiht. Ich würde viel lieber in einer Hängematte schlafen.

»Sei ruhig und schlaf endlich.«
»Chou, ich muss mal.«
»Dann geh.«
»Ich habe Angst. Komm mit.«

Chou antwortet, indem sie mir den Rücken zuwendet. Immer wenn ich zur Toilette muss, muss ich allein in den Wald zum Plumsklo gehen. Wir haben die Geldscheine verbraucht, jetzt haben wir nichts mehr, was wir als Toilettenpapier benutzen könnten. Chou hat mir beigebracht, Blätter zu nehmen, aber nachts, wenn ich nichts sehen kann, fürchte ich mich, dass Käfer darauf sein könnten.

In der Nacht in den Wald zu gehen ist eine gruselige Erfahrung, vor allem für Menschen mit blühender Phantasie. In der Dunkelheit sehe ich Geister die Bäume schütteln; sie lassen mich wissen, dass sie auf mich warten. Der Wind trägt mir ihre leisen Litaneien und geflüsterten Zaubersprüche durch die Blätter zu. Ich habe so viel Angst, in der Nacht allein zum Plumsklo zu gehen, dass ich bis zum Morgen damit warte. Im Zwielicht der Dämmerung renne ich dann wie angestochen in den Wald hinein.

So wird mir auch klar, wie früh alle auf den Beinen sind, dass sie sich schon auf dem Hof nützlich machen, bevor die Sonne aufgeht und längst bevor ich wieder erwache. Das Leben auf dem Bauernhof ist langweilig und eintönig, aber wenigstens gibt es genug zu essen. Im Gegensatz zu Phnom Penh habe ich hier keine Freundinnen außerhalb der Familie. Es ist schwer, Freunde zu gewinnen, weil ich mich vor Angst, Familiengeheimnisse zu verraten, nicht zu reden traue. Papa hat uns erzählt, dass der Angkar Märkte, Schulen und Universitäten abgeschafft und Geld, Uhren, Tonbandgeräte und Fernseher verboten hat.

Da wir nun eine Bauernfamilie sind, werde ich lernen müssen, die Tageszeiten an dem Stand von Sonne und Mond zu bestimmen. Wenn ich andere Kinder treffe und mit ihnen spreche, muss ich aufpassen, was ich sage und wie ich mich ausdrücke. Ich kann weder von den köstlichen Gerichten sprechen, die ich so gerne gegessen habe, noch von den Filmen, die ich gesehen, und den Cyclofahrten, die ich unternommen habe. Nur ein Sterbenswörtchen davon, und die Kinder wissen sofort, dass wir aus der Stadt sind. Ich bin es aus der Stadt gewöhnt, dass die Kinder sich um meine Aufmerksamkeit und Freundschaft bemühen. Hier gucken sie mich misstrauisch an und sind abweisend, auch wenn ich auf sie zugehe. Zum Glück habe ich ja viele Cousinen und Cousins, mit denen ich spielen kann. An den Tagen, die ich nicht damit verbringe, zuzusehen, wie die anderen uns zusehen, helfe ich meinen älteren Cousinen, die Kühe in die Felder zu führen. Nach und nach gewöhne ich mich an das Leben auf dem Land und verabschiede mich von meinen Träumen, nach Hause zurückzukehren.

Das erste Mal, als mich meine Cousine Lee Cheun auf eine Kuh setzt, habe ich Angst herunterzufallen. Die Kühe sind viel größer als ich. Lee Cheun ist sechzehn und größer als die Kühe. Sie hievt mich mühelos auf eine drauf. Wenn ich auf dem Rücken sitze, reichen meine Beine bis zur Mitte ihres Bauches. Ich umklammere das Seil, das an ihrem Nasenring befestigt ist, und mit den Beinen halte ich mich an ihrem Körper fest. Wenn sich die Kuh bewegt, dehnt sich ihr riesiger Brustkasten zwischen meinen Beinen aus, dann gleiten meine Hacken über ihre Rippen wie Finger über eine Klaviertastatur.

»Entspann dich.« Lee Cheun lacht. »Kühe sind faul, deswegen bewegen sie sich langsam. Wenn du so steif bleibst, fällst du runter.« Ich tue, was sie sagt, und klammere mich nicht mehr so fest an. Jetzt bewegt sich mein Oberkörper im Rhythmus der Kuh. Nach ein paar Minuten verebbt meine Angst.

»Wie weit ist es noch? Es ist heiß, und mein Po tut mir weh«, jammere ich.

»Wir müssen nur noch über den Hügel. Auf der anderen Seite ist das Gras grüner. Du wolltest doch mitkommen, also hör auf zu murren.« Lee Cheun zeigt auf eine Gruppe von Mädchen in einem entfernten Feld. »Sieh mal, das musst du jedenfalls nicht machen.«

Es sind Bauernmädchen, nicht viel älter als ich. Sie laufen durch das Feld. Quer über ihre Rücken haben sie Beutel geschnallt. Sie sehen auf die Erde hinunter. Ab und zu bückt sich ein Mädchen und hebt einen runden grünschwarzen Flatschen vom Boden auf, den sie in ihre Tasche tut.

»Was machen die da?«

»Sie sammeln Kuhdung.«

»Wie eklig!«

»Normalerweise kommen die Bauern mit ihren Karren vorbei und schaufeln den frischen Dung weg, um ihn auf die Felder aufzubringen. Diese Mädchen sammeln den getrockneten Dung, weil man glaubt, dass er heilkräftig ist. Sie kochen ihn auf und trinken ihn wie Tee.«

»Wie eklig!«, rufe ich noch mal.

Sogar auf einer Kuh zu reiten wird langweilig, wenn man es jeden Tag macht. Der Eintönigkeit des Bauernlebens zum Trotz werde ich ängstlicher und nervöser, je länger wir in Krang Truop leben. Wohin ich auch gehe, nie lässt mich das Gefühl los, beobachtet oder verfolgt zu werden. Obwohl ich nichts Bestimmtes zu tun habe, ziehe ich mich jeden Morgen früh an, damit ich Papa vielleicht noch kurz zu Gesicht kriege, bevor er zur Arbeit geht. Aber an den meisten Tagen sind Papa und meine Brüder schon gegangen, wenn ich aufwache, und Mama näht Kleider für die Familie oder arbeitet im Garten.

Nachdem ich mich angezogen habe, versuche ich, mich zu

pflegen. Papa hat uns gesagt, dass das wichtig ist, also bemühe ich mich, ihn glücklich zu machen. Da wir keine Zahnbürsten und keine Zahnpasta mehr haben, benutze ich eine Handvoll Heu, die ich wie eine Bürste über meine Zähne führe. Um an die Backenzähne zu kommen, muss ich mit meinen Fingernägeln die dicke gelbe Kruste abkratzen.

Wenn ich mich waschen will, benutze ich einen Verschlag, der dem Plumsklo ähnelt, nur dass darin ein großer runder Behälter steht, so eine Art Blumentopf aus Ton, den Kim und die Cousins jeden Morgen mit Wasser auffüllen. Ich ziehe mich aus und hänge meine Kleider an einen Holzsplitter an der Tür. Dann greife ich in den Behälter und nehme eine Schüssel mit Wasser heraus, die ich über mich gieße. Es gibt keine Seife und kein Shampoo, deswegen sind meine Haare schon ganz fettig und verfilzt. Das Kämmen tut weh.

Papa kommt erst spätabends nach Hause, müde und dreckig. Manchmal setzt er sich nach einem schnellen Abendessen still nach draußen und starrt in den Himmel. Wenn er wieder in die Hütte kommt, schläft er sofort ein. Ich sitze nur noch ganz selten auf seinem Schoß. Ich vermisse seine Nähe und seine alten chinesischen Geschichten, mit denen er mich zum Lachen gebracht hat. Papas Geschichten handelten oft von buddhistischen Göttern und ihren Drachen, die auf die Erde kamen, um das Böse zu bekämpfen und die Menschen zu beschützen. Ich frage mich, ob die Götter und Drachen uns jetzt zur Hilfe kommen.

Wartestation

Juli 1975

»Was ist los?«, frage ich Mama und reibe mir die Augen. »Warum hast du mich geweckt?« Der Himmel ist noch dunkel, aber Onkel Leang, Tante Keang und alle Cousinen und Cousins sind schon aufgestanden. Neben mir rollt Chou ihre dünne Decke zusammen, faltet ihre Kleider und verstaut sie im Kissenbezug. Draußen verteilt Lee Cheun gekochten Reis auf Bananenblättern. Keav schürt das prasselnde Feuer, um den getrockneten Fisch zu kochen, und Kim füllt den Benzinkanister mit Wasser.

»Sei leise. Wir müssen gehen.« Mama hält mir die Hand vor den Mund.

»Ich will nicht gehen. Ich will nicht schon wieder laufen.« Ich will weiterschlafen. Auch wenn wir schon seit zwei Monaten in Krang Truop leben und die Blasen an meinen Füßen ausgeheilt sind, fangen meine Knöchel schon beim bloßen Gedanken ans Laufen vor Schmerz an zu pochen.

»Sei leise«, ermahnt mich Papa. »Wir möchten nicht, dass irgendwer dich weinen hört. Wir müssen los, und wir fahren auf einem Laster zu unserem neuen Ziel.«

»Warum müssen wir wieder los, Papa?«
»Wir sind hier einfach nicht mehr in Sicherheit.«
»Müssen wir lange laufen?«
»Nein, dein Onkel hat den Dorfvorsteher dazu überredet, dass er uns einen Laster der Roten Khmer schickt. Er wird uns nach Battambang fahren. Das ist da, wo deine Großmutter lebt.«
»Aber ich will nicht mehr weiter, Papa.« Papa hat keine Worte, um mich zu beruhigen. Ich kämpfe mit den Tränen, streife meine Gummischlapper über und greife nach Keavs ausgestreckter Hand. Mama und Papa bedanken sich bei Onkel Leang, dass wir bei ihnen wohnen durften. Onkel Leang sieht Mama traurig an, dabei blinzelt er ununterbrochen, und schließlich gibt er Mama seinen Segen für eine sichere Reise. Die Cousinen und Cousins stehen vor der Hütte, um uns zu verabschieden. Ihre Arme lassen sie schlaff herunterhängen, als Papa uns fortführt.

Als wir an der Straße ankommen, haben sich dort schon etwa dreißig Menschen versammelt. Sie hocken oder sitzen am Rand der Kiesstraße. Es sind vier Familien. Viele haben mandelförmige Augen, dünne Nasen und eine helle Haut, weswegen sie gut chinesischer Herkunft sein könnten. Khmer haben lockiges schwarzes Haar, flache Nasen, volle Lippen und eine Haut wie dunkle Schokolade. Unsere Reisegefährten scheinen unsere Ankunft nicht zu bemerken, stattdessen starren sie gleichgültig auf die Straße. Wie wir tragen sie leichte Bündel mit Anziehsachen und kleine Lebensmittelpakete. Wir setzen uns neben sie an die Kiesstraße, aber wir unterhalten uns nicht mit ihnen. In der nächtlichen Dunkelheit warten wir auf den Laster. Die Welt schläft, alles ist ruhig, man hört nur das Zirpen der Grillen. Jeder Moment eine Ewigkeit. Dann tauchen plötzlich die blendend hellen Scheinwerfer eines Militärlasters auf, der vor uns hält. Papa setzt mich aus seinen warmen Armen auf der kalten und harten Ladefläche ab. Ich will ihn nicht loslassen. Nie wieder will ich die Sicherheit seiner Arme verlassen.

Die Fahrt ist laut und holperig, aber die kühle Brise der Dämmerung ist angenehm. Mama starrt in die Ferne, Geak schläft auf ihren Armen. Meine anderen Geschwister dösen vor sich hin, und ich klettere wieder in die Sicherheit von Papas Armen. Alle sind ganz ruhig. Der Laster fährt immer weiter. Den ganzen Morgen über fährt er nach Nordwesten, die Sonne steigt höher und höher in den Himmel, und der Wind bläst den armseligen Schutz, den uns die Wolken geboten haben, weg. Der Lasterfahrer kann nicht so gut fahren wie Papa, es ist ihm auch ganz egal, ob wir hier hinten ineinander fallen und herumgeschleudert werden. Er fährt den ganzen Tag. Erst am Abend hält er an, damit wir Essen kochen können.

Als er anhält, springen alle herunter, um ihre ermatteten Glieder auszustrecken. Papa hebt mich runter und setzt mich neben Chou ab. Um uns herum schütteln Menschen ihre Beine aus, als wollten sie Insekten loswerden, die ihnen in die Hosenbeine gekrabbelt sind. Khouy läuft im Kreis herum und schwingt seine Arme von einer Seite zur anderen. Er ist Kampfsportler und hat den schwarzen Gürtel in Karate. Mit seinen einhundertsiebzig Zentimetern ist Khouy schlank und fit. In Phnom Penh habe ich ihm so gerne bei seinen Karateübungen zugesehen. Ich war verblüfft, wenn er ein Bein hoch über seinen Kopf geschwungen hat und ganz lange in dieser Stellung verharren konnte. Er konnte hoch in die Luft springen, viele schnelle Tritte ausführen und wieder sicher auf seinen Füßen landen – und das alles innerhalb weniger Sekunden, in denen er auch noch komische Laute von sich gab und Fratzen machte. Ich musste immer darüber lachen. Jetzt läuft er schneller und schneller im Kreis, seine Arme sind wie Propeller, die ihn wie einen Hubschrauber wegtragen sollen. Es sind dieselben Bewegungen, die ich ihn schon so oft habe machen sehen, nur dass sein Gesicht diesmal nicht lustig ist und ich nicht über ihn lache.

Nach der kurzen Essenspause steigen wir wieder auf den Laster, auf dem wir die ganze Nacht weiterfahren. Als ich am Morgen in Papas Schoß aufwache, sehe ich, dass wir an einem Lastwagenstopp angekommen sind. Überall sind Menschen. Manche kochen Frühstück, andere werden gerade erst wach, und noch viel mehr schlafen an der Straßenseite oder im Gras. Wir sitzen hinten auf dem Laster und trauen uns nicht, uns zu bewegen, bevor wir von den Soldaten die Erlaubnis bekommen.

»Wir sind hier in der Provinz Pursat. Sie bleiben hier, bis die Basisleute kommen, die Sie mit in die Dörfer nehmen, wo Sie dann wohnen werden«, erklärt uns ein Soldat und geht weg.

»Warum mussten wir denn vorletzte Nacht aufbrechen?«, frage ich Papa.

»Unter den in Krang Truop neu Angekommenen waren welche aus Phnom Penh. Auch wenn sie unsere Freunde gewesen sind, wäre es zu gefährlich gewesen, weiter dort zu bleiben, weil sie mich kennen.«

»Papa, das waren doch unsere Freunde. Sie hätten uns doch bestimmt nicht verraten und uns in Schwierigkeiten gebracht!«

»Freundschaft spielt gar keine Rolle mehr. Möglicherweise hätten sie keine Wahl gehabt.« Papa spricht sehr eindringlich mit mir. Ich verstehe nicht, was er meint, aber ich halte es für besser, ihn hierzu nicht weiter zu löchern.

»Fahren wir auf diesen Lastern nach Battambang?«, frage ich leise.

»Nein, dies ist nicht der Weg nach Battambang. Die Soldaten haben uns an einen anderen Ort gebracht.«

»Können wir ihnen nicht sagen, dass wir nach Battambang müssen? Dass sie uns an den falschen Ort gebracht haben?«

»Nein, wir können nicht mit ihnen diskutieren. Wohin sie uns auch bringen, dort werden wir bleiben.«

Papa hört sich erschöpft an, als er mich auf dem Boden absetzt. Er sagt Kim, dass er auf mich aufpassen soll, während er herauszufinden versucht, wann es für uns weitergeht. Ich sehe ihm hinterher, wie er auf die Menschenmenge zugeht und in ihr verschwindet.

Kim schärft mir ein, von jetzt an auf mich selbst aufzupassen.

Weder darf ich über unser früheres Leben sprechen noch jemandem trauen. Das Beste wäre, wenn ich gar nichts mehr sagen würde, damit ich nicht aus Versehen Informationen über unsere Familie preisgebe. Sprechen bedeutet die Familie in Gefahr bringen. Mit meinen fünf Jahren beginne ich zu verstehen, wie sich Einsamkeit anfühlt. Immer still sein, immer allein und alle im Verdacht zu haben, einem wehtun zu wollen.

»Ich sehe mich mal um«, sage ich emotionslos zu Kim.

»Geh nicht so weit weg und sprich mit niemandem. Vielleicht müssen wir gleich eilig aufbrechen, und dann will ich dich nicht erst suchen müssen.«

Eigentlich will ich den Warnungen meines Bruders gehorchen und nicht so weit weglaufen, aber ich bin neugierig. Als meine Familie woanders hinsieht, entwische ich ihren wachsamen Blicken und erkunde die Wartestation. Je weiter ich laufe, desto mehr sehe ich von den vielen hundert Menschen im Lager. Überall reden, sitzen oder schlafen welche. An vielen Zelten hängen nasse Anziehsachen von Strippen, Holzscheite liegen neben prasselnden Feuern, um die selbst gezimmerte Holzbänke stehen. Es sieht so aus, als würden die Menschen schon sehr lange warten. Manche liegen so reglos auf dem Boden, dass ich mich frage, ob sie noch leben. Ich sehe eine alte Frau in einem beigefarbenen Hemd und kastanienfarbenen Sarong auf dem Boden liegen, die Arme an den Seiten, den Kopf auf einem kleinen Bündel ruhend. Ihre Augen sind halb geschlossen, das Haar steht ihr wirr vom Kopf ab, ihre Haut ist gelb und faltig. Eine junge Frau füttert sie mit Reisschleim.

»Ich finde, sie sieht tot aus«, sage ich zu der jungen Frau. »Was hat sie denn?«

»Unsere Oma ist halb tot, kannst du das nicht sehen?«, entgegnet sie ärgerlich.

Je länger ich sie anstarre, desto mehr schwitze ich. Ich habe noch nie jemanden gesehen, der halb tot gewesen ist. Die junge Frau gibt ihrer Großmutter weiter zu essen und ignoriert mich.

Auf der einen Seite ihres Mundes schluckt die alte Frau den Reisschleim, auf der anderen spuckt sie ihn wieder aus. Das hätte ich nie für möglich gehalten. Ich habe immer gedacht, entweder man ist lebendig, oder man ist tot. Die alte Frau tut mir Leid, aber die Vorstellung, zwischen zwei Welten gefangen zu sein, fasziniert mich. Die Faszination besiegt meine Angst vor ihr.

»Gibt es hier Ärzte oder sonst irgendjemand, der ihr helfen könnte?«

»Es gibt überhaupt keine Ärzte mehr. Geh weg! Passen deine Eltern denn nicht auf dich auf?«

Natürlich hat sie Recht. Ich höre, wie Mama nach mir ruft und mir Zeichen macht zurückzukommen. Zum Glück ist meine Familie zu beschäftigt, schon wieder auf einen Laster zu steigen, um sich über mich aufzuregen. Als Papa mich auf den Laster hebt, fallen mir zwei magere mittelalte Männer in losen schwarzen Hosen und Oberteilen auf, die neben ihm stehen. Einer schreibt etwas mit einem schwarzen Stift in einen schmalen braunen Block, der andere deutet auf unsere Köpfe und zählt uns beim Einsteigen durch. Ich suche mir einen Platz, von dem ich die Landschaft ansehen kann. Dann steigen schnell noch vier weitere Familien auf die Ladefläche, die sich in die Mitte setzen. Dann sehen die beiden Männer auf den Block und zählen uns noch einmal durch, aber ohne zu lächeln oder uns zu begrüßen. Als sie fertig sind, setzen sie sich vorne neben den Fahrer, und wir fahren los.

Wir fahren aus der Wartezone und biegen auf eine holprige Piste, die über die Berge führt. Die Familien sind ruhig und bedrückt, man hört nur Äste gegen die Seite des Lasters streifen und das Wegspritzen des Matsches von den Reifen. Mir wird langweilig, und ich klettere auf Papas Schoß.

»Papa«, frage ich ihn so leise, dass uns die anderen nicht hören können, »die Leute an dem Ort, den wir gerade verlassen haben, warum waren die da?«

»Sie haben auf Basisleute gewartet, die sie abholen sollen.«

»So wie sie uns mitgenommen haben?«

»Ja. Die schwarz angezogenen Männer sind aus Dörfern geschickt worden. In der Wartestation bekommen sie eine Namensliste von den Leuten, die sie mit in ihre Dörfer nehmen sollen«, erklärt Papa mir leise.

»Die beiden Männer waren also unsere Dorfvertreter?«

»Ja.«

»Wer sind diese Basisleute?«

»Schschsch, ich erklär's dir später.«

»Wie kommt es, dass wir so schnell wieder losdurften, wo die anderen doch alle warten mussten?«

»Ich habe einen Posten mit einer von Mamas goldenen Halsketten bestochen. Da hat er unsere Namen auf eine Liste gesetzt, und wir konnten von dort weg.« Papa seufzt und sagt nichts mehr. Ich lege den Kopf an seine Brust und denke, wie gut ich es mit meinem Vater habe. Ich weiß, dass Papa mich liebt. In Phnom Penh, im Kino, habe ich immer den Platz neben seinem beansprucht. Wenn ein Film unheimlich wurde, dann habe ich nach seinem Arm gegriffen. Das war das Zeichen, dass ich auf seinen Schoß wollte. Dann hob mich Papa immer aus meinem Sessel auf seinen Schoß, und dann wurde sein Körper zu meinem Sessel, seine Arme wurden meine Lehnen. Das scheint vor einer langen Zeit gewesen zu sein. Er kommt mir so ernst und traurig vor, dass ich mich frage, ob ich wohl meinen lustigen Papa je wieder sehen werde.

Anglungthmor

Juli 1975

Ich wache auf, als unsere Fahrt zu Ende ist und alle Familien vom Laster steigen. Die Dorfvertreter wechseln noch ein paar Worte mit dem Fahrer, bevor er weiterfährt und uns dort mitten in der Wildnis zurücklässt. Um uns ragen grün bewaldete Berggipfel in den grauen Himmel. Im Juli ist die Regenzeit auf ihrem Höhepunkt; die Luft ist feucht und schwer, obwohl es kühl ist. Mächtige Bäume mit großen grünen Blättern und üppiges Elefantengras umgeben uns. Ich sitze neben Chou und Geak auf unseren kleinen Bündeln und horche auf das grelle Pfeifen der Vögel. Die anderen dehnen und strecken sich. Ein paar Meter weiter hören Papa und die Väter der anderen vier Familien den Vertretern zu, die ihre Anweisungen geben.

»Wir müssen von hier in die Berge klettern«, sagt Papa zu uns. Papa nimmt Geak auf den Rücken, Khouy, Meng, Keav und Kim sammeln unsere Kleiderbündel auf. Wir folgen den Vertretern, die uns auf einem kleinen versteckten Pfad auf den Berg führen. Chou und ich fallen an Mamas Hand hinter den anderen zurück. Ich versuche zu rennen, um in Papas Nähe zu bleiben, falls es Schlangen oder wilde Tiere gibt, die kleine Kinder in den Bergen auffressen, aber die Steinchen in meinen Schlappen halten mich immer wieder auf, alle paar Minuten bin ich gezwungen, sie herauszuschütteln. Schweigend steigen wir den schmalen Pfad hoch. Als es dunkel wird, erreichen wir unser Ziel. Der Dorfvorsteher nimmt alle fünf Familien in seinem Haus auf und gibt uns Reis und Fisch zu essen, bevor die Erwachsenen sich weitere Anweisungen anhören müssen. Danach führt er uns zu einer kleinen Hütte hinter seinem Haus, zu unserem neuen Zuhause. Die Hütte steht auf vier ein Meter hohen Holzpfählen. Wände und Decke sind mit Bambusblättern und Stroh gedeckt.

»Dieses Dorf heißt Anglungthmor, und wir bleiben erst mal hier«, teilt uns Papa in derselben Nacht mit. »Je nachdem wie oft der Laster mit den Vorräten kommt, teilt der Dorfvorsteher jeder Familie Salz, Reis und Getreide zu. Um diese Vorräte zu ergänzen, legen wir einen Gemüsegarten hinter der Hütte an. Denkt daran, nicht über Phnom Penh zu sprechen. Die Soldaten der Roten Khmer patrouillieren durch das Dorf, und sie melden alles dem Angkar. Von jetzt an sind wir Bauersleute wie alle anderen hier.«

Unsere ganze Familie schläft aufgereiht wie Sardinen unter einem großen Moskitonetz im Haus. Wir kuscheln uns aneinander, um warm zu bleiben. In der zweiten Nacht werde ich krank und bekomme hohes Fieber. Mein ganzer Körper tut weh, und ich muss mich oft übergeben. Mir ist zugleich heiß und kalt. Ich kann nicht schlafen und habe keinen Appetit. Mama wickelt mich in viele Lagen Decken, aber mir wird trotzdem nicht warm. Als ich sehr hohes Fieber habe, erblicke ich Geister und Monster, die hinter mir her sind, um mich zu töten. Mein Herz rast, und ich habe stechende Schmerzen entlang der Wirbelsäule, die meinen Rücken zu verbrennen drohen. Ich habe entsetzliche Angst vor den Monstern. Um vor ihnen zu fliehen, renne ich, so schnell ich kann, aber so schnell und so weit ich auch weglaufe, ich kann ihnen nicht entrinnen. Als ich wieder zu mir komme, erzählt mir Mama, dass Kim und Chou auch krank waren und wie ich Albträume hatten.

»Es liegt an den Bergen und am Wetter«, erklärt uns Papa. »Wir werden uns daran gewöhnen. Wir müssen aufpassen, was wir essen. Es gibt keine Ärzte und keine Medizin hier, nur Hausmittel.« Papa sollte lieber den Moskitos erzählen, dass sie aufpassen müssen, was sie essen, denn von ihren Stichen werden wir krank.

Wir sind nicht die einzigen neuen Leute hier. Khouy erzählt uns, dass von den achthundert Menschen in Anglungthmor annähernd dreihundert Neuankömmlinge sind. Aber die Bevölkerung des Dorfes verändert sich jeden Tag, weil der Angkar dauernd Menschen in das Dorf schafft und wieder mitnimmt. So sind wir auch zu diesem Haus gekommen. Jeden Tag stehen Papa, Khouy und Meng mit der Sonne auf, um arbeiten zu gehen, und sie kommen erst zurück, wenn die Sonne untergeht. Es ist harte Arbeit, manchmal pflanzen sie Reis und Gemüse und fällen Bäume, manchmal bauen sie Dämme und graben Entwässerungskanäle. Obwohl sie so fleißig sind, gibt es nach dem ersten Monat immer weniger zu essen. Wir überleben, weil meine Brüder jeden Tag Fisch fangen. Wir können es uns nicht mehr leisten, nur Reis zu essen, sondern wir müssen ihn mit Pilzen, Bananenschößlingen und Blättern mischen. Nach ein paar Wochen gibt es sogar kaum noch Blätter. Mama sagt, dass wir nur die älteren dunklen Blätter sammeln sollen und nicht die hellgrünen aus unserem Garten. Sie sagt, dass wir warten müssen, bis die Hellgrünen gewachsen sind und einen höheren Nährwert haben. Wenn wir Tiere fangen, essen wir alles von ihnen – Füße, Zunge, Haut und Innereien.

Eines Tages kommt Kim von einem Ohr zum anderen grinsend nach Hause, weil er einen kleinen Wildvogel gefangen hat. Mama lächelt und tätschelt Kim den Kopf, bevor sie ihm den Vogel abnimmt. Kim hat seine Beine zusammengebunden, aber er wehrt sich und versucht, in Mamas Hand zu picken.

» Lauf, hol eine Schüssel und ein Messer, schnell!«, sagt Mama zu Chou. Sie nimmt die Flügel des Vogels und kreuzt sie auf seinem Rücken. Als sie ihn fest im Griff hat, weist Mama Chou an, die Schüssel unter den Vogel zu stellen. Sie klemmt ihn zwischen ihre Knie, nimmt seinen Kopf und drückt ihn weit zurück. Der Vogel krächzt, als wittere er die Gefahr. Vergeblich versucht er, sich zu befreien. Mit der freien Hand greift Mama nach dem Messer und im nächsten Augenblick schneidet die scharfe Klinge in den Hals des Vogels und bringt ihn zur Ruhe. Dickes Blut spritzt aus der offenen Wunde und tropft in die Schüssel.

»Fang alles auf«, sagt Mama hitzig zu Chou. »Es ist gutes Blut.« Chou nimmt die Schüssel und hält sie unter die Schnittwunde, um alles Blut aufzufangen. »Stell es an einen kühlen Ort in den Schatten, dann gerinnt es schneller. Wir machen Reissuppe daraus. Heute Abend werden wir etwas Gutes zu essen haben«, verkündet Mama, lächelt und lässt den Vogel los. Obwohl er tot und ausgeblutet ist, zuckt sein Körper heftig im Staub.

»Armer Vogel«, jammere ich und strecke meine Hand aus, um liebevoll über seine Federn zu streichen. Sein Blut verklebt meine Hände, aber ich höre nicht auf, ihn zu streicheln, bevor sein bebender Körper ganz ruhig geworden ist.

Schließlich gibt es nur noch so wenig zu essen im Dorf, dass der Dorfvorsteher Meng, Khouy und die anderen jungen Männer in die Berge schickt, wo sie nach wilden Kartoffeln, Bambusschößlingen und Wurzeln graben sollen, um das Dorf zu ernähren. Wochenlang gehen Sie montags los und kehren mittwochs oder donnerstags erschöpft zurück. Wenn es eine gute Woche war, kommen sie mit vielen Säcken voller Lebensmittel zurück, die der Dorfvorsteher dann unter allen Dorfbewohnern aufteilt. Doch gibt es auch Wochen, in denen sie mit wenig zurückkommen und allen nur eine kleine Kartoffel pro Tag zugeteilt wird.

Es ist unser zweiter Monat in Anglungthmor. Und wir machen eine der schlimmsten Regenzeiten durch, die wir je erlebt haben. Der Regen setzt morgens ein und hält den ganzen Tag und die ganze Nacht an, nur frühmorgens gibt es eine kurze

Pause. Es regnet so stark, dass meine Brüder nicht mehr in die Berge gehen können, um nach Kartoffeln und Bambus zu graben. Was wir im Garten gepflanzt hatten, wurde vom Regen weggewaschen. Meine älteren Geschwister schütteln nachts die Bäume, um Maikäfer zu sammeln. Wir Jüngeren fangen Frösche und Grashüpfer zum Essen. Der Regen hat den Boden aufgeweicht, er ist ganz matschig. Chou, Kim und ich schlittern oft im Matsch herum, auch wenn wir nicht nach Fröschen suchen. Der braune Schlamm bedeckt unsere Gesichter, unsere Haare und Klamotten, wir toben und lachen und rollen uns im Schlick wie Schweine. Innerhalb weniger Minuten wäscht der Regen den Morast wieder weg. Wir fangen Käfer und reißen ihnen Flügel und Köpfe ab, die wir mit Salz und Pfeffer würzen und dann rösten.

Wochen gehen vorbei, und immer noch regnet es. Der Regen überschwemmt das Dorf, das Wasser steigt bis zur Höhe von Papas Taille, viele Tiere ertrinken. Papa sagt, nun wüssten wir, warum die Hütten auf Pfählen, hoch über dem Boden, gebaut wären. Uns ist kalt, wir haben Hunger, wir haben nur noch das zu essen, was vorbeigetrieben kommt, Fische oder Kaninchen. Papa befestigt ein Netz an einem langen Stock, um sie abzufangen, wenn sie in dem Wasser an unserer Hütte vorüberrauschen.

»Papa! Papa! Hier kommt was!«, schreie ich eines Tages aufgeregt.

»Das ist etwas Gutes. Sieht aus wie ein Kaninchen.«

»Sieh mal, Papa, hier kommt noch eins«, sagt Chou zu ihm.

Papa lehnt sich weit vor, um sie mit dem Netz zu fangen. Dann greift er ins Netz und zieht zwei Kaninchen bei den Köpfen heraus. Sie sind so groß wie fette Ratten, aber sie hängen schlaff und leblos in seinen Händen, das Fell klatscht ihnen am Körper. Er nimmt die Kaninchen und legt sie auf ein Holzbrett. Es knirscht, als er ihnen die Köpfe mit seinem kleinen Messer abschlägt. Dann schüttet Kim eine Schüssel Wasser über die Tiere, um das Blut abzuwaschen. Papa schneidet das Fell vom

Nacken bis hinunter zum Bauch auf. Dann greift er in die Nacken und zieht ihnen die Felle vom Körper. Anschließend löst er das Fleisch von den Knochen, schneidet es in sehr dünne Scheiben und legt es in den Limonensaft, den Mama bereitgestellt hat. Weil alles nass ist und unter uns dreißig Zentimeter Wasser stehen, können wir kein Feuer machen. Papa füttert uns kleinere Kinder scheibchenweise mit Kaninchenfleisch. Auch wenn der Limonensaft den Geschmack etwas mildert, finde ich das zähe Fleisch widerlich. Es dehnt sich in meinem Mund aus und ist hart zu kauen. Mein Magen zieht sich zusammen, er wehrt sich gegen das Essen. Ich lutsche an einem Stück Limone und zwinge mich dazu, das Fleisch unten zu behalten, weil ich weiß, dass ich nichts mehr bekomme, wenn ich dies hier ausspucke.

Schließlich ist die Regenzeit vorüber. Die Flut zieht sich zurück und lässt die Erde nass und matschig zurück. Das ganze Dorf ist in heller Aufregung, denn es gibt nirgends etwas zu essen. »Wir müssen weiter«, sagt Papa eines Nachts zu uns. »Die Leute lehnen uns ab. Sie haben Hunger. Die Bauern von hier verdächtigen jeden, und sie stellen zu viele Fragen. Wir sind irgendwie anders, eure Mama spricht Khmer mit einem chinesischen Akzent, ihr Kinder habt eine hellere Haut, und außerdem versteht niemand von uns viel von der Landwirtschaft. Deswegen werden die Bauern uns als Erste zu Sündenböcken machen.« Papa erklärt uns, dass Menschen einander auch vor Hunger und Angst angreifen und wir wieder fliehen müssen. Papa bittet den Dorfvorsteher, uns in ein anderes Dorf versetzen zu lassen, bevor die Leute Gelegenheit haben, auf uns loszugehen. Am nächsten Morgen werden wir wieder weiterziehen. Dann nehmen wir nur unsere Kleider mit und klettern den Berg hinunter. Unten warten wir auf den Laster der Roten Khmer, der uns mitnehmen soll.

»Das Töten hat begonnen«, sagt Papa zu meinen älteren Brüdern, als wir den Berg zu dem Treffpunkt hinunterlaufen. »Die Roten Khmer exekutieren Menschen, von denen sie meinen, dass sie dem Angkar gefährlich werden können. In diesem neuen Staat gibt es keine Gesetze. Städter werden ohne jeden Grund getötet. Jeder kann als Gefahr für den Angkar angesehen werden – ehemalige Staatsbedienstete, Mönche, Ärzte, Krankenschwestern, Künstler, Lehrer, Studenten –, sogar Leute, die Brillen tragen, weil die Soldaten das als Zeichen von Intelligenz ansehen. Jeder, von dem die Roten Khmer annehmen, dass er einen Aufstand anzetteln könnte, wird getötet. Wir müssen wahnsinnig vorsichtig sein, aber wenn wir dauernd die Dörfer wechseln, werden wir vielleicht verschont.«

Jetzt ist es mir schon vertraut geworden. Als Mama mich früh am Morgen aufweckt, stelle ich ihr keine Fragen mehr. Es ist Routine. Nach einem Marsch von vielen Stunden kommen wir an demselben Ort an, wo wir vor Monaten abgesetzt wurden. Dort warten wir den ganzen Nachmittag bis in die Nacht hinein auf den Laster, den der Dorfvorsteher für uns bestellt hat, der uns weit weg bringen soll, dahin, wo uns niemand kennt. Als er in der Dunkelheit ankommt, steigen wir leise hinten auf. Ohne die Familien, die schon dort oben versammelt sind, zu grüßen, klettern wir ruhig über sie hinweg und suchen uns Plätze.

Der Laster fährt uns auf die andere Seite des Berges zu einem Dorf namens Leak, wo wir auf neue Anweisungen der Soldaten warten. Ich frage mich, warum der Angkar die Menschen entwurzelt, als ob wir Kühe seien, die man von einem Ort zum nächsten treibt. Unsere Familie hat es zwar diesmal aus freien Stücken getan. Papa hat gesagt, wir müssen zu unserer eigenen Sicherheit weiter. Viele andere werden aber gar nicht gefragt. Es ist, als ob uns kein Dorf will und auch die Soldaten nicht wissen, was sie mit uns tun sollen. Schließlich bringt uns ein anderer Laster zu unserem neuen Zuhause, dem Dorf Ro Leap. Ich klettere auf die Ladefläche und setze mich allein in eine Ecke des Lasters, während sich der Rest der Familie eng zusammenkauert. Meng hat gesagt, als wir vor fünf Monaten in Anglungthmor angekommen sind, gab es ungefähr dreihundert neue Leute dort, inzwischen sind zweihundert von den Neuen an Hunger, Lebensmittelvergiftung und an der Malaria gestorben. Ich sehe hinüber zu Mama, die Geak ganz fest an ihre Brust drückt, als wolle sie sie niemals wieder loslassen.

»Mama, ich habe Hunger«, weint Geak.

»Schschsch ... Bald ist es vorbei.«

»Hunger, Bauch tut weh.« Geak weint immer noch.

»Ich liebe dich so sehr, ich mache alles wieder gut. Wenn wir wieder zu Hause sind, gehe ich mit dir in den Park und kaufe dir dein Lieblingsessen. Wir besorgen uns ein paar chinesische Schweinefleisch-Knödel. Das wäre doch toll, oder? Wir machen ein Picknick und gehen schwimmen, dann gehen wir in den Park und ...«

Geak ist so dünn, dass ihre Wangenknochen aus ihrem Gesicht hervorstechen. Ihre Wangen sind hohl, die Haut hängt ihr lose an den Knochen, und ihre Augen sind dumpf vor Hunger.

Ro Leap

November 1975

Sieben Monate nachdem uns die Roten Khmer gewaltsam aus unserer Wohnung in Phnom Penh evakuiert haben, kommen wir in dem Dorf Ro Leap an. Es ist spät am Nachmittag. Am Himmel reißen die Wolken auf, und die Sonne schickt strahlend weißes Licht auf unser neues Zuhause. Ro Leap sieht aus wie alle anderen Dörfer, an denen wir auf unseren Reisen vorbeigekommen sind. Von Dschungel umgeben, ist es in der Regenzeit grün und üppig und in der Trockenzeit staubig und trocken. Ich sehe hoch zum Himmel, lächele und danke den Göttern für meine wohlbehaltene Ankunft. Dies ist unser dritter Ortswechsel in sieben Monaten. Ich hoffe, dass wir eine Weile bleiben werden.

Der Dorfplatz befindet sich zehn Meter von der Straße entfernt und ist eigentlich nicht mehr als ein Fleck festgetretener Erde, umstanden von ein paar Bäumen. Es ist der Ort, wo die Menschen zusammenkommen, um sich Verlautbarungen, Anweisungen und Arbeitsaufgaben anzuhören oder, wie in unserem Fall, auf den Dorfvorsteher zu warten. Hinter dem Dorfplatz leben die Bauern in strohgedeckten Hütten, die erhöht auf Pfählen stehen und in ordentlichen Reihen etwas weniger als zwanzig Meter voneinander entfernt am Rande des Waldes aufgereiht stehen.

Der Lastwagenfahrer befiehlt den Neuankömmlingen, auszusteigen und auf die Anweisungen des Vorstehers zu warten. Schnell springt meine Familie vom Wagen, ich bleibe hinter ihnen zurück. Ich stehe am Rand der Ladefläche und kämpfe mit dem Impuls, wegzulaufen und mich irgendwo zu verkriechen. Um den Laster haben sich Bauern versammelt, die einen ersten Blick auf uns, die Neuen, werfen wollen. Diese Dörfler sind alle in die immergleichen losen schwarzen Pyjamahosen und Oberteile gekleidet, ihre rotweiß karierten Schals tragen sie quer über die Schultern oder um den Kopf gewunden. Sie sehen wie die Soldaten der Roten Khmer aus, die in unsere Stadt gestürmt sind, nur dass sie keine Gewehre tragen.

»Kapitalisten sollten erschossen werden!«, schreit einer aus der Menge. Alle starren uns an. Ein anderer kommt und spuckt Papa vor die Füße. Papa lässt die Schultern hängen und hebt die gefalteten Handflächen zur Begrüßung. Ich ducke mich am Rand des Lasters, mein Herz schlägt wie wild, ich habe Angst runterzusteigen. Vor Furcht, dass sie mich anspucken, meide ich ihre Blicke. Sie sehen hinterhältig aus, wie hungrige Tiger kurz vor dem Sprung. Aus ihren schwarzen Augen starren sie mich voller Verachtung an. Ich verstehe nicht, warum sie mich ansehen, als ob ich ein fremdes Tier sei, wo wir uns doch in Wirklichkeit ziemlich ähnlich sehen.

»Komm, du musst vom Laster«, sagt Papa sanft zu mir. Vorsichtig schleppe ich mich auf seine geöffneten Arme zu. Als mich Papa herunterhebt, flüstere ich ihm ins Ohr: »Papa, was sind Kapitalisten, und warum sollen Sie getötet werden?« Papa sagt nichts und setzt mich ab.

Fünfhundert Basisleute leben schon in Ro Leap. Sie werden »Basisleute« genannt, weil sie seit der Revolution in ein und demselben Dorf gelebt haben. Die meisten von ihnen sind Analphabeten, Bauern, die die Revolution unterstützt haben. Der Angkar sagt, dass sie Mustermenschen seien, weil viele von ihnen nie aus ihrem Dorf herausgekommen sind und nicht durch den Westen verdorben wurden. Wir sind die neuen Leute, diejenigen, die aus der Stadt emigriert sind. Bauern, die seit der vorrevolutionären Zeit auf dem Land gelebt haben, werden belohnt, indem man ihnen gestattet, in ihren Dörfern zu bleiben. Alle anderen sind gezwungen, ihre Sachen zu packen und weiterzuziehen, wenn es ihnen die Soldaten sagen. Die Basisleute werden uns anleiten, fleißig zu arbeiten, und sie werden uns den Stolz auf unser Land lehren. Erst dann sind wir wert, uns Khmer zu nennen. Ich kann nicht begreifen, warum sie mich hassen oder warum Kapitalisten getötet werden müssen, aber das hat zu warten. Ich gehe hinüber zu Chou und halte ihre Hand, und zusammen folgen wir Mama zu der Versammlung auf dem Dorfplatz.

Als ich Kim frage, was ein Kapitalist ist, sagt er, es ist jemand aus der Stadt. Er sagt, dass die Regierung der Roten Khmer Wissenschaft, Technologie und alles Mechanische als Übel ansieht, was zerstört werden muss. Der Angkar sagt, der Besitz von Autos und elektronischen Geräten wie Armbanduhren, Wanduhren und Fernsehgeräten habe eine tiefe Kluft zwischen den Klassen entstehen lassen, zwischen den Reichen und den Armen. Die Reichen in der Stadt hätten ihren Wohlstand zur Schau stellen können, während sich die Armen auf dem Land abmühen mussten, ihre Familien zu kleiden und zu nähren. Die Geräte seien aus fremden Ländern importiert worden und daher verseucht. Importe werden als Übel definiert, weil sie fremden Ländern einen Weg gezeigt haben, Kambodscha zu unterwandern, nicht nur physisch, sondern auch kulturell. Deswegen werden diese Waren abgeschafft. Nur Laster dürfen noch fahren, um Menschen zu versetzen und Waffen zu transportieren, mit denen alle Stimmen, die anderer Meinung als der Angkar sind, zum Schweigen gebracht werden.

Bei Kims Erklärung überkommt mich ein Schauder. Ich schmiege mich enger an Chou und lehne meinen Kopf an ihre Schulter. Während wir auf den Dorfvorsteher warten, kommen weitere Laster voller Menschen an. Am Ende des Tages stehen sechzig Familien, ungefähr fünfhundert neue Leute, auf dem Dorfplatz. Als die Sonne hinter den Bäumen sinkt, hat der Dorfvorsteher schließlich seinen ersten Auftritt vor der Menge der neuen Leute. Er ist so groß wie Papa, mit einem eckigen Körper und kurz geschnittenem grauen Haar, das ihm fest auf dem Kopf sitzt wie dichte Dschungelbüsche. Wo seine Augen sein sollten, befinden sich zwei dunkle Kohlen, von einer scharfen dünnen Nase getrennt. Zwischen seinen schmalen Lippen verspritzt er Spucke. Der Dorfvorsteher schreitet langsam und bedächtig an uns entlang, seine Arme und Beine bewegen sich präzise. Die schwarzen Pyjamahosen hängen ihm lockerer am Körper als die der beiden Soldaten, die ihm folgen. Es ist nichts Besonderes an ihm, außer dass er die beiden Männer befiehlt, die ihre Gewehre quer über den Rücken geschlungen tragen.

»In diesem Dorf leben wir nach den strengen Regeln und Gesetzen, die der Angkar für uns festgelegt hat. Wir erwarten von euch, dass ihr alle Regeln befolgt. Eine unserer Regeln hat damit zu tun, wie wir uns anziehen. Wie ihr seht, tragen wir alle dieselben Sachen. Alle haben dieselbe Frisur. Indem wir dasselbe tragen, befreien wir uns von der verdorbenen westlichen Erfindung der Eitelkeit.« Er spricht mit dem derben Akzent der Menschen aus dem Dschungel, der für mich schwer zu verstehen ist.

Auf ein Handzeichen von ihm geht einer der Soldaten auf eine Familie zu. Er greift nach der Tasche einer Frau. Sie schlägt die Augen nieder, als die Tasche von ihrer Schulter gleitet. Er durchwühlt die Tasche und sieht angeekelt auf die bunten Kleider. Dann stülpt er die Tasche im Zentrum des Kreises um. Jetzt kommt einer nach dem anderen dran. Tasche auf Tasche mit Kleidern, die den Familien hier auf dem Platz gehören, wird auf den Haufen geleert. Obenauf liegen ein rosa Seidentop, eine blaue Jeansjacke und braune Kordhosen – alles Überbleibsel eines vergangenen Lebens, die zerstört werden müssen.

Noch bevor der Soldat auf uns zukommt, hat Mama unsere Taschen und Beutel vor uns abgesetzt. Der Soldat nimmt die Taschen und schmeißt unsere Sachen auf den Haufen. Seine Hand greift in eine Tasche und zieht etwas Rotes daraus hervor – mein Herz schlägt schneller. Ein Kleid für ein kleines Mädchen. Er blickt finster drein, als würde ihm der Anblick eines solchen Dings den Magen umdrehen, dann knüllt er das Kleid zusammen und schmeißt es oben auf den Haufen. Ich folge dem Kleid mit meinen Augen, ich konzentriere meine gesamte Energie darauf, ich bin verzweifelt und will es von dem Haufen zurückholen. Mein erstes rotes Kleid, das Kleid, das Mama für die Neujahrsfeier genäht hat. Ich erinnere mich daran, wie Mama meine Maße genommen hat, wie sie den weichen Chiffon an meinen Körper hielt und mich fragte, ob er mir gefalle. »Die Farbe sieht so hübsch an dir aus«, hat sie gesagt, »und der Chiffon wird angenehm kühl auf deiner Haut sein.« Damals hatte Mama drei gleiche Kleider mit Puffärmeln und ausgestellten knielangen Röcken für Chou, Geak und mich genäht.

Ich weiß nicht, wann der Soldat damit fertig ist, alle Sachen auf den Haufen zu werfen. Ich kann meine Augen nicht von meinem Kleid losreißen. Ich stehe dort, Mama und Papa zu meinen Seiten. In mir zieht sich alles zusammen, ein Schrei formt sich in meiner Kehle, aber ich halte ihn zurück. »Nein! Nicht mein Kleid. Was habe ich euch getan?«, schreie ich stumm. Mir treten Tränen in die Augen. »Bitte helft mir! Ich weiß nicht, wie ich das aushalten soll! Ich verstehe nicht, warum ihr mich so sehr hasst!« Ich beiße meine Zähne so heftig aufeinander, dass der Schmerz von meiner Kehle in meine Schläfen schießt. Mit geballten Fäusten starre ich mein Kleid an. Ich sehe nicht, wie der Soldat in seine Tasche fasst und eine Schachtel Streichhölzer hervorholt. Ich höre nicht, wie er ein Streichholz entzündet. Ich sehe nur, wie der Haufen Kleider in Flammen aufgeht und mein rotes Kleid wie Plastik im Feuer schmilzt.

»Es ist verboten, bunte Sachen zu tragen. Was ihr jetzt anhabt, müsst ihr ausziehen und verbrennen. Helle Farben haben einen schlechten Einfluss auf eure Gedanken. Ihr seid nicht anders als alle anderen hier, und von jetzt an tragt ihr alle schwarze Arbeitsanzüge. Einmal im Monat wird euch ein neuer zugeteilt.«

Um seiner Rede Nachdruck zu verleihen, schreitet der Dorfvorsteher vor uns auf und ab, sieht uns durchdringend an und zeigt mit seinem langen Zeigefinger auf uns.

»Im Demokratischen Kampuchea«, fährt der Dorfvorsteher fort, »sind wir alle gleich und müssen uns vor niemandem ducken. Als die Ausländer Kampuchea eingenommen haben, haben sie schlechte Angewohnheiten und vornehme Titel mitgebracht. Der Angkar hat alle Ausländer vertrieben, wir benutzen diese vornehmen Titel nicht mehr. Von jetzt an werdet ihr jeden als ›Met‹ anreden. Zum Beispiel, er ist Met Rune, sie ist Met Srei. Kein Herr, Frau, gnädige Frau, gnädiger Herr oder Seine Exzellenz mehr.«

»Ja, Kamerad«, antworten wir kollektiv.

»Die Kinder nennen ihre Eltern anders. Vater heißt jetzt ›Poh‹ und nicht Papa, Papi oder sonst irgendwie. Mutter ist ›Meh‹.«

Ich umklammere Papas Finger noch fester, während der Dorfvorsteher andere neue Worte runterrattert. Die neuen Khmer haben bessere Worte für essen, schlafen, arbeiten, Fremde, alle sollen dazu beitragen, uns gleichzumachen.

»In diesem Dorf leben wir wie im großen Ganzen unserer neuen und reinen Gesellschaft in einem gemeinschaftlichen System und teilen alles. Es gibt keinen Privatbesitz von Tieren, Gärten oder Land, auch nicht von Häusern. Alles gehört dem Angkar. Wenn der Angkar euch verdächtigt, Verräter zu sein, dann werden wir in euer Haus kommen und alles durchsuchen, wie wir es für richtig halten. Der Angkar wird euch mit allem ausstatten, was ihr braucht. Ihr Neuen werdet zusammen essen.

Die Mahlzeiten werden von zwölf bis zwei und von sechs bis sieben serviert. Wenn ihr euch verspätet, bekommt ihr nichts mehr. Das Essen wird euch zugeteilt; je fleißiger ihr arbeitet, desto mehr gibt es für euch zu essen. Abends lassen wir euch nach dem Abendessen wissen, ob es ein Treffen gibt oder nicht. Die Basisleute und unsere Kameraden, die Soldaten, werden euer Arbeitsgelände patrouillieren. Wenn sie sehen, dass ihr eure Pflichten vernachlässigt, und melden, dass ihr faul gewesen seid, bekommt ihr nichts zu essen.«

Meine Augen folgen dem Dorfvorsteher, der vor dem Kreis der Menschen auf und ab schreitet. Ich bitte darum, dass ich mir alles merken kann, was er gesagt hat.

»Ihr müsst allen Regeln folgen, die der Angkar für euch festgelegt hat. Auf diese Art bleiben wir von den Verbrechen und der Korruption der Stadtmenschen verschont.«

»Ja, Kamerad«, kommt das einstimmige Echo der neuen Leute.

»Jeder Familie wird ein Haus im Dorf zugeteilt. Diejenigen, die heute kein Haus bekommen, werden morgen eines bauen. Eure erste Aufgabe ist es, Häuser füreinander zu bauen.«

»Ja, Kamerad.«

»Die Kinder unserer Gesellschaft werden nicht in die Schule geschickt, nur um ihre Gehirne mit nutzlosem Wissen voll gestopft zu bekommen. Wir geben ihnen harte Arbeit, und sie bekommen klare Köpfe und schnelle Körper. Der Angkar duldet keine Faulheit. Harte Arbeit ist gut für alle. Jede Art des Unterrichts ohne ausdrückliche Genehmigung der Regierung ist streng verboten.«

»Ja, Kamerad.«

»In Ordnung, ihr setzt euch hin und wartet, wir kümmern uns um eure Häuser.«

Wieder spuckt der Dorfvorsteher in den Staub vor unseren Füßen, dann geht er weg. Sowie er außer Sicht ist, löst sich die nervöse Menge auf. Alle sehen sich nach Ruheplätzen um. Ich lege mich auf eine Matte, die Mama neben Chou ausgebreitet hat, und schlafe ein. Kurz darauf wache ich vom Flüstern der Menschen um mich herum auf. Ein paar Meter neben uns hat sich eine Menschenmenge gebildet, in der Papa verschwindet. Einen Augenblick später kommt er zurück und berichtet, dass eine Familie, ein Arzt aus Phnom Penh, seine Frau und ihre drei Kinder, Selbstmord durch Gift begangen hat.

Auch wenn wir alle gleich sein sollen, gibt es nichtsdestotrotz drei Klassen der Staatsbürgerschaft. Die Menschen erster Klasse sind der Dorfvorsteher, der die Herrschaft über das ganze Dorf hat, seine Helfer und die Soldaten der Roten Khmer. Sie sind alle Basisleute und Kader der Roten Khmer. Sie haben die Macht, Lehrer, Polizisten Richter und Henker zu sein. Sie entscheiden alles: die Einzelheiten der Arbeit, Lebensmittelzuteilung pro Familie, Härte der Strafen. Sie sind Augen und Ohren des Angkar vor Ort. Sie berichten dem Angkar von allen Aktivitäten und haben die Macht, das Gesetz des Angkars durchzusetzen.

Dann gibt es die Basisleute. Wenn die Menschen erster Klasse die allmächtigen grausamen Lehrer sind, dann sind die Basisleute die Rabauken, die eng mit ihnen zusammenarbeiten. Ihre Macht ist zwar nicht uneingeschränkt wie die der Menschen erster Klasse, aber sie dürfen fast autonom leben, abgeschirmt von der Spitzelei der Soldaten. Sie leben in ihren eigenen Häusern auf der anderen Dorfseite, getrennt von uns. Die Basisleute essen nicht gemeinschaftlich, und sie arbeiten auch nicht zusammen mit den neuen Leuten. Und doch werden sie oft auf unserer Seite des Dorfes gesehen, wenn sie das Gebiet patrouillieren und uns sagen, was wir zu tun haben. Viele von ihnen sind mit den Menschen erster Klasse verwandt und halten den Dorfvorsteher über unsere alltäglichen Aktivitäten auf dem Laufenden.

Die neuen Leute haben den niedrigsten Status in der Struktur des Dorfes. Sie haben kein Recht, ihre Meinung zu äußern, und müssen den anderen Klassen gehorchen. Die neuen Leute sind diejenigen, die in den Städten gelebt haben und gewaltsam in die Dörfer gebracht wurden. Sie stehen unter dem Verdacht, dem Angkar gegenüber illoyal zu sein, und werden scharf auf eventuelle Zeichen der Rebellion beobachtet. Sie haben korrupt gelebt und müssen erst lernen, produktive Arbeiter zu werden. Um ihnen Loyalität zum Angkar einzuimpfen und ihre – aus Sicht der Khmer – unbrauchbare Arbeitsmoral zu beheben, müssen die neuen Leute am härtesten und längsten arbeiten.

Selbst unter den neuen Leuten gibt es wieder unterschiedliche Klassen. Wer früher Student war oder im Staatsdienst, im Gesundheitswesen, als Künstler oder Lehrer gearbeitet hat, wird als moralisch verdorben angesehen. Die ethnischen Vietnamesen und Chinesen und andere Minoritäten werden als rassisch verdorben angesehen. Wenn sie nach ihrer früheren Beschäftigung gefragt werden, lügen die neuen Leute und behaupten, arme Bauern gewesen zu sein, wie Papa es gemacht hat, oder aber kleine Ladenbesitzer. In der agrarischen Gesellschaft der Roten Khmer sind nur gute Arbeiter wertvoll, all die anderen sind entbehrlich. Deswegen müssen die neuen Leute außerordentlich hart arbeiten, um zu beweisen, dass sie lebend mehr wert sind als tot. Papa sagt, weil wir anders sind, nämlich chinesisch-kambodschanisch, müssen wir noch härter arbeiten als die anderen.

Nachdem der Dorfvorsteher uns Essschüsseln und Löffel gegeben und uns eine Hütte zugewiesen hat, bleiben uns nur ein paar Minuten, uns einzurichten, bevor die Glocke sechs Uhr läutet, was Essenszeit bedeutet. Ich nehme eine Holzschüssel und den Holzlöffel und renne mit meiner Familie zur kommunalen Küche. Sie besteht aus einem langen Tisch ohne Stühle oder Bänke unter einem Strohdach ohne Wände. In der Mitte des offenen Raums stehen ein paar gemauerte Öfen. Auf dem langen Tisch stehen zwei Töpfe, einer mit Reis, der andere mit gesalzenem Fisch. Etwa sechs oder sieben Basisfrauen rühren im Essen und teilen es aus. Eine lange Schlange neuer Leute hat sich bereits am Tisch angestellt. Wie wir haben sie ihre Stadtkleidung gegen die schwarzen Hosen und Oberteile ausgetauscht, es ist die einzige Kleidung, die wir von jetzt an tragen werden.

Beim Anblick der langen Schlange vor mir macht mein Herz einen Sprung. Als ich die vielen schwarzen Töpfe mit dampfendem Essen auf dem Boden stehen sehe, muss ich meinen Magen beruhigen. Die Schlange bewegt sich langsam und still. Mit angehaltenem Atem zähle ich die Köpfe vor mir und schaffe sie einen nach dem nächsten fort, so sehr warte ich darauf, an die Reihe zu kommen. Schließlich ist Mama dran. Sie setzt Geak ab und hält zwei Schüsseln hoch. Sie beugt ihren Kopf und ihre Schultern, bis sie kleiner als die Köchin ist, und sagt leise: »Bitte, Kameradin, eine für mich und eine für meine dreijährige Tochter.« Die Frau sieht ausdruckslos auf Geak herunter, die kaum bis zu Mamas Oberschenkel reicht, und tut zwei Löffel Reis und zwei Fische in Mamas Schüssel und einen Löffel von jedem in Geaks. Mama senkt ihren Kopf, bedankt sich bei der Frau und geht mit ihrer Schüssel weg. Geak zerrt sie hinter sich her.

Mein Magen knurrt laut, als ich an den Tisch trete. Ich kann nicht in den Topf sehen, doch bei dem Geruch von Reis und Fisch läuft mir das Wasser im Mund zusammen. Ich hebe meine Schüssel auf Augenhöhe, um es der Kameradin zu erleichtern, mich zu bedienen. Ich traue mich nicht, sie anzusehen, weil ich Angst habe, dass sie ärgerlich wird und mir kein Essen mehr gibt. Ich sehe, wie sie etwas Reis in meine Schüssel füllt und einen ganzen Fisch obendrauf legt. Irgendwie gelingt es mir zu flüstern: »Danke, Kameradin«, dann gehe ich weiter und bete darum, dass ich nicht hinfalle und mein Essen verschütte.

Im Schutz eines Baumes nimmt meine Familie die Mahlzeit zusammen ein. Obwohl es mehr Essen ist, als wir seit langem gegessen haben, haben wir alle wieder Hunger, ehe es Nacht wird. Weil wir eine Möglichkeit finden müssen, an mehr Essen heranzukommen, vereinbart Papa irgendwie, dass Kim im Haus des Dorfvorstehers als Botenjunge arbeiten kann. Am nächsten Abend kommt Kim mit Essensresten nach Hause.

»Der Dorfvorsteher hatte keine Arbeit für mich, also hat er mir gesagt, dass ich für seine Söhne arbeiten soll. Die beiden Jungen sind so alt wie ich, und sie mögen mich«, erzählt uns Kim. Er versucht zu lächeln und zieht die Mundwinkel hoch, als wir ihn fragen, wie sein Tag gelaufen ist. »Sie kommandieren mich herum, und ich muss andauernd irgendwelche Arbeiten für sie erledigen, aber seht mal, was sie mir gegeben haben!« Ungläubig starren wir den Reis und das Fleisch an, das Kim auf dem Tisch auspackt.

»Das hast du gut gemacht, kleiner Affe«, sagt Mama zu ihm.

»Ihre Reste sind ein Festessen! Weißer Reis und Hühnchen! Sieh mal, Papa, es ist sogar noch Fleisch an den Knochen!«, schreie ich aufgeregt und starre das zarte Fleisch an, das noch an den Knochen hängt.

»Leise. Wir wollen nicht, dass die anderen uns hören«, warnt Mama mich.

Meine Geschwister versammeln sich hungrig um Papa, die Schüsseln in der Hand. Einem nach dem anderen gibt Papa Reis und Knochen. Als ich an der Reihe bin, gibt er mir den Knochen mit dem meisten Fleisch, den Brustknochen. Ich ziehe mich in eine Ecke der Hütte zurück und knabbere das Fleisch vom Knochen, bis nichts mehr übrig ist. Dann kaue ich auf dem Knochen herum, um den ganzen Geschmack mit dem Mark auszusaugen. In der Nacht gehe ich mit vollem Bauch schlafen.

In den nächsten Wochen freundet sich Kim mit den Kindern des Dorfvorstehers an, und sie erlauben ihm, jede Nacht Reste mitzubringen. An seinen roten Stellen im Gesicht und am Körper können wir sehen, dass Kims neue »Freunde« ihn misshandeln. Sie spucken ihn an und beißen ihn. Mit seinen zehn Jahren weiß Kim aber schon, dass er ihre Grausamkeiten aushalten muss, um mitzuhelfen, seine Familie zu ernähren. Jeden Morgen, wenn er zum Haus des Dorfvorstehers aufbricht, sieht ihm Mama nach und flüstert: »Mein armer kleiner Affe, mein armer kleiner Affe.«

Kim sieht tatsächlich immer mehr wie ein Affe aus. Sein Haar ist kurz geschoren und von der Unterernährung ausgedünnt, so dass seine große Stirn ganz kahl ist. Die braune Haut spannt sich über seinem hageren Gesicht, seine Augen und Zähne springen hervor, sie scheinen zu groß für einen Jungen in seinem Alter. Obwohl ich meinen Kopf senke, wenn seine schwarz gekleidete Gestalt verschwindet, bin ich dankbar für das Essen, das er uns zusätzlich mitbringt.

Immer wenn ich Papa ansehe, wie er das Essen von Kim entgegennimmt, wird mein Magen hart wie ein Stein. Papa ist jetzt auch so dünn geworden, dass sein Gesicht nicht mehr die Form des Vollmondes hat. Sein weicher Körper ist ausgemergelt, er zuckt jetzt sogar zusammen, wenn Geak auf seinen Schoß zu kriechen versucht. Der runde Bauch, um den ich früher so gerne meine Arme geschlungen habe, zieht sich unter seinem gut sichtbaren Brustkasten nach innen. Trotzdem nimmt er immer die letzte und kleinste Portion der Reste. Er kaut dieses Essen bedächtig, als würde er jeden einzelnen Bissen hinunterzwingen, weil sein Herz ihn wieder ausspucken will. Manchmal kleben seine Blicke minutenlang auf den frischen blauen Flecken in Kims Gesicht, und dann würgt er das Essen noch hörbarer hinunter. Bei seinem schmerzverzerrten Gesicht schäme ich mich entsetzlich, und trotzdem bin ich froh über das Opfer meines Bruders. Ich kaue auf den Hühnerknochen herum, knacke sie und lutsche das Mark aus, bis nichts mehr übrig ist. In meiner dunklen Ecke schäme ich mich dafür und weine leise vor mich hin.

In unserem neuen Zuhause haben wir keine Zeit, unsere Nachbarn kennen zu lernen, andere Dorfbewohner zu besuchen, Spaziergänge zu machen oder uns mit irgendjemandem außerhalb unserer Familie zu unterhalten. Es gibt so gut wie keinen sozialen Kontakt zwischen den neuen Leuten. Man hält sich von den anderen fern, denn man hat Angst, seine Gedanken oder Gefühle jemand anderem mitzuteilen. Der könnte sie ja sofort dem Angkar melden. Das kommt jetzt oft vor, denn wenn man jemanden beim Dorfvorsteher anschwärzt, dann kann einem das eine Belohnung oder Erleichterung verschaffen, manchmal ist das mehr Essen, aber manchmal geht es um Leben und Tod.

Weil Kim die Essensreste mit nach Hause bringt, ist das Leben in unserer neuen Umgebung in den ersten paar Monaten besser für uns. Meine Eltern, meine älteren Brüder und Schwestern arbeiten in den Reisfeldern, während wir kleineren Kinder im Gemeinschaftsgarten helfen. Ich vermisse meine Familie, die ich nur kurz am Abend sehe, wenn alle erschöpft von zwölf oder vierzehn Arbeitsstunden auf dem Feld zurückkommen. Drei- bis viermal pro Woche müssen die neuen Leute eine Stunde Lektionen oder mehr nach dem Essen ertragen. Das Dorf ist von der Außenwelt abgeschlossen, es gibt noch nicht mal Kontakt zu anderen Dörfern. Post, Telefone, Radios, Zeitungen und Fernseher sind alle abgeschafft worden. Die einzigen Nachrichten, die wir hören, kommen vom Dorfvorsteher.

»Worum ging es in dem Treffen heute Abend, Papa«, frage ich ihn, als er spät in der Nacht hereinkommt und mich weckt.

Er küsst mich auf die Stirn und sagt, das Treffen war genauso wie alle anderen Treffen. Der Dorfvorsteher erklärt den Erwachsenen die Lehre des Angkar, und die neuen Leute sitzen herum und hören zu. Der Dorfvorsteher preist die Leistungen des Angkar, die Philosophie der Regierung, diese vollkommene Agrargesellschaft aufzubauen, wo es keine Verbrechen, keinen Betrug und keinen westlichen Einfluss gibt. Der Angkar sagt, unsere neue Gesellschaft wird in den nächsten zwei Jahren einen Überschuss von Tausenden Kilogramm Reis produzieren. Dann können wir so viel Reis essen, wie wir wollen. Das macht uns unabhängig. Nur indem wir unabhängig werden, kann das Land sein eigenes Schicksal meistern. Der Dorfvorsteher sagt, dass dem Land schwere Zeiten bevorstehen, weil es erst mal nicht genug zu essen geben wird, denn unser neuer Staat nimmt keine Hilfsgüter von anderen Ländern mehr an. Der Dorfvorsteher sagt, wenn wir alle hart im Reisanbau arbeiten, werden wir bald in der Lage sein, das Land zu ernähren.

Aus Angst, gehört zu werden, wechseln wir nachts nur ein paar leise Worte, bevor wir uns schlafen legen. In der Dunkelheit patrouillieren die Soldaten, lauschen und gucken in die Hütten hinein. Wenn sie hören oder nur vermuten, dass über Politik diskutiert wird, ist die ganze Familie am nächsten Morgen verschwunden. Die Soldaten sagen dann, die Familie wurde in ein Umerziehungslager gebracht, aber wir wissen, dass sie verschwunden ist und man sie nie wieder sehen wird.

Wir arbeiten Tag für Tag, sieben Tage die Woche. In manchen Monaten, wenn wir besonders produktive Arbeit geleistet haben, gibt man uns einen halben Tag Ruhepause. In diesen Stunden waschen Mama und wir Mädchen unsere Anziehsachen in einem nahen Bach, aber ohne Waschpulver werden sie nicht sehr sauber. Ich freue mich auf diese freien Stunden als unsere besondere Zeit zusammen.

Von den etwa fünfhundert neuen Leuten in unserem Dorf gibt es nur zwei oder drei Babys. Ich habe zwar nicht verstanden, was sie gemeint hat, aber Mama hat gesagt, dass die Frauen so überarbeitet, unterernährt und voller Angst sind, dass die meisten von ihnen nicht schwanger werden können. Und wenn sie es werden, erleiden viele Fehlgeburten. Die meisten Babys werden nicht älter als ein paar Tage. Papa sagt, eine ganze Generation wird in unserem Land fehlen. Er schüttelt seinen Kopf und sieht Geak an. »Die ersten Opfer sind immer die Kinder.«

Papa sagt, Geak wird nicht das nächste Opfer der Roten Khmer, weil der Dorfvorsteher Papa mag. Der Dorfvorsteher erlaubt Kim, Essen mit nach Hause zu bringen, und er weiß natürlich, dass uns das alles erleichtert. Papa arbeitet härter und länger als sonst irgendeiner im Dorf. Weil er in bescheidenen Verhältnissen aufgewachsen ist, kann Papa alles erledigen, was ihm der Dorfvorsteher aufträgt. Er ist ein geschickter Tischler, Häuserbauer und Farmer. Papa bleibt immer gelassen, er scheint die Arbeit sogar eher enthusiastisch anzunehmen – ein Charakterzug, der dem Dorfvorsteher beweist, dass Papa ein unverdorbener Mann ist. Er macht Papa zum Sprecher der neuen Leute, eine Stellung, die mit einer Erhöhung der Lebensration einhergeht.

Obwohl der Angkar sagt, dass wir im Demokratischen Kampuchea alle gleich sind, sind wir es nicht. Wir leben wie Sklaven und werden auch so behandelt. Für unseren Garten teilt uns der Angkar Samen zu, und wir dürfen pflanzen, was wir wollen, aber was wir ernten, gehört nicht uns, sondern der Gemeinschaft. Die Basisleute essen die Beeren und das Gemüse aus den Gemeinschaftsgärten, aber wenn wir neuen Leute das tun, werden wir bestraft. Während der Erntezeit werden die Feldfrüchte dem Dorfvorsteher übergeben, der den fünfzig neuen Familien das Essen zuteilt. Doch wie üppig der Ertrag auch ist, nie gibt es genug Essen für die neuen Leute. Essen zu stehlen wird als verabscheuungswürdiges Verbrechen angesehen, und wenn man dabei erwischt wird, muss man darauf gefasst sein, dass einem entweder die Finger auf dem Dorfplatz abgehauen werden oder man gezwungen wird, einen Gemüsegarten in einem Minenfeld anzulegen. Die Soldaten der Roten Khmer haben diese Landminen gelegt, um die Provinzen zu beschützen, die sie von Lon Nols Armee während der Revolution übernommen haben. Da die Roten Khmer so viele Minen verteilt, die Minenfelder aber nicht kartographiert haben, werden jetzt viele Menschen verletzt oder getötet, wenn sie über ein Minenfeld laufen. Menschen, die in diesen Gebieten arbeiten, kommen nicht zurück ins Dorf. Wenn jemand auf eine Mine tritt und ihm Arme oder Beine weggefetzt werden, ist er für den Angkar nichts mehr wert. Dann erschießen ihn die Soldaten und beenden so den Job. In der neuen reinen Agrargesellschaft gibt es keinen Platz für behinderte Menschen.

Die Regierung der Roten Khmer verbietet auch die Religionsausübung. Kim sagt, dass der Angkar nicht möchte, dass die

Menschen Götter und Göttinnen anbeten, weil ihre Verehrung allein dem Angkar gebührt. Um sicherzugehen, dass diese Regel befolgt wird, haben die Soldaten die buddhistischen Tempel und andere heilige Orte zerstört. Sie haben dem Angkor Wat, einer religiösen Stätte, die in der Geschichte Kambodschas überaus wichtig gewesen ist, großen Schaden zugefügt.

Mit mehr als einhundert Quadratmeilen Tempelfläche wurde Angkor Wat im neunten Jahrhundert von den mächtigen Königen der Khmer als Monument der Selbstverherrlichung in Auftrag gegeben. Dreihundert Jahre später waren die Bauarbeiten abgeschlossen. Nach einer Invasion der Siam wurde Angkor Wat im 15. Jahrhundert dem Dschungel und der Vergessenheit anheim gegeben, bis es durch die französischen Eroberer im 19. Jahrhundert wieder entdeckt wurde. Seit dieser Zeit gehörten die von den Kriegen beschädigten Tempel mit ihren wunderschönen Statuen, Steinskulpturen, Reliefs und Türmen zu den sieben Weltwundern.

Ich erinnere mich daran, wie fest ich Papas Finger umfasst habe, als wir die breiten verfallenen Wege hinuntergelaufen sind. Die Wände der Tempel waren mit unermesslich schönen Skulpturen von Menschen, Kühen, Wagen, Szenen des täglichen Lebens und längst vergangener Kriege fein ausgearbeitet. Auf den Stufen wachen gigantische granitene Löwen, Tiger, achtköpfige Schlangen und Elefanten. Daneben sitzen achthändige Götter aus Sandstein im Schneidersitz auf Lotusblüten und bewachen die Tempelteiche. Von den mit Dschungelreben bekränzten Wänden lächeln Tausende schöner in kurze Wickelröcke gewandete Apsara-Göttinnen mit großen runden Brüsten die Besucher an. Ich habe hochgegriffen und meine Hand um eine der Brüste gelegt, ich habe den kalten rauen Stein in meiner Handfläche gespürt, aber dann habe ich meine Hand schnell zurückgezogen und sie über den Mund gehalten, weil ich einen Lachanfall bekam.

Papa hat mich zu einem Gebiet des Tempels geführt, wo die

Bäume so hoch waren, dass sie in den Himmel zu reichen schienen. Ihre gewundenen Stämme, Wurzeln und Reben haben sich wie gigantische Riesenschlangen um die Ruinen gewunden, sie zerquetscht und die herabgefallenen Steine verschlungen. Er hat mich über die wackligen Steine zum dunklen Mund der Tempelhöhle getragen. »Hier leben die Götter«, hat er leise gesagt, »und wenn du sie rufst, dann antworten sie dir.« Eifrig habe ich meine Lippen befeuchtet und gerufen: »Chump leap sursdei, dthai pda!« (Hallo, ihr Götter!) Und meine Arme um Papas Beine geschlungen, als sie geantwortet haben: »Dthai pda! Dthai pda! Dthai pda!«

Khouy sagt, dass die Soldaten in diesem Bereich des Tempels die Wachtiere verstümmelt haben. Die steinernen Köpfe der Götter haben sie heruntergetreten oder weggeschossen und die geheiligten Körper mit Kugeln durchlöchert. Nachdem sie die Tempel zerstört haben, sind sie durch das Land gestreift und haben nach Mönchen gesucht, die sie dazu gezwungen haben, zum Angkar überzutreten. Wenn sich die Mönche weigerten, wurden sie ermordet oder gezwungen, auf Minenfeldern zu arbeiten. Um ihrer Auslöschung zu entgehen, haben sich viele Mönche die Haare wachsen lassen und im Dschungel versteckt. Andere haben sich in Massenselbstmorden getötet. Diese Mönche haben die Tempel erhalten und sich um sie gekümmert, nun sind sie wieder dem Dschungel überlassen. Ich frage mich, wohin die Götter jetzt gehen, jetzt, wo ihre Heimstätten zerstört worden sind.

Arbeitslager

Januar 1976

In unserem dritten Monat in Ro Leap beginnt sich unsere Lage zu verschlechtern. Die neuen Leute arbeiten länger bei verringerter Essenszuteilung. Die Soldaten streifen täglich auf der Suche nach jungen kräftigen Männern, die sie für die Armee rekrutieren können, durch unser Dorf. Wer rekrutiert worden ist, muss mitgehen. Wer sich weigert, wird als Verräter gebrandmarkt und kann getötet werden. Aus diesem Grund zwingen meine Eltern Khouy, ein junges Mädchen namens Laine aus einem Nachbardorf zu heiraten. Khouy, der erst sechzehn ist, möchte nicht, aber Papa sagt, wenn er es nicht tut, wird er in die Armee der Roten Khmer eingezogen. Die Roten Khmer rekrutieren ihn wahrscheinlich nicht, wenn sie wissen, dass er eine Ehefrau hat, die dem Angkar Söhne schenken wird. Auch Laine möchte meinen Bruder nicht heiraten und wird von ihren Eltern dazu gezwungen. Solange sie unverheiratet bleibt, müssen sie Angst haben, dass sie von Soldaten vergewaltigt wird und so endet wie Davi, eine junge Frau aus unserem Dorf.

Davi ist die Tochter einer unserer Nachbarn. Sie ist ungefähr sechzehn Jahre alt und sehr hübsch. Trotz des Kriegs und der Hungersnot entwickelt sich Davis Körper zu dem einer jungen Frau. Ihr Haar ist wie das unsere kurz geschnitten, doch ihres ist voll und lockig und bildet einen hübschen Rahmen für ihr kleines ovales Gesicht. Allen fallen ihre weiche braune Haut, ihre vollen Lippen und vor allem ihre großen runden braunen Augen mit den langen Wimpern auf.

Davis Eltern lassen sie nirgends alleine hingehen. Ihre Mutter folgt ihr, wenn sie Feuerholz sammelt, und bewacht sie, wenn sie zur Toilette muss. Ihre Eltern sind nervös, sie ziehen sie immer sofort weg, wenn jemand mit ihr zu sprechen versucht. Man sieht Davi selten ohne Kopftuch oder Matsch im Gesicht. So versuchen sie, ihre Schönheit geheim zu halten. Doch was sie auch tun, ihre Eltern können sie nicht vor den Augen der Soldaten verbergen, die durch das Dorf patrouillieren.

Eines Abends kamen drei Soldaten zur Hütte ihrer Familie und erklärten ihren Eltern, dass Davi und eine ihrer Freundinnen mitkommen müssten. Sie sagten, die Mädchen sollten ihnen helfen, Mais für ein besonderes Ereignis zu ernten. Davis Mutter weinte und schlang die Arme um ihre Tochter.

»Nehmt mich«, bat sie die Soldaten. »Davi ist ein faules Mädchen. Ich kann schneller arbeiten und mehr Mais in kürzerer Zeit ernten als sie.«

»Nein! Wir brauchen sie!«, erwiderten sie kurz angebunden. Bei diesen Worten weinte Davi und klammerte sich verzweifelt an ihrer Mutter fest.

»Nehmt mich«, bat der Vater auf den Knien. »Ich kann viel schneller arbeiten als alle beide zusammen.«

»Nein! Widersprecht uns nicht. Wir brauchen sie, und sie muss ihre Pflicht für den Angkar erfüllen! Sie kommt morgen zurück.« Dann packten die Soldaten Davi an den Armen und zerrten sie aus der Umarmung der Mutter fort. Davi schluchzte laut und bat die Soldaten, bei ihrer Mutter bleiben zu dürfen, aber die Soldaten zogen sie weiter. Ihre Mutter fiel auf die Knie, die

Handflächen zusammengepresst. Sie flehte die Soldaten an, ihr nicht die einzige Tochter zu nehmen. Ihr Vater, noch immer auf den Knien, schlug die Stirn in den Staub, um die Soldaten zu erweichen. Viele Male drehte Davi sich um, als die Soldaten sie fortschleppten, und sah ihre am Boden zerstörten Eltern mit gefalteten Händen für sie beten. Sie sah sich um, bis sie sie nicht mehr sehen konnte.

Die ganze Nacht hörte man das Wehklagen der Eltern von Davi. Warum taten sie ihr das an? In unserer Hütte machten alle ernste und hoffnungslose Gesichter. Khouy und Papa saßen zu beiden Seiten von Keav, aus derem angstverzerrten Gesicht alles Blut gewichen war. Sie fragte sich, was die Soldaten mit ihr tun würden, wenn sie sie fortschleppten. Keav, die vierzehn ist und damit bald in dem Alter von Davi, umklammerte ihre angewinkelten Beine mit verschleiertem Blick. Ihre Schultern hoben und senkten sich sichtbar. Als Mama sie schluchzen hörte, setzte sie Geak auf Chous Schoß, kroch hinüber zu Keav und schloss sie in ihre Arme. Wortlos legten wir anderen uns auf unser Lager und versuchten einzuschlafen. Ich kroch zitternd hinüber zu Chou, griff nach ihrer feuchten Hand und legte mich auf den Rücken, um zur Decke zu starren. In der schwarzen Nacht versuchten wir zu schlafen, aber wir wurden von Davis Mutter wach gehalten, die wie eine Wölfin klagte, die ihre Welpen verloren hat.

Die Soldaten hielten Wort und brachten Davi am anderen Morgen zu ihren Eltern zurück. Aber die Davi, die zurückkam, war nicht diejenige, die sie fortgeschleppt hatten. Davi stand vor ihren Eltern mit zerzausten Haaren und geschwollenem Gesicht und ließ die Arme wie tonnenschwere Gewichte herabhängen. Den Blick der Eltern konnte sie nicht erwidern. Ohne ein Wort ging sie an ihnen vorbei in die Hütte hinein. Sie traten zur Seite, ließen sie eintreten und folgten ihr. Von da an war es immer ruhig in der Hütte.

Ein paar Tage nach ihrer Entführung wurden die Schwellungen ihres Gesichtes dunkelviolett, dann verschwanden sie. Die Schrammen an den Armen verschorften und wurden zu kleinen, kaum noch sichtbaren Narben. Aber für Davi waren sie deutlich zu sehen. Manchmal sehe ich sie zur Essenszeit in der Schlange stehen, aber sie spricht mit keinem mehr. Sie bewegt sich, als sei kein Leben in ihr, und den Kopf hält sie immer gesenkt. Niemand spricht über diese Nacht, und niemand hat sie gefragt, was geschehen ist – weder ihre Eltern noch die Leute aus dem Dorf. Wenn ich Davi sehe, gehe ich ihr aus dem Weg. Wenn Menschen irgendwo zusammenstehen, hören sie auf zu sprechen, wenn Davi vorübergeht.

Die Tage vergehen, und die Leute beginnen, Davi zu behandeln, als sei sie unsichtbar. Manchmal habe ich bemerkt, dass Davi die Menschen auf dem Dorfplatz beobachtet. Und manchmal geht sie mitten in eine Gruppe von Leuten hinein, als fordere sie sie heraus, irgendetwas zu ihr zu sagen. Dann treten die Leute von einem Fuß auf den anderen, hüsteln, wenden sich ab und gehen schließlich davon. Keav geht manchmal auf Davi zu, doch dann ballt sie die Fäuste und kommt zu uns zurück.

Davi langt den Soldaten nicht. Sie kommen nachts oft, und sie nehmen viele Mädchen mit. Manche von ihnen werden am nächsten Morgen zurückgebracht, aber viele auch nicht. Und manchmal kommen die Soldaten mit den Mädchen zurück und erklären den Eltern, dass sie geheiratet hätten. Sie sagen, es sei ihre Pflicht, Soldaten zu heiraten und dem Angkar Söhne zu gebären. Von vielen Mädchen, die dazu gezwungen werden, hört man nie wieder etwas. Gerüchte gehen um, dass sie unter ihren »Ehemännern« viel zu erleiden haben. Oft hört man die Soldaten sagen, Frauen haben ihre Pflichten für den Angkar zu erfüllen. Es sei ihre Pflicht, das zu tun, wofür sie geschaffen worden sind, nämlich dem Angkar Kinder zu gebären. Wenn sie dieser Pflicht nicht nachkommen, sind sie wertlos und können entbehrt werden. Dann sind sie zu nichts nutze und sollten lieber tot sein, damit ihre Essensrationen denjenigen zugeteilt werden können, die das Land aufzubauen helfen. Es gibt nichts, was Eltern tun können, um die Entführung ihrer Töchter zu verhindern, denn die Soldaten sind allmächtig. Sie haben die Macht zu richten, sie sind Polizei und Armee. Sie haben die Gewehre. Viele Mädchen entziehen sich ihren Entführern durch Selbstmord.

Um Khouy vor der Armee und Laine vor einer Entführung durch die Soldaten zu bewahren, werden die beiden in einer heimlichen Zeremonie verheiratet. Die Eltern geben ihnen ihren Segen. Nachdem sie verheiratet sind, müssen Khouy und Laine in ein Arbeitslager, wo man ihnen Arbeit zuweist. Papa hat keine Angst davor, dass die Soldaten der Roten Khmer Meng rekrutieren, weil er körperlich schwach ist, deswegen erlaubt ihm Papa, unverheiratet zu bleiben. Doch die Soldaten sagen, dass Meng mit achtzehn zu alt ist, um bei uns zu Hause zu leben, und er muss mit Khouy und Laine im Arbeitslager zusammenleben.

Im Lager gibt es nur junge Männer mit oder ohne Ehefrauen. Dort müssen sie hart arbeiten und Lastwagen be- und entladen. Khouy erzählt uns, dass sie meistens Reis aufladen und Waffen und Munition abladen. Für ihre harte Arbeit bekommen sie mehr als genug zu essen. Meine Brüder trocknen ihre Reste heimlich und bringen sie mit, wenn sie zu Besuch kommen. Am Anfang dürfen sie uns jede zweite Woche besuchen. Aber im Laufe der Zeit nötigen die Soldaten meine Brüder, länger zu arbeiten, und sie erlauben ihnen nur alle drei Monate, nach Ro Leap zurückzukommen.

Wenn meine Brüder uns besuchen, bleibt Khouys neue Frau Laine allein im Lager zurück, weil sie in unserem Dorf keine Familie hat. Aus diesem Grund weiß ich nur sehr wenig über meine Schwägerin. Ich habe sie nur das eine Mal bei der Hochzeitsfeier gesehen, und ich fand sie sehr hübsch, auch wenn ihre Augen tränenverschleiert waren. Während seiner Besuche spricht Khouy nur selten über seine Frau, er sagt eigentlich nichts weiter, als dass sie lebt und gesund ist. Sogar mir ist klar, dass es eine Muss-Ehe ist und keine Liebesheirat.

Manchmal starre ich meinen Bruder an und versuche, den Kampfsportler, der mich mit seinen Luftsprüngen zum Lachen gebracht hat, wieder zu finden. Aber er ist verschwunden. In Phnom Penh ist Khouy nie einfach nur von einem Ort zum anderen gegangen, er trödelte herum, blieb überall stehen, um Freunde zu begrüßen, und verbeugte sich vor hübschen Mädchen. Wo er auch hinging, immer waren viele Leute um ihn herum.

In unserer kleinen Grashütte in Ro Leap spricht Khouy ununterbrochen auf Papa ein. Er sitzt mit geradem Rücken zur Wand, als habe er Angst, sich anzulehnen. Er hält die Beine gekreuzt, die Handflächen liegen flach auf dem Boden, er ist bereit, in der nächsten Sekunde aufzuspringen. Er ist immer noch stark, aber die Energie und das Selbstbewusstsein, die die Mädchen an ihm so anziehend fanden, sind verschwunden. Mit sechzehn ist er schon alt und hart, und er ist einsam. Sogar uns gegenüber trägt er eine Maske aus Tapferkeit, die fest auf seinem unbewegten Gesicht liegt.

Während Khouy den Tapferen mimt, hat uns Mengs Gesicht nie etwas vorenthalten. Wenn er spricht, wird seine Stimme oft weich und fängt an zu beben, vor allem wenn er versucht, Mama und Papa davon zu überzeugen, dass im Lager alles in Ordnung ist. Im Gegensatz zu Khouy, der von der harten Arbeit muskulöser wird, ist Meng dünn und schlaksig. In unserer Hütte sitzt er krumm gegen die Bambuswand gelehnt, vor jedem Wort holt er erschöpft Atem. Wenn er uns ansieht, verweilt sein Blick auf unseren Gesichtern, als wolle er jede Einzelheit in sich aufnehmen, um sie nicht vergessen. Unter seinem Blick fange ich an, mich zu winden. Schließlich gehe ich hinaus, weil es mir Schwierigkeiten macht, so viel Liebe von meinem Bruder zu spüren, wo um uns herum nichts als Hass ist.

Ein paar Monate nachdem Khouy und Meng weggehen mussten, kommen Gerüchte auf, dass die Vietnamesen Kambodscha einnehmen wollen, und entsprechend beginnen die Roten Khmer, Jugendliche aus ihren Familien zu reißen, um sie auf einen möglichen Krieg vorzubereiten. Eines Tages kommen drei Soldaten ins Dorf und verkünden den neuen Leuten, die sich auf dem Dorfplatz versammelt haben, dass der Angkar alle männlichen und weiblichen Jugendlichen braucht. Sie müssen am nächsten Tag nach Kong Cha Lat aufbrechen, einem Arbeitslager für Jugendliche. Als sie diese Nachricht hört, fängt Keav an zu weinen und läuft zu Mama.

»Alle müssen den Angkar ehren und ihm Opfer bringen!«, brüllen die Soldaten. »Wer sich der Anordnung des Angkar widersetzt, ist ein Feind und wird vernichtet! Jeder, der den Angkar in Frage stellt, wird in ein Umerziehungslager geschickt!« Keav und Mama sehen sich an und fallen sich in die Arme. Wortlos wendet Papa sich ab und nimmt Geak aus Chous Armen.

Am nächsten Morgen wickelt Mama Keavs schwarzen Arbeitsanzug in einen Schal. Keav setzt sich noch einmal kurz neben Mama, ihre Hände berühren sich. Dann gehen wir bedrückt aus der Hütte und hinüber zum Dorfplatz, wo sich die anderen Jugendlichen und ihre Familien bereits versammelt haben. Alle weinen, die Jugendlichen und die fassungslosen Eltern. Keav und Mama umarmen sich so fest, dass ihre Fingerknöchel weiß werden. Wenige Minuten später kommen die Soldaten und führen die Kinder weg. In stummer Verzweiflung sehen wir zu.

Mein Herz fühlt sich an, als ob es herausgerissen worden sei. Ich versuche, mir ein Lächeln abzuringen, sodass ich meine Schwester mit einem Bild der Hoffnung auf den Weg schicken kann. Sie ist Papas älteste Tochter, und mit vierzehn muss sie alleine überleben. »Mach dir keine Sorgen, Papa, mir geht es bestimmt gut. Ich schaffe das schon«, sagt sie und geht winkend fort. In ihrem schwarzen Oberteil, das ihr bis auf die Oberschenkel fällt, und mit ausgefransten Hosen sieht sie kleiner aus als die anderen in ihrer Gruppe.

Mir fällt ein, dass sie in Phnom Penh das schönste Mädchen in unserer Straße war und Mama immer gesagt hat, dass es einmal viele Männer geben würde, die sie heiraten wollten. Jeden Monat ging Keav mit Mama in einen Schönheitssalon, wo ihr Haar frisiert und ihre Nägel lackiert wurden. Keav hat immer ein entsetzliches Theater um ihre Schuluniform gemacht. Ihren blauen Faltenrock und die Söckchen hat sie ewig gebügelt, damit sie so sauber und neu wie möglich aussahen. Jetzt ist die Freude der Schönheit aus ihrem Leben gewichen. Mit ihrem rotweiß karierten Tuch, das ihr ausgedünntes fettiges Haar bedeckt, sieht sie eher wie zehn als wie vierzehn aus. Keav folgt den Soldaten mit zwanzig anderen Jungen und Mädchen, ohne sich noch einmal nach uns umzusehen. Chou und ich stehen weinend beieinander und sehen Keav nach, bis sie außer Sicht ist. Ich frage mich, ob ich sie jemals wieder sehen werde.

Am anderen Ende des Dorfplatzes laufen ein paar Basiskinder nach Hause. Auch wenn es keine Zäune gibt, trennt eine unsichtbare Linie das Dorf in zwei Hälften. Die neuen Leute würden diese Linie nie übertreten. Ab und an kommen Basismänner auf unsere Seite, um hinter uns herzuspionieren und unsere Arbeit zu kontrollieren. Ein paar Basiskinder, die noch nicht nach Hause gegangen sind, stehen jetzt dort herum und beobachten uns missgünstig. Ich sehe nur selten Basiskinder und kann sie nicht auseinander halten. Ich weiß noch nicht einmal, wie viele Basiskinder es in dem Dorf gibt. Ihre Arme und Beine füllen ihre neu aussehenden schwarzen Pyjamahosen und Oberteile gut aus, und ihre Gesichter sind rund und fleischig. Vor Neid und Hass verengen sich meine Augen zu Schlitzen.

»Es ist gut, dass die Familie getrennt wird«, sagt Papa leise und geht arbeiten. Mama sagt nichts und sieht weiter in die Richtung, in der Keav verschwunden ist.

»Warum musste sie mitgehen? Warum hat Papa den Dorfvorsteher nicht darum gebeten, dass sie hier bleiben durfte?«, frage ich Kim, als meine Eltern mich nicht hören können.

»Papa hat Angst, dass die Soldaten herausfinden, wer er wirklich ist. Die Soldaten werden uns allen Schaden zufügen, wenn sie herausfinden, dass Papa für die Lon-Nol-Regierung gearbeitet hat. Wenn wir aber zu dem Zeitpunkt, an dem sie das herausfinden, getrennt voneinander leben, dann können sie uns nicht alle kriegen.«

Ich werde nie begreifen, wie Papa diese Dinge herausfindet, aber er findet sie nun mal heraus, und er hält uns auf dem Laufenden, damit wir nicht sorglos werden.

»Papa, werden sie uns töten?«, frage ich ihn später am Abend. »Ich habe gehört, wie die anderen neuen Leute sich auf dem Dorfplatz zugeflüstert haben, dass die Soldaten der Roten Khmer nicht nur Leute töten, die für die Regierung Lon Nols gearbeitet haben, sondern auch jeden, der eine Ausbildung hat. Wir haben eine Ausbildung, werden sie uns auch umbringen?« Mein Herz rast, als ich diese Frage stelle. Papa nickt finster. Darum hat er uns gesagt, dass wir uns dumm stellen und niemals über unser Leben in der Stadt sprechen sollen.

Papa glaubt, dass der Krieg noch lange dauern wird, und deswegen fällt ihm das Leben schwer. Jeden Tag hören wir von Familien, die sich umgebracht haben, weil sie kein Ende des Schreckens absehen konnten. Wir leben in dem Bewusstsein, jede Minute entdeckt zu werden. Mir wird übel bei dem Gedanken an den Tod. Ich weiß nicht, wie ich mit so einer unendlichen Traurigkeit weiterleben soll.

Ich erinnere mich qualvoll an die Wut, die ich auf Mama hatte, wenn sie mich gehauen hat, als ich ihren schönen Porzellanteller zerbrochen habe, oder wie sie mich angeschrien hat, weil ich auf dem Sofa gehüpft habe, oder weil ich mit Chou gestritten oder versucht habe, Süßigkeiten aus dem Schrank zu klauen. Die Fünfjährige, die ich damals war, war es gewohnt, ihren Willen durchzusetzen, und während meiner Anfälle stürmte ich durch die

Wohnung. Wenn ich danach auf meinem Bett schmollte, habe ich mir oft gewünscht, tot zu sein. Ich wollte, dass sie dafür leidet, was sie mir angetan hat. Ich wollte sie verletzen, und ich wollte, dass sie sich schuldig fühlt, weil sie mich dazu gebracht hatte, mich umzubringen. Ich würde dann aus dem Himmel heruntersehen und mich an ihrem Elend weiden. Das sollte meine Rache sein. Von den Wolken würde ich auf ihr aufgedunsenes Trauergesicht hinuntersehen, und erst wenn ich fand, dass sie genug gelitten habe, würde ich zurückkommen und ihr verzeihen. Jetzt ist mir klar, dass man nicht einfach ins Leben zurückgehen kann, wann immer man möchte. Der Tod ist immer während.

Um den Tod zu bekämpfen, arbeiten die neuen Leute hart und pflanzen Reis und Gemüse. Trotzdem kommt es uns so vor, als ob wir immer weniger Essen zugeteilt bekommen. Je fleißiger wir arbeiten, desto dünner und hungriger werden wir. Wir pflanzen und ernten, während die Laster mit unseren Feldfrüchten ankommen und abfahren, um den Krieg fortzuführen. Während Mama und Papa den Krieg auf den Feldern unterstützen, kommt Kim jeden Abend von seiner Arbeit als Botenjunge des Dorfvorstehers zerschlagen und verschrammt aus seinem eigenen Krieg nach Hause. Er gibt Papa die Essensreste und spricht über seinen Tag. Dann legt Mama sanft die Hand auf seine blauen Flecken und flüstert zärtlich: »Vielen Dank, mein kleiner Affe.« Papa nimmt das Essen schweigend entgegen und verteilt es unter uns.

Eines Abends, als ich mit Chou auf der Stufe sitze, sehe ich Kim langsam nach Hause kommen. Über ihm türmen sich drohende Wolken, sodass ihm keine Sterne den Weg nach Hause beleuchten können. In seiner Hand trägt er die in sein Kroma eingewickelten Essensreste, und mein Magen macht einen Sprung der Vorfreude. Als er näher kommt, sehe ich, dass seine Schultern nach vorne fallen und er die Füße nachschleppt, als würde er durch einen Sumpf waten.

»Was ist denn los, Kim?«, fragt ihn Chou. Ohne zu antworten, steigt Kim die Stufen zur Hütte hoch. Chou und ich folgen ihm auf den Fersen.

Im Dunklen geht Kim auf Papa zu und kniet vor ihm nieder. Mit gebeugtem Kopf und bebender Stimme sagt er: »Papa, der Dorfvorsteher hat gesagt, dass ich nicht mehr kommen soll.«
Papa ist still und atmet tief durch.

»Es tut mir Leid, Papa«, sagt Kim. »Es tut mir Leid, Papa«, wiederholt Kim, seine Worte hängen wie ein Hauch in der Luft. Als sie seine Verzweiflung bemerkt, setzt Mama Geak ab und kommt zu ihm hinüber. Sie schließt Kims Kopf in ihre Arme und zieht ihn an ihre Brust.

»Vielen Dank, kleiner Affe«, flüstert sie und streicht ihm übers Haar, während sich seine Schultern heben und senken.

Draußen stürmt es, der Wind versucht vergeblich, die Wolkendecke aufzureißen. Die Sterne verstecken sich noch immer vor uns. Chou und ich fassen einander bei den Händen und wärmen uns gegenseitig. Seit wir vor fünf Monaten in Ro Leap angekommen sind, hat uns der beständige Nachschub der Essensreste des Dorfvorstehers vorm Verhungern bewahrt. Jetzt müssen wir wieder hungrig ins Bett gehen. Es kommt mir vor, als habe sein Schweigen ewig gedauert, als Papa schließlich sagt, dass wir auch dies irgendwie überstehen werden.

Am nächsten Tag, als ich in den Reihen reifer Tomaten, orangeroter Kürbisse und grüner Gurken stehe, muss ich an Keav denken. Jetzt ist März, und ein Monat ist vergangen, seit sie fort musste. Keav liebt Kürbiskerne, sie hat sie immer laut im Kino geknackt. Wenn ich an sie denke, brennt die Sonne noch heißer auf meiner Haut, und ich schwitze so, dass meine Sachen mir auf der Haut kleben.

Neben mir wischt sich Kim über die Stirn und fährt schweigend mit seiner Arbeit fort. Es ist unser Job, die Körbe zu füllen und sie den Köchinnen in der Gemeinschaftsküche zu bringen. Mir läuft das Wasser im Mund zusammen, als ich die grünen

Bohnen ernte. Ich fühle den Flaum der Bohnen zwischen Daumen und Zeigefinger und verlange danach, sie in den Mund zu stecken, bevor es jemand sieht, aber ich lasse sie dann doch lieber in den Korb fallen.

»Ich habe Hunger«, sage ich leise zu meinem Bruder.

»Iss bloß das Gemüse nicht. Der Dorfvorsteher wird dich schlagen, wenn du erwischt wirst.«

Ich nehme mir seine Worte zu Herzen und arbeite weiter. Ab und an halte ich inne und werfe einen Blick auf meinen Bruder. Wenn Papa mit uns Mädchen an Sonntagen ins Schwimmbad ging, war Kim meistens in dem Kino gegenüber von unserer Wohnung. Wenn wir zurückkamen, begrüßte uns an der Tür Bruce Lee, der Affenkönig oder eine Reihe von Kung-Fu-Meistern, der betrunkene Schüler, Drachenkralle oder der Shaolin-Mönch. Den Rest des Tages blieb Kim seinem Tageshelden treu. Er sprang in die Luft, wich zur Seite aus, wirbelte herum und schlug und trat nach Chou und mir, wenn wir ihm in die Quere kamen.

Als ich mich an den kleinen Affen von Phnom Penh erinnere, muss ich wegsehen. Ich wünsche mir, dass Kim wieder beim Dorfvorsteher arbeitet und uns Essensreste mitbringt. Aber der Dorfvorsteher möchte nicht, dass Kim weiter für ihn arbeitet. Weder Kim noch Papa wurde eine Erklärung gegeben, warum Kim weggeschickt wurde. Aber Papa vermutet, dass es mit jemandem namens Pol Pot zusammenhängt. Seit kurzem flüstern sich die Basisleute im Dorf diesen Namen zu wie eine allgewaltige Beschwörungsformel. Niemand weiß, woher er kommt, wer er ist oder wie er aussieht. Einige vermuten, dass er vielleicht der Anführer des Angkar ist, aber dagegen wenden andere ein, dass der Angkar von einer großen Mannschaft geleitet wird. Jedenfalls hat Pol Pot angeordnet, mehr Soldaten in den Dörfern zu stationieren, und dies hat das Machtgefüge unseres Dorfes verändert. Am Anfang war der Dorfvorsteher allmächtig und hat das Dorf mit Hilfe der ihm untergebenen Soldaten regiert. Jetzt, wo sich die Anzahl der Soldaten vervielfacht hat, üben sie auch mehr Macht aus, und die Rolle des Dorfvorstehers beschränkt sich auf die eines Verwalters.

»Kim, wohin bringen die Soldaten das ganze Essen?«, frage ich ihn.

»Als der Angkar die Armee aufgestellt hat, gab es nicht genug Geld, um Gewehre und Vorräte für die Soldaten zu kaufen. Der Angkar musste sich das Geld von China leihen. Jetzt muss er es an China zurückzahlen«, erklärt Kim und legt das Gemüse in unseren Strohkorb.

»Wenn China dem Angkar hilft und ihm Geld gibt, wie kommt es dann, dass die Soldaten uns Chinesen so sehr hassen? Die anderen Kinder hassen mich wegen meiner hellen Haut. Sie sagen, dass ich chinesisches Blut in mir habe«, flüstere ich. Kim richtet sich auf und vergewissert sich, dass die anderen Kinder außer Hörweite sind.

»Ich weiß es nicht. Wir sollten nicht darüber sprechen. Der Angkar hasst alle Ausländer, vor allem die Youns. Vielleicht können die Bauern einen Chinesen nicht von einem Youn unterscheiden, denn die haben auch hellere Haut. Für jemanden, der nie aus dem Dorf herausgekommen ist, sehen sich alle hellhäutigen Asiaten ähnlich.

Am Abend erzählt Papa Kim, dass der Angkar alle Ausländer ausweisen will. »Er will das Demokratische Kampuchea zurück zu seiner glorreichen Vergangenheit führen. Zu der Zeit, als Kampuchea ein großes Reich war, dessen Herrschaftsgebiet einen Teil von Thailand, Laos und dessen umfasste, was heute Südvietnam ist. Der Angkar sagt, das können wir nur schaffen, wenn wir niemand anderem gehören.«

Mir ist es egal, warum der Angkar plant, Kambodscha wieder zu seiner früheren Macht zurückzuführen, und auch, wie er das machen will. Ich weiß nur, dass mir ständig mein Magen vor Hunger schmerzt.

Neujahr

April 1976

Wieder ist April und Neujahr steht vor der Tür. Nach Neujahr bin ich sechs Jahre alt und reiche Papa trotzdem nur bis an die Hüften. Mama und Papa haben Angst, dass ich wegen der Unterernährung nicht richtig wachse und ich nie so groß werde wie sie. Ich habe mich nicht mehr im Spiegel angesehen, seit wir die Stadt verlassen haben. Manchmal versuche ich, mein Spiegelbild in einem Teich zu erkennen, aber das Wasser ist immer zu bewegt oder zu trüb. Das verschwommene Kind, das mich anstarrt, sieht ausgemergelt und verzerrt aus, so gar nicht wie das kleine Mädchen aus Phnom Penh, dessen Nachbarn sie »hässlich« genannt hatten.

Im Kampuchea der Roten Khmer sind Feste zu Neujahr oder an irgendwelchen anderen Feiertagen verboten. Trotzdem träume ich von der Neujahrsfeier, die wir in Phnom Penh hatten. Neujahr ist unser größter und wichtigster Feiertag. Drei Tage lang sind Läden, Restaurants, Büros und Schulen geschlossen. Man kann nur essen und feiern. Jeden Tag finden irgendwo Partys statt. Die Gastgeber servieren gebratenes Schweinefleisch,

Enten, Rindfleisch, Kuchen und herrliche Süßigkeiten. Am besten gefiel es mir, wenn unsere Eltern uns mit zu ihren Freunden nahmen. Die Kinder bekommen keine Geschenke zu Neujahr. Stattdessen bekommen wir Geld – brandneue steife Geldscheine in bestickten roten Papiertäschchen. Natürlich ist mir das alles jetzt gar nicht mehr wichtig; meine Gedanken kreisen nur noch ums Essen.

Wenn ich von Essen träume, knurrt mein Magen vor Schmerzen. Ich würde alles für ein winziges Stück Kuchen oder eine gebratene Entenkeule geben. Bei dem Gedanken läuft mir das Wasser im Mund zusammen, und eine Welle von Traurigkeit überkommt mich, weil ich genau weiß, egal wie sehr ich es mir wünsche, es ist unmöglich. Hoffentlich ahnen Mama und Papa nicht, woran wir Kinder die ganze Zeit denken. Sie wollen, dass wir unser vergangenes Leben vergessen und in der Gegenwart überleben. Es hat keinen Sinn, über Essen nachzudenken, wenn man weiß, dass man keines bekommt. Und doch ist es so schwer, an irgendetwas anderes zu denken. Der Hunger nagt an meinem Verstand.

Viele Menschen im Dorf setzen ihr Leben aufs Spiel, indem sie Mais aus den umliegenden Feldern stehlen. Ich sehe, wie sie heimlich essen und die Maiskolben schnell verschwinden lassen, wenn sie mich vorbeikommen sehen. Am liebsten würde ich sie fragen, ob sie mir etwas abgeben, aber das geht nicht, denn dann müssten sie den Diebstahl ja zugeben. Ich würde selber auch gerne Mais stehlen, ich habe aber nicht genug Mut dazu. Es kommt mir wie eine Ewigkeit vor, dass ich reich und verwöhnt in Phnom Penh lebte, wo Kinder mich bestohlen haben und es mir egal war. Ich konnte mir das leisten, aber ich habe ein hartes Urteil über die Kinder gefällt. Ich war der Ansicht, dass Diebe heruntergekommen und zu faul seien, um zu arbeiten, wenn sie etwas haben wollten. Jetzt verstehe ich, dass sie stehlen mussten, um zu überleben.

In der Nacht auf Neujahr habe ich meinen größten Traum –

zugleich meinen schlimmsten Albtraum. Ich sitze allein an einem langen Tisch. Der Tisch biegt sich unter meinem Lieblingsessen. So weit ich sehen kann, nichts als Essen! Kross gebratenes Schweinefleisch, goldbraunes Gänsefleisch, dampfende Knödel, dicke frittierte Shrimps und Unmengen von Kuchen! Es sieht so echt aus und es schmeckt wie in Wirklichkeit. Ich vergesse, dass ich träume. Mit beiden Händen stopfe ich mir alles auf einmal in den Mund, dann lecke ich den köstlichen Geschmack von den Fingern. Aber je mehr ich esse, desto hungriger werde ich. Aus Angst, dass die Soldaten der Roten Khmer kommen und mir alles wegnehmen, schlinge ich das Essen hastig hinunter. Ich bin so gierig, dass ich das Essen mit niemandem teilen will, noch nicht einmal mit meiner Familie. Am anderen Morgen wache ich niedergeschlagen und schuldbewusst auf. Ich will schreien, Geak anbrüllen oder Chou hauen, weil ich einfach nicht weiß, was ich mit meiner Verzweiflung tun soll. Immer sind die Magenschmerzen da: Sie hören nie auf. Oft fühle ich mich schuldig, weil ich mich im Traum mit Essen voll stopfe, das ich sogar vor Geak verstecke.

Jede Minute des Tages grummelt mein Magen, als verdaue er sich selbst. Unsere Rationen wurden allmählich so weit reduziert, dass die Köche jetzt nur noch eine kleine Büchse Reis zu dreihundertvierzig Gramm für zehn Personen bekommen. Sogar die Rationen meiner Brüder sind inzwischen so geschrumpft, dass sie uns nur noch wenig mitbringen können, wenn sie uns besuchen. Sie versuchen zwar, oft zu kommen, aber die Soldaten zwingen sie, härter zu arbeiten, sodass kaum Zeit für Besuche bleibt.

Die Köchinnen garen die Reissuppe in einem großen Topf. Zur Essenszeit stellen wir uns mit unseren Suppenschüsseln und allen anderen Menschen aus dem Dorf an, um unsere Portion abzuholen. Früher bekamen wir Reisschleim, aber jetzt sind gerade mal genug Körner im Topf, um eine dünne Suppe zu kochen. Wenn ich an der Reihe bin, beobachte ich die Köchin nervös, wie sie in der Suppe rührt. Ängstlich halte ich den Atem an, ich bete, dass sie Mitleid mit mir hat und mir vom Boden des Topfes aufgibt, wo die festen Zutaten schwimmen. Ich starre den Reistopf an und seufze verzweifelt, als ich sehe, wie sie die Kelle hält und in der Suppe rührt. Ich umklammere meine Schüssel und gehe mit meinen zwei Kellen Reissuppe hinüber zu einem schattigen Fleckchen unter einem Baum, weg von allen anderen. Nie esse ich meine Suppe auf einmal, und ich will nicht, dass meine Familie sie mir wegnimmt. Ich sitze dort andächtig und gebe mich ganz dem Geschmack hin, Löffel um Löffel, wobei ich erst die Brühe trinke. Am Grunde meiner Schüssel sind etwa drei Löffel Reis übrig geblieben, und ich muss zusehen, dass ich damit auskomme. Ich esse den Reis langsam, wenn mir ein Körnchen auf den Boden fällt, hebe ich es auf. Ich muss nämlich bis zum nächsten Tag warten, bevor ich mehr bekomme. Ich gucke in meine Schüssel und bin niedergeschmettert, weil nur noch acht Körnchen übrig sind. Acht Körner sind alles, was ich noch übrig habe! Ich kaue jedes Reiskorn einzeln und langsam, ich versuche den Geschmack zu genießen, und will es nicht hinunterschlucken. Tränen mischen sich mit dem Essen in meinem Mund, als alle acht Körner weg sind und ich sehe, dass die anderen noch am Essen sind.

Die Bevölkerung des Dorfes nimmt jeden Tag ab. Viele Menschen sind gestorben, die meisten vor Hunger, manche haben etwas Giftiges gegessen, andere wurden von Soldaten getötet. Auch wir verhungern langsam, trotzdem reduziert die Regierung jeden Tag unsere Rationen. Hunger, immer nur Hunger. Wir haben alles gegessen, was essbar ist, verfaulte Blätter, die schon auf der Erde lagen, und Wurzeln, die wir ausgegraben haben. Von den Ratten, Schildkröten und Schlangen, die in unsere Fallen gingen, haben wir nichts weggeworfen, wir haben Hirne, Schwänze, Felle und Häute und das Blut gegessen. Wenn keine Tiere in die Fallen gehen, durchstreifen wir die Felder auf der Suche nach Grashüpfern, Käfern und Grillen.

APRIL 1976

In Phnom Penh hätte ich mich übergeben, wenn mir jemand gesagt hätte, dass ich so etwas essen müsste. Hier kämpfe ich um ein totes Tier, das auf der Straße liegt, denn die Alternative ist, vor Hunger zu sterben. Noch einen Tag zu überleben ist für mich das Wichtigste geworden. Das Einzige, was ich noch nicht gegessen habe, ist Menschenfleisch. Ich habe viele Gerüchte über andere Dörfer gehört, in denen die Leute Menschenfleisch gegessen haben. Man erzählte sich von einer Frau, die zur Kannibalin wurde. Sie soll eine gute Frau gewesen sein und nicht das Monster, als das die Soldaten sie darstellen. Sie hatte so großen Hunger, dass sie das Fleisch ihres verstorbenen Ehemannes aß und es auch ihren Kindern gab. Ihr Mann hatte etwas Giftiges gegessen und sie wusste nicht, dass das Gift in seinem Körper auch sie und ihre Kinder töten würde.

Ein Mann aus unserem Dorf hat einen streunenden Hund von der Straße gefangen, der zwar nur noch Haut und Knochen war, aber immerhin essbar. Am nächsten Tag standen die Soldaten vor der Tür des Mannes. Er weinte und bettelte um Gnade, aber sie achteten nicht darauf. Er hob seine Arme als Schild, aber sie schützten ihn nicht vor den Faustschlägen der Soldaten und ihren Bajonetten. Nachdem die Soldaten ihn weggeschleppt hatten, wurde er nie wieder gesehen. Sein Verbrechen war, dass er das Hundefleisch nicht mit allen geteilt hat.

Mir tut der Mann Leid, denn ich hätte genau dasselbe mit meinem Hund getan. In Phnom Penh hatten wir einen süßen kleinen Welpen mit einer feuchten Nase. Er war winzig und sein langes zottiges Fell schleifte auf dem Boden. Der Hund versteckte sich liebend gerne unter herumliegenden Kleidern auf unseren Orientteppichen. Unser Mädchen war ziemlich fett und wusste nicht, dass sich der Hund gerne versteckte. Sie trat ihn tot, es muss ein schrecklicher Anblick gewesen sein. Papa warf den Kadaver weg, bevor eines von uns Mädchen ihn sah. Es beschämt mich jetzt, dass ich ihn essen würde, wenn er heute noch leben würde.

Wenn ich an Essen denke, grummelt mein Magen vor Hunger. Papa sagt zu mir, dass heute Neujahr ist. Obwohl mir die Füße wehtun, entschließe ich mich dazu, auf den Feldern spazieren zu gehen. Papa hat vom Dorfvorsteher die Erlaubnis eingeholt, dass ich zu Hause bleiben darf, weil ich krank bin. Nachdem ich ein paar Stunden in unserer Hütte gelegen habe, verlangt mein knurrender Magen, dass ich mich auf die Suche nach Essen mache. Es ist ein heißer Tag und die Sonne brennt durch mein Haar hindurch und versengt meine fettige Kopfhaut. Mit den Fingern fahre ich durch die Haare und suche nach den Läusen, die so jucken. Ohne Shampoo oder Seife ist es ein vergeblicher Kampf, mich sauber zu halten. Mein Haar ist verfilzt und fettig, es ist schwer, an die Läuse heranzukommen. Im Schatten eines Baumes mache ich eine kurze Rast.

In Phnom Penh bin ich immer in unserer Wohnung herumgerannt, ganz knapp an den Ecken und scharfen Kanten der Möbel vorbei. Selbst an Schultagen bin ich nie früh ins Bett gegangen. Jetzt bin ich immer so müde. Der Hunger hat meinen Körper schrecklich verändert. Nach einem Monat mit sehr wenig zu essen ist mein Körper überall ganz dünn, nur mein Bauch und meine Füße nicht. Ich kann jede Rippe meines Brustkastens zählen, aber mein Bauch ist aufgedunsen. Wie ein Ball sitzt er zwischen Brust und Hüften. Meine Füße sind geschwollen, sie glänzen, als wollten sie aufplatzen. Neugierig drücke ich den Daumen in die geschwollenen Füße, bis eine Mulde entsteht. Dann halte ich den Atem an und zähle, wie lange es dauert, bis die Mulde verschwindet. Dann delle ich mein Fleisch überall ein, die Füße, Beine, Arme und das Gesicht. Mein Körper ist wie ein Ballon. Die Mulden verschwinden nur langsam. Mir fällt sogar das Gehen schwer, weil meine Gelenke bei jeder Bewegung wehtun. Es fällt mir ohnehin schwer, genau festzustellen, wo ich bin, weil meine Augen fast zugeschwollen sind. Wenn ich genug sehe, um gehen zu können, japse ich nach Luft, ich bin so kurzatmig, dass es einer unendlichen Anstrengung bedarf, mein

Gleichgewicht zu halten. An den meisten Tagen habe ich weder die Energie noch den Wunsch zu laufen, aber heute muss ich es tun, um nach etwas Essbarem zu suchen.

Langsam mache ich mich auf den Weg zum verbrannten Wald hinter unserem Dorf. Ein paarmal im Jahr setzen die Soldaten Teile des Waldes in Brand, um mehr Farmland zu schaffen. Ich weiß nicht, warum sie das tun, da wir noch nicht einmal die Kraft haben, das Land zu bewirtschaften, das schon gerodet ist. Dieser Teil des Waldes wurde erst vor ein paar Tagen angezündet, und der Waldboden ist noch heiß und schwelt. Ich suche die Erde nach Tieren und Vögeln ab, die vielleicht vom Feuer überrascht und getötet wurden, vielleicht finde ich fertig gebratenes Fleisch. Im letzten Monat habe ich in einem anderen Teil des Waldes, den die Roten Khmer brandgerodet hatten, ein eingerolltes Gürteltier gefunden, dessen Panzer verbrannt und kross war. Es war ein Stück Arbeit, den Ball zu entrollen und an das leckere, gegarte Fleisch zu gelangen. Heute habe ich nicht so ein Glück.

Vor langer Zeit hat Papa gesagt, dass der April ein Glücksmonat ist. Bei uns in Kambodscha fällt Neujahr immer in den April, und das bedeutet auch, dass alle Kinder, die vor Neujahr geboren wurden, ein Jahr älter werden. Nach dem kambodschanischen Kalender ist Kim jetzt elf, Chou ist neun, ich bin sechs, und Geak ist vier. In Kambodscha feiert man seinen Geburtstag erst, wenn man fünfzig wird. Dann versammeln sich Angehörige und Freunde, es gibt ein riesiges Festessen und man ehrt das lange Leben des Geburtstagskindes. Papa hat gesagt, dass die Menschen in anderen Ländern an dem Tag, an dem sie vor Jahren geboren wurden, ein Jahr älter werden. Jedes Jahr wird dieser Tag mit Freunden und Familie, mit Essen und Geschenken gefeiert.

»Sogar Kinder?«, frage ich ihn ungläubig.

»Vor allem Kinder. Kinder bekommen einen großen Kuchen nur für sich allein.«

Bei dem Gedanken, einen Kuchen ganz für mich zu haben, bekomme ich Magenkrämpfe. Ich hebe ein Stückchen Holzkohle auf. Zögernd stecke ich es in den Mund und kaue darauf herum. Es schmeckt nach nichts, nur etwas kreidig und salzig. Ich bin sechs Jahre alt, und statt mit einem Geburtstagskuchen zu feiern, kaue ich auf einem Stück Holzkohle herum. Ich hebe noch ein paar Stückchen für später auf und stecke sie in die Taschen, als ich mich auf den Weg nach Hause mache.

Im Dorf stinkt es nach verfaulendem Fleisch und Exkrementen. Viele Menschen werden immer kränker. In den Hütten liegen ganze Familien und können sich nicht mehr bewegen. Ihre eingefallenen Gesichter lassen daran denken, wie es aussehen wird, wenn das Fleisch verwest ist. Manche Gesichter sind auch geschwollen, wächsern und aufgedunsen, ähnlich wie ein fetter Buddha, nur ohne das Lächeln. Ihre Arme und Beine bestehen nur noch aus Haut und Knochen, an denen fleischlose Finger und Zehen hängen. Sie liegen dort, als seien sie nicht von dieser Welt, und sind so schwach, sie können die Fliegen, die auf ihren Gesichtern sitzen, nicht mehr vertreiben. Ab und an verkrampft sich ein Teil ihres Körpers, daran sieht man, dass sie noch leben. Wir können nichts tun, wir lassen sie dort liegen, bis sie gestorben sind.

Meine Familie unterscheidet sich nicht mehr sehr von ihnen. Ich frage mich, wie ich Mama und Papa vorkommen muss. Mein Anblick muss ihnen das Herz brechen. Vielleicht verdunkeln sich Papas Augen deswegen, wenn er uns ansieht. In der Nähe unserer Hütte überwältigt mich der Gestank in der Hitze, in meinen Schläfen pocht das Blut. Die Schmerzen kriechen von den Füßen in den Magen. Gnadenlos brennt die Sonne durch meine schwarzen Sachen und versengt das Öl auf meiner Haut. Ich erhebe mein Gesicht zum Himmel und zwinge mich dazu, direkt in die Sonne zu sehen. Ihre Helligkeit sticht mir in die Augen und blendet mich.

Als der April in den Mai übergeht und der Mai in den Juni,

schrumpfen die Blätter, die Bäume werden braun, und die Flüsse trocknen aus. Unter der Sommersonne ist der Gestank des Todes im Dorf so stark, dass ich Nase und Mund mit den Händen bedecke und nur die Luft einatme, die durch meine Finger gefiltert ist. Es gibt so viele Tote hier. Die Nachbarn sind zu schwach, um all die Leichname zu bestatten. Oft werden die Toten in der heißen Sonne liegen gelassen, bis der Geruch die Luft verseucht, und jeder, der vorübergeht, sich die Nase zuhält. Die Fliegen umschwirren die Leichen und legen Millionen von Eiern in den Körpern ab. Wenn sie endlich bestattet werden, sind sie nur noch riesige Brutstellen von Maden.

Als ich zu schwach werde, um im Garten zu arbeiten, beobachte ich, wie die Toten begraben werden. Ich sehe, wie die Leute unter der Hütte der verstorbenen Familie ein Loch graben, wie sie sich winden, wenn sie die Körper in das Loch schubsen. Die Familien werden alle zusammen in einem Grab bestattet. Es gab Zeiten, als mich solche Szenen entsetzt haben, aber ich habe dieses Ritual jetzt schon so oft gesehen, dass ich nichts mehr fühle. Die Menschen, die hier sterben, haben keine Verwandten, die um sie trauern. Ich bin mir sicher, dass meine Onkel auch nicht wissen, wo wir sind.

Eine unserer Nachbarinnen im Dorf ist eine verwitwete Mutter von drei Kindern. Die Soldaten haben ihren Ehemann ermordet. Sie heißt Chong, ihre Mädchen Peu und Srei sind fünf und sechs, und sie hatte auch einen kleinen Jungen von etwa zwei Jahren. Der Junge ist das bisher letzte Opfer der Hungersnot im Dorf. Ich habe ihn gesehen, bevor er gestorben ist, sein Körper war ganz geschwollen, ähnlich wie meiner, mit blutleerer Haut, die wie weißes Gummi aussah. Chong schleppte ihn überall mit. Manchmal trug sie ihn in einem Tuch, das sie quer über die Schulter und den Rücken geschlungen hatte, dann baumelten seine leblosen Füße in der Luft. Einmal hat sie versucht, ihm bei uns zu Hause die Brust zu geben, aber aus ihrem Körper kam nichts heraus. Ihre Brüste waren leere Beutel, die auf ihren Rippen hingen, doch trotzdem führte sie sie liebevoll in den Mund des Jungen. Er reagierte nicht auf die Brustwarze. Er bewegte sich nicht, er weinte nicht, er lag in ihren Armen wie im Koma. Ganz selten zuckte er mit dem Kopf oder bewegte seine Finger, um anzudeuten, dass er noch lebte, aber wir wussten alle, dass er nicht durchkommen würde. Wir konnten nichts für das Baby tun. Er brauchte Nahrung, aber wir hatten keine übrig. Bei uns zu Hause hielt Chong ihr Baby im Arm und sprach zu ihm, als stürbe er nicht, sondern schliefe nur. Er starb still im Schlaf, ein paar Tage nachdem sie uns besucht haben. Seine Mutter trug ihn immer weiter mit sich herum, sie weigerte sich zu glauben, dass er tot war, bis der Dorfvorsteher ihr das Baby mit Gewalt aus den Armen nahm und ihn begraben ließ.

Nach dem Tod des Jungen stand Chong und ihren Mädchen ein schlimmes Schicksal bevor. Einige Tage nach seinem Tod sind seine Schwestern in den Wald gegangen, um alleine nach Nahrung zu suchen. Sie waren so hungrig, dass sie Pilze gegessen haben, die giftig waren. Nachdem sie gestorben waren, kam Chong hysterisch zu uns gerannt.

»Sie haben am ganzen Leib gezittert! Sie haben andauernd nach mir gerufen, damit ich ihnen helfe, aber ich konnte nichts tun! Sie haben so viel geweint. Sie wussten noch nicht einmal, was mit ihnen passierte!« Mama fängt Chong auf, als sie sich auf die Knie fallen lässt.

»Jetzt ruhen sie sich aus. Sorg dich nicht mehr, jetzt schlafen sie.« Mama hält Chong in den Armen.

»Sie sind ganz weiß geworden, die Härchen auf ihren Armen haben sich aufgestellt, und das Blut schoss meinen Babys aus den Poren! Meine Babys haben gezittert und nach mir gerufen, damit ich sie von den Schmerzen befreie. Aber ich konnte nichts für sie tun. Sie haben sich vor Schmerzen am Boden gewälzt, sie haben mich angefleht, dass es aufhört. Ich habe versucht, sie festzuhalten, aber ich war nicht stark genug. Ich musste zusehen, wie sie gestorben sind! Als sie starben, haben sie nach mir gerufen, aber ich konnte nichts für sie tun!« Chong schluchzt unkontrollierbar, rutscht auf den Boden herunter und legt ihren Kopf in Mamas Schoß.

»Jetzt können wir nichts mehr für sie tun. Jetzt ruhen sie sich aus.« Mama streichelt Chongs Arm und versucht, ihren Schmerz zu lindern. Aber niemand kann ihr den Schmerz nehmen. Sie jault wie eine klagende Wölfin. Mit der Hand fährt sie unter ihr Oberteil und massiert ihre Brust, als versuche sie, den Schmerz aus ihrem Herzen zu vertreiben.

Ich stehe neben Mama, als die Mädchen in der Nähe ihres Hauses begraben werden. Ich kann ihre Körper nicht erkennen, aber die Leute aus dem Dorf haben zwei in alte schwarze Kleider gewickelte Bündel herausgetragen. Die Bündel sehen so klein aus, dass ich mir kaum vorstellen kann, dass dies einst Mädchen waren, die ich kannte. Ich frage mich, ob es dem Angkar etwas ausmacht, dass sie tot sind. Ich erinnere mich noch, als wir in Ro Leap ankamen, hat der Dorfvorsteher gesagt, dass sich der Angkar um uns kümmern würde und wir alles von ihm bekämen, was wir brauchten. Wahrscheinlich begreift der Angkar nicht, dass wir essen müssen.

Ich drehe mich um, um Geak anzusehen, die mit Chou unter einem Baum sitzt, etwas abseits von der Beerdigung. Sie ist so klein und schwach. Durch den Nahrungsmangel hat sie so viel von ihrem schönen Haar verloren, dass jetzt nur noch vereinzelte Strähnen übrig sind. Als habe sie mein Starren bemerkt, dreht sie sich um und winkt mir zu. Meine arme kleine Schwester, rufe ich stumm aus, wann kommst du an die Reihe, wann wirst du ein Bündel sein wie die beiden? Wieder winkt mir Geak zu. Sie versucht sogar zu lächeln und entblößt ihre Zähne. Da wird mir noch viel schwerer ums Herz. Ihr Lächeln besteht aus einem Zurückziehen ihrer Haut, und ich kann erkennen, wie sie aussehen wird, wenn sie tot ist und ihre Haut auf ihren Knochen trocknet.

Chong schluchzt laut, als die Leute die Mädchen in die Grube legen. Als die Mädchen mit Erde bedeckt werden, rennt sie hin und versucht, ins Grab hinabzusteigen. Ihr Hemd ist nass von Tränen, Schnodder und Speichel aus Augen, Nase und Mund. »Nein«, heult sie auf. »Ich bin allein. Ich bin allein.« Zwei Männer ziehen sie hoch aus dem Grab und halten sie fest, bis der letzte Spaten Erde auf Peu und Srei liegt. Als das erledigt ist, gehen die Leute weiter, um bei der nächsten Hütte ein Grab zu schaufeln. »Hier wird es leichter«, sagt ein Mann kopfschüttelnd. »Von dieser Familie lebt keiner mehr.«

Nach dem Tod ihrer Kinder hat Chong den Verstand verloren. Manchmal sehe ich, wie sie herumläuft und mit ihren Kindern spricht, als seien sie noch bei ihr. Und manchmal verschwindet der Schleier vor ihren Augen, dann wird ihr klar, dass sie tot sind, und sie schreit und trommelt sich mit den Fäusten auf die Brust. Ein paar Tage später kommt Chong mit einer großen Neuigkeit zu Mama. »Ich habe das beste Essen gefunden – ich kann gar nicht verstehen, dass ich nicht schon vorher darauf gekommen bin. Es ist ungefährlich, und es schmeckt auch nicht schlecht«, sagt sie aufgeregt zu Mama. Dann umschleiern sich ihre Augen, ihre Hände rudern erregt durch die Luft, und sie flüstert: »Ich hätte meine Kinder retten können.«

»Sag doch, was es ist? Was ist es denn?«, fragt Mama sie aufgeregt.

»Regenwürmer! Sie sind fett und saftig. Man schrappt die Erde ab, schlitzt sie auf, dann wäscht und kocht man sie. Sie schmecken nicht schlecht, man kocht sie wie Nudeln. Ich habe es ausprobiert. Hier ist eine kleine Schüssel.« Sie reicht Mama die Schüssel mit den Regenwürmern.

»Ich muss weiter. Ich suche meine Kinder.« Chong lächelt Mama an und geht eilig davon.

Bei dem Gedanken, die Würmer zu essen, muss ich würgen. Sie ernähren sich von toten Dingen im Boden. Ich könnte genauso gut die Toten essen. Ich versuche, mir eine schöne saubere Schüssel mit Würmern vorzustellen, aber aus dem Bild werden

Würmer, die im verwesenden Fleisch der Verstorbenen herumkriechen, die wir beerdigen, wie sie sich winden und krümmen und zu Tausenden ihren Weg in die Leichen bahnen.

»Mach dir keine Sorgen, ich habe immer noch ein wenig Schmuck über, den wir gegen Essen eintauschen können«, sagt Mama zu mir.

Wir gehören zu den wenigen Glücklichen im Dorf, die noch Sachen zum Handeln haben. In Onkel Leangs Hütte gelang es Mama, etwas Gold, Diamanten und wertvolle Edelsteine vor den Soldaten zu verstecken, indem sie sie in die Riemen unserer Taschen eingenäht hat, die wir behalten durften, nachdem sie unsere Kleider verbrannt haben. Obwohl Mamas Schmuck sehr schön ist, ist er jetzt wegen des Krieges fast wertlos. Für eine Unze Gold bekommt man nur ein paar Pfund Reis, wenn man Glück hat. Meistens bekommen wir weniger. Unter den vielen Verbrechen, die von den Roten Khmer geahndet werden, ist auch der Schwarzhandel mit Essen. Wenn man geschnappt wird, wird man als Verräter so lange ausgepeitscht, bis man die Namen aller Beteiligten preisgibt. Die Roten Khmer glauben, dass ein Individuum nicht mehr haben sollte als der Rest des Landes. Wenn jemand heimlich Essen hortet, kommt es zu einem Ungleichgewicht der Nahrungszuteilung in der Gemeinschaft. Da wir angeblich alle gleich sind, müssen wir alle verhungern, wenn einer verhungert.

Vor ein paar Wochen hat Kim zu mir gesagt, dass den Angkar keine Schuld trifft. Er sagt, der Name Pol Pot ist in den Reisfeldern und im Dorf in aller Munde. Viele sagen, dass Pol Pot der Führer des Angkar ist, aber noch immer weiß niemand, wer er ist. Sie flüstern, er sei ein sehr schlauer Soldat und der Vater des Landes. Sie sagen auch, dass er fett ist.

Sie sagen, dass er seine Identität aus Angst vor Anschlägen geheim hält. Sie sagen, dass er uns aus der Fremdherrschaft befreit und uns die Unabhängigkeit gegeben hat. Sie sagen, dass Pol Pot uns hart arbeiten lässt, um unseren Geist zu läutern und uns zu helfen, unsere Arbeitskraft als Bauern zu erkennen. Sie sagen, dass er ein rundes, fettes Gesicht hat, volle Lippen und freundliche Augen. Ich frage mich, ob seine freundlichen Augen uns verhungern sehen.

Nachdem ihre Kinder beerdigt worden sind, sehen wir Chong immer seltener. Im Dorf wird sie die »verrückte Frau« genannt. Später hat auch sie etwas Giftiges gegessen und ist genauso wie ihre Töchter gestorben. Ihr Körper wurde am nächsten Tag von jemandem aus dem Dorf gefunden, zusammengekrümmt und blutüberströmt. Sie haben sie neben ihren Kindern beerdigt.

Wir überleben diese Zeit, weil Papa sich gut mit dem Dorfvorsteher versteht. Die Basisleute essen nicht in der Gemeinschaftsküche, sondern kochen selbst. Die Familie des Dorfvorstehers ist die dickste von ihnen, sie tragen nur neue schwarze schimmernde Sachen, nicht die ausgeblichenen grauen Lumpen wie wir. Papa bekommt mehr Reis, weil er dem Dorfvorsteher Geschenke bringt. Papa belügt ihn, er sei nur ein Ladenbesitzer in Phnom Penh gewesen und habe den Schmuck während der Evakuierung in verlassenen Häusern gefunden. Papa gibt ihm Mamas Rubinarmbänder, ihre Diamantringe und noch viel mehr im Tausch gegen ein paar Pfund Reis. Papa legt den Reis in einem Beutel in einen Behälter unter einen Kleiderhaufen, damit ihn die anderen aus dem Dorf nicht sehen. An einigen Abenden, wenn wir es wirklich brauchen, erlaubt Papa Mama, eine winzige Portion Reis zu kochen. Den Geruch überdecken wir mit verrottenden Blättern, die wir aufs Feuer legen. Diese Extraportion Reis ist die Waffe unserer Familie gegen den Hungertod.

Eines Morgens weckt Chou uns mit lautem Rufen: »Papa, jemand war gestern Nacht am Behälter!« Alle Blicke richten sich auf den unverdeckten Reisbehälter, dessen Deckel nicht richtig aufliegt, sondern leicht offen steht.

»Vielleicht waren Ratten da und haben etwas davon gestohlen. Macht euch keine Sorgen, heute Nacht werde ich ihn fest verschließen«, sagt er. »Der Reis gehört uns allen.«

Noch während Papa spricht, weiß ich, dass er denkt, dass jemand von uns den Reis gestohlen hat. Die Geschichte von den Ratten stimmt nicht, und alle wissen es. Überzeugt, dass ihm klar ist, dass ich es war, wende ich meinen Blick ab. Scham brennt auf meiner Hand, als sei sie ein heißes Eisen, das allen zeigt: Papas Liebling hat die Familie bestohlen. Als wolle sie mich retten, wacht Geak auf, und ihre Hungerschreie beenden die Angelegenheit. »Ich war es, Papa«, schreie ich innerlich. »Ich habe die Familie bestohlen! Es tut mir Leid!« Aber ich sage nichts, ich bekenne mich nicht zu meinem Fehltritt. Die Schuld wiegt schwer auf mir. Ich bin mitten in der Nacht aufgestanden und habe den Reis gestohlen. Ich wünsche mir, ich sei noch zwischen Schlaf und Wachen gewesen, als ich es tat, aber das ist nicht wahr. Ich wusste genau, was ich tat, als ich meiner Familie die Handvoll Reis wegnahm. Mein Hunger war so stark, dass ich nicht an die Folgen meiner Handlung gedacht habe. Ich bin vorsichtig über die schlafenden Körper der anderen geklettert und zum Behälter gegangen. Mit klopfendem Herzen habe ich langsam den Deckel abgehoben. Dann habe ich hineingegriffen und eine Handvoll ungekochten Reis herausgenommen, die ich mir ganz schnell in den hungrigen Mund gestopft habe, bevor irgendwer aufwachen und mich dazu zwingen könnte, ihn wieder zurückzutun. Aus Angst, dass das Zerbeißen der rohen Körner die anderen wecken könnte, habe ich sie erst mit Spucke eingeweicht. Als er weich genug war, habe ich den Reis zerkaut. Er hinterließ einen süßen Geschmack und glitt leicht die Kehle herunter. Ich wollte mehr, ich wollte essen, bis ich satt war. An die Strafe würde ich später denken.

»Böse! Du bist böse«, schimpfe ich mich selber aus. »Papa weiß es.«

Vor langer Zeit hat Papa einmal zu mir gesagt, die Menschen sollten gut sein, nicht aus Angst, erwischt zu werden, sondern weil ihnen ihr schlechtes Karma ein Leben lang folgt. Wenn sie sich nicht bessern, kommen böse Menschen im nächsten Leben als Schlangen, Schnecken oder Würmer zur Welt. Mit meinen sechs Jahren weiß ich, dass ich böse bin und jede auch noch so niedrige Inkarnation im nächsten Leben verdiene. Wer außer einem bösen Menschen würde seine Familie dem Hungertod ausliefern nur wegen des eigenen egoistischen Magens?

Von dem Tag an ziehe ich mich immer mehr zurück. Ich gehe nicht mehr zu Papa und stelle ihm Fragen oder setze mich einfach nur neben ihn. Ich höre auf, Geak anzusehen, meine vier Jahre alte Schwester, die langsam vor Unterernährung verschwindet. Mein einziger Gefährte ist das ununterbrochene Knurren meines Magens. Ich bin gemein und unruhig und streite dauernd mit Chou, die schüchterner ist als ich und sich nur mit Worten wehrt. Ich versuche aber oft, sie dazu zu bringen, mit mir körperlich zu kämpfen. Ich will dafür bestraft werden, dass ich ihnen den Reis geklaut habe, ich will, dass mir jemand wehtut. Doch Mama fahren unsere Streits unmittelbar in die Schläfen, sie bekommt Kopfschmerzen davon. Papa ist der Einzige, der sich noch unter Kontrolle hat und den unsere endlosen Streitereien nicht verrückt machen.

Bei einem Streit schubse ich Chou zu doll, und sie schubst mich zurück. Mehr brauchte ich nicht, um sie richtig anzugreifen. Sie weiß, dass sie es nicht mit mir aufnehmen kann, und ruft Mama um Hilfe. Wütend schmeißt Mama mir eine Kokosnussschale an den Kopf. Die harte Schale trifft mich mit einem Knall, in meinem Kopf explodiert ein weißer Schmerz. Schwindlig und langsam atmend lehne ich mich gegen eine Wand. Dann tropft mir etwas von der Stirn und läuft langsam die Wange herunter. Ich wische mir die Wange ab, Blutstropfen fallen auf mein Oberteil. Ich starre Mama empört an, setze mich und schreie: »Jetzt muss ich deinetwegen sterben!«

Als ihr klar wird, was sie getan hat, wird ihr Gesicht vor Angst ganz dunkel. Schnell kommt sie zu mir und kümmert sich um meine Wunde. »Sieh, wozu du mich gebracht hast«, sagt sie mit brüchiger Stimme. »Ihr Kinder findet nie ein Ende, und immer fängst du diese Streits an, Loung. Ihr geht mir so auf die Nerven!« Meine Lippen beben, weil ich mich schäme, so böse gewesen zu sein. Mama weint, weil ich böse war und nichts mehr richtig mache. Als Papa später nach Hause kommt, sagt er, dass ich nicht daran sterben werde, dass es nur eine schlimme Platzwunde ist. Ich vertraue Papa und glaube ihm. Er geht weg, um mit Mama zu sprechen.

Mama vermeidet es, ihn anzusehen, als er auf sie zugeht. Meine Eltern streiten sich fast nie. Papa hat sich immer unter Kontrolle, ich habe noch nie gesehen, wie er aus der Haut gefahren ist. Diesmal richtet er laute wütende Worte an Mama. Sie sitzt in einer Ecke des Raums und ordnet unsere schwarzen Anziehsachen und unsere Schüsseln immer wieder neu. Papa steht drohend über ihr. »Warum hast du das getan? Du hättest ihre Augen treffen können. Was hätten wir dann gemacht? Wie kann ein blindes Kind hier überleben? Du musst jetzt an solche Sachen denken!« Mama sagt nichts und wischt sich die Augen mit ihrem roten Tuch. Papa sagt noch viel mehr zu Mama, aber ich höre nicht mehr zu.

Als Papa zur Arbeit geht, kommt Mama mit Geak auf dem Arm zu mir. »Ich wollte dir nicht wehtun. Ihr Kinder streitet euch zu viel und ich habe die Nerven verloren. Warum streitet ihr euch dauernd?« Eine größere Entschuldigung bekommt kein Kind von einem Erwachsenen in Kambodscha zu hören. Ich sehe sie an, beiße die Zähne zusammen und wende mich ab. Wenn ich keinem mehr zuhören will, ziehe ich mich an einen Ort in mir zurück, wo mich niemand erreichen kann. Ich beachte Mama nicht weiter, obwohl sie noch auf mich einspricht. Als es ihr auffällt, seufzt sie und geht schließlich weg. Nachdem sie mit Geak aus der Hütte gegangen ist, bekomme ich einen Wutanfall. Ich richte meine große Wut schwarz und stark gegen Mama, weil sie mir diese Schmerzen zugefügt hat. Ausdruckslos starre ich meine leere Schüssel an und tue so, als sei es mir egal, was sie zu mir gesagt hat. Einen kurzen Moment lang wünsche ich mir sogar, dass sie tot wäre. Ich wünsche mir, dass sie tot wäre, weil sie mir gezeigt hat, dass ich böse bin. Eigentlich hasse ich mich selbst, weil ich nicht lieb bin, sondern dauernd Unruhe in die Familie bringe.

Kurz darauf höre ich Kim nach Chou rufen, wir sollen wieder in den Gemeinschaftsgarten gehen. Er wirft mir einen bösen Blick zu und marschiert ohne ein Wort an mir vorbei. Chou kommt zu mir und fasst mich bei der Hand. Ich senke meinen Kopf. Ich weiß, dass ich die Schuld an unserem Streit habe, aber trotzdem ist Chou nicht böse mit mir. Für sie ist der Streit vorbei. Sie hat mir schon vergeben. Ich frage mich, ob sie weiß, dass ich sie zum Streiten aussuche, weil ich weiß, dass sie mich immer lieben, dass sie mir immer verzeihen wird. Mit verschränkten Fingern gehen wir auf den Gemeinschaftsgarten zu.

In der Nacht liege ich zwischen Chou und Geak und starre zu Mama hinüber, die neben Papa schläft. Mein Ärger verebbt, der Boden unter mir öffnet sich und zieht mich immer tiefer in einen Abgrund aus Verzweiflung. Ich erinnere mich an Mama in Phnom Penh, an ihr Lachen, als ich auf ihrem Schoß auf und ab hüpfte, wenn wir Cyclo fuhren. Sie war so schön. Von unseren alten Freunden würde niemand sie wieder erkennen. Ihre Lippen sind violett und trocken, ihre Wangen eingefallen, unter ihren Augen liegen tiefe Schatten, und ihre einst porzellanweiße Haut ist braun und faltig von der Sonne. Ich vermisse das Lachen meiner Mutter in unserem Haus. Ich vermisse meine Mutter.

Im Gegensatz zu Papa war Mama nie an harte Arbeit gewöhnt. Sie wurde in China geboren und zog als kleines Mädchen nach Kambodscha. Nachdem sie geheiratet hatten, hat sich Papa in jeder Hinsicht um Mama gekümmert. Jetzt drängt er Mama, härter zu arbeiten als die anderen neuen Frauen der Gemeinschaft. Mama muss äußerst vorsichtig sein, weil sie Khmer mit einem chinesischen Akzent spricht. Papa hat Angst, dass sie deswegen die Aufmerksamkeit der Soldaten auf sich ziehen könnte, die Kambodscha von fremden Einflüssen befreien wollen. Mama ist stolz auf ihre Herkunft, aber sie muss sie verbergen, um uns nicht alle zu gefährden. Papa sagt, dass der Angkar besessen von ethnischen Säuberungen ist. Der Angkar hasst jeden, der kein richtiger Khmer ist. Der Angkar will das Demokratische Kampuchea von anderen Rassen säubern, die als Quelle allen Übels angesehen werden, als Wurzel der Korruption und aller Verirrungen, damit Menschen von reiner Khmer-Herkunft wieder an die Macht gelangen können. Ich weiß nicht, was ethnische Säuberungen bedeuten. Ich weiß nur, dass ich mich oft mit Staub und Holzkohle einreibe, um so dunkel zu werden wie die Basisleute.

Keav

August 1976

Sechs Monate nachdem Keav unser Dorf verlassen hat und sechzehn Monate nach der Machtübernahme der Roten Khmer, kommt ein Mädchen eines Vormittags auf der Suche nach Mama und Papa ins Dorf.

»Ich komme mit einer Nachricht von Keav«, sagt sie. »Sie müssen ins Krankenhaus kommen. Sie ist sehr krank und will sie sehen.«

»Warum? Was hat sie denn?«, fragt Mama sie ängstlich und setzt Geak auf die andere Hüfte.

»Die Krankenschwester glaubt, es ist etwas, das sie gegessen hat. Sie hat schrecklichen Durchfall. Sie müssen jetzt kommen. Sie ist schon den ganzen Morgen krank und fragt die ganze Zeit nach Ihnen.« Papa kann sich nicht freinehmen, um Keav zu besuchen, wir wissen ja auch nicht, wie krank sie ist. Nachdem sie die Erlaubnis des Dorfvorstehers eingeholt hat, geht Mama mit dem Mädchen, um Keav zu besuchen.

Keav lebt immer noch in Kong Cha Lat, einem Arbeitslager für etwa einhundertsechzig Jugendliche. Sie sind in zwei Häusern untergebracht, eins für die Jungen, eins für die Mädchen. Sie arbeiten von Sonnenaufgang bis Sonnenuntergang in den Reisfeldern. Die Mädchen bekommen weniger zu essen als die Jungen, dabei wird von ihnen genauso harte Arbeit erwartet. Beide bekommen nur eine wässrige Reissuppe und etwas gesalzenen Fisch.

Nachdem Papa und Kim wieder zur Arbeit gegangen sind, warten Chou, Geak und ich auf Mamas Wiederkehr. Wir haben keine Uhr und können die Zeit nicht gut an der Position der Sonne erkennen, deswegen fühlt sich das Warten wie eine Ewigkeit an. Chou vertreibt die Fliegen von Geak, die neben ihr eingeschlafen ist, und ich laufe vor der Hütte auf und ab. Bei jedem Schritt scheint sich die Erde zu bewegen und mich aus dem Gleichgewicht zu bringen. Bei jedem Atemzug jagt mir Luft die Kehle hinunter, trotzdem fühle ich mich, als würde ich ersticken. Ich denke an Keav in ihrem Lager.

Als Keav eines Morgens aufwacht, bemerkt sie, dass ihr Magen aufgebläht ist und grummelt, als würde etwas hin und her gewälzt. Sie hält es für Magenschmerzen und ignoriert es. Sie schöpft tief Luft. Tränen treten ihr in die Augen. Manchmal schmerzt der Hunger so sehr, dass er sich im ganzen Körper ausbreitet. Es ist schon lange her, seit sie einmal genug zu essen bekommen hat. Sie reibt sich den Bauch, damit er sich beruhigt.

Sie rollt ihre Strohmatte den Anweisungen entsprechend auf und lehnt sie gegen die Wand. Der Lehmfußboden ist hart und voller Ameisen und Käfer. Nachts hält sie den Mund geschlossen und zieht die Decke über den Kopf. Dann hofft sie, dass es keine Öffnungen mehr gibt, durch die die Käfer hineinkriechen können. Sie sieht sich im Lager um und bleibt an ein paar Gesichtern hängen, die sie unter den achtzig Mädchen erkennt, mit denen sie zusammenlebt. Sie lächelt sie an, aber sie bekommt nur ausdrucksloses Starren zurück. Sie beißt ihre Zähne aufeinander, dreht sich weg und holt tief Luft. Sie weiß, dass sie keine Gefühle zeigen darf, sonst denkt die Aufseherin, dass sie schwach ist und nicht zu leben verdient. Im Gegensatz zur Hütte unserer Familie in Ro Leap hat sie hier keine Möglichkeit, sich zurückzuziehen, um ihren Gefühlen einmal freien Lauf zu lassen. Wenn sie im Lager weint, wird sie von einhundertsechzig Augenpaaren für schwach befunden. Und sie vermisst uns so. Diesmal kann sie die Tränen nicht zurückhalten, wischt sie aber schnell mit dem Ärmel weg, bevor irgendwer es bemerkt.

Vor meinem inneren Auge sehe ich Keav tief einatmen. Sie versucht, die Leere in ihrem Herzen zu füllen. Ihre Lungen weiten sich, als sie unsere Bilder verscheucht. Diese Einsamkeit. Wie soll sie diese Einsamkeit überleben? An einem Ort zu leben, wo niemand sie mag, wo alle darauf aus sind, sie reinzulegen. Hier gibt es keinen Schutz. Sie ist ganz und gar auf sich selbst gestellt. Sie vermisst Papa so sehr, vermisst seinen Schutz und wie er sich um sie kümmert und sie umsorgt. Sie vermisst Mamas Arme, die sie festhalten, und Mamas Hände, die ihr übers Haar streicheln.

Sie geht hinüber zum Wasserfass und wäscht sich das Gesicht. Um ihre Zähne zu säubern, nimmt sie ihr altes Pyjamaoberteil zu Hilfe, denn sie denkt daran, wie Papa uns immer angehalten hat, uns zu pflegen. Sie reibt den Stoff ein paarmal über die Zähne, aber ihr Zahnfleisch ist wund und so lässt sie es schnell bleiben. Als sie ihr Spiegelbild sieht, schnappt sie nach Luft. Sie ist hässlich. Wer könnte glauben, dass sie früher ein schönes Mädchen gewesen ist? Sie ist fünfzehn und sieht wie zwölf aus. Vorsichtig berührt sie ihre hervorstehenden Wangenknochen. In Phnom Penh hat sie ihren Teint mit Cremes und Feuchtigkeitslotionen geschützt. Jetzt ist es von der Sonne faltig geworden und voller Pickel. Ihr fettiges Haar ist so dünn, dass die Kopfhaut durchscheint. Sie trägt dieselbe eckige Frisur wie die anderen achtzig Mädchen. Sie sieht aus wie ein Junge. Ihren Körper findet sie abschreckend. Ihre Arme und Beine sind wie Stöcke, aber ihr Bauch ist dick und wölbt sich vor, als sei sie schwanger.

Tränen rinnen ihr über die Wangen, aber das ist hier in Ordnung. Sie kann es verbergen, indem sie Wasser aufs Gesicht spritzt und vorgibt, ihre Augen zu waschen. Sie ist fünfzehn und hat nie einen Jungen an der Hand gehalten, wurde nie von einem Jungen geküsst, hat nie in der warmen Umarmung eines Geliebten gelegen. Es gibt so viel, was sie noch niemals getan, gesehen oder gespürt hat, aber das ist jetzt egal. Sie hat sich nur danach gesehnt, weil sie eines Tages die Liebe erfahren wollte, die Mama und Papa füreinander empfinden.

Sie wickelt sich das rote Tuch um den Kopf und geht auf die Reisfelder zu. Sie arbeitet jeden Tag im Reisfeld, sie pflanzt oder erntet Reis. Jeden Tag diese rückenbrecherische Arbeit. Es ist erst fünf Uhr, diesig und wolkenlos. Die Luft ist schon jetzt heiß und feucht. Eine Stunde später hat sich der Dunst aufgelöst und den Himmel freigegeben. Ihr schwarzer Arbeitsanzug zieht die Sonnenstrahlen an, und Schweiß tritt aus ihren Poren. Die Sonne brennt auf ihrem Kopf, es ist so schwül, dass sie kaum noch Luft bekommt.

Eine Stunde geht vorbei und immer noch knurrt ihr Magen wie verrückt. Sie versucht, darüber hinwegzugehen, weil sie hofft, dass es bald besser wird. Reden und Singen sind während der Arbeit nicht erlaubt. Das Setzen der Reispflanzen ist inzwischen zu einer automatischen Verrichtung geworden, die keine Aufmerksamkeit beansprucht. Dadurch hat sie viel Zeit, ihren Gedanken nachzugehen, zu viel Zeit. Sie denkt an alte Hausaufgaben, einen gut aussehenden Jungen, den sie in Phnom Penh kannte, an Filme, aber immer kehren ihre Gedanken zu uns zurück. Sie vermisst uns unsäglich.

Noch eine Stunde geht vorüber, und jetzt hat sie so starke Bauchschmerzen, dass sie sich vorbeugen muss. Sie presst sich die Hände vor den Bauch und rennt in die Büsche, zerrt die Hose auf die Knöchel und lässt das Gift aus dem Körper rinnen. Dann zieht sie die Hose wieder hoch und geht aufs Feld zurück, aber gleich darauf muss sie wieder rennen. Nach mehreren Sprints in die Büsche geht sie zu der Aufseherin.

»Bitte, ich bin sehr krank. Mein Magen. Darf ich den Rest des Tages freinehmen und zur Krankenstation gehen?«, fragt sie die Aufseherin. Die Aufseherin sieht sie voller Ekel und Verachtung an.

»Nein, ich glaube nicht, dass du krank bist. Wir haben alle Hungerschmerzen. Du bist einfach ein faules, wertloses Mädchen. Geh zurück an die Arbeit!« Diese beleidigenden Worte brechen Keav das Herz.

Noch eine Stunde vergeht, aber ihr Magen beruhigt sich nicht. Von dieser Stunde hat sie zehn Minuten auf dem Feld und den Rest in den

Büschen verbracht. Danach geht es ihr so schlecht, dass sie sich zur Aufseherin schleppen muss.

»Bitte, ich bin sehr krank. Ich kann nicht mehr stehen.« So schwach sie auch ist, ihr Gesicht brennt vor Scham, als sie dem angewiderten Blick der Aufseherin folgt. Beim letzten Mal in den Büschen hat Keav ihre Hose beschmutzt.

»Du stinkst ja entsetzlich. Du kannst ins Krankenhaus gehen.« Endlich wankt Keav mit dem Erlaubnisschein zum Lager zurück.

Eine Stunde nachdem sie vom Feld aufgebrochen ist, erreicht Keav endlich das provisorische Krankenhaus, wo schon viele Patienten auf die Krankenschwester warten. Das Krankenhaus ist ein baufälliges Gebäude, an dessen Wänden Feldbetten aufgereiht sind. Keav geht auf eine Krankenschwester zu und meldet sich, daraufhin wird sie zu einem Feldbett geführt. Ohne ihren Puls zu messen oder sie zu berühren, fragt die Krankenschwester Keav knapp nach ihren Symptomen. Sie sagt, sie käme später wieder, um nach ihr zu sehen und Medizin zu bringen, und hetzt weiter. Doch Keav weiß, dass das eine Lüge ist. Es gibt keine Medizin. Es gibt auch keine richtigen Ärzte und Krankenschwestern mehr, nur normale Leute, denen befohlen wurde, sich als medizinisches Personal auszugeben. Alle richtigen Ärzte und Krankenschwestern sind schon vor langer Zeit vom Angkar getötet worden. Keav ist jedenfalls froh, der Sonne entkommen zu sein.

Als die Sonne direkt über unseren Köpfen steht, läutet bei uns in Ro Leap die Glocke zum Mittagessen. Wir rennen aus unserer Hütte und treffen Papa und Kim in der Gemeinschaftsküche, wo wir unsere Schüssel Essen abholen. Im Schatten essen wir schweigend unsere dünne Reissuppe und den salzigen Fisch. Chou füttert Geak aus ihrer eigenen Schüssel, wobei sie Acht gibt, dass Geak nichts verschüttet oder fallen lässt. Ihr runder Bauch, der kleine Kopf, ihre Stricharme und -beine stehen zum restlichen Körper in ganz merkwürdigen Proportionen. Um uns herum sitzen Menschen in Grüppchen von fünf bis zehn zusammen und essen schweigend gerade genug, um noch einen Tag leben zu können.

Als ich hochsehe, kommt Mama auf uns zu. Ihr Gesicht ist vom Weinen rot und geschwollen. Obwohl wir ahnen, dass etwas Schlimmes passiert ist, sind wir auf ihre schockierende Nachricht nicht gefasst.

»Sie schafft es nicht, sie wird das nicht überleben.« Mama weint, als sie diese Worte flüsternd hervorstößt. »Keav wird die Nacht nicht überleben. Sie ist sehr krank, die Ruhr hat sie ganz schlimm erwischt. Schon nach einem Vormittag Durchfall ist sie entsetzlich dünn und geschwächt.« Mama birgt ihr Gesicht in den Händen, als sie uns Keavs Zustand beschreibt. Sie erzählt uns, dass Keav kein Fleisch mehr auf den Knochen hat. Ihre Augen sind tief in die Höhlen gesunken, und sie konnte sie nur noch mit Mühe öffnen, um sie anzusehen. Als sie Mama gesehen hat, hat sie sie zuerst gar nicht erkannt. Keav musste beim Sprechen nach Luft schnappen. Mama bricht zusammen und weint laut.

»Als sie schließlich etwas sagen konnte, hat sie immer wieder nach Papa gefragt. ›Mama, wo ist Papa? Mama, geh und hol Papa. Ich weiß, dass ich sterbe, ich will ihn ein letztes Mal sehen. Ich will, dass er mich nach Hause zu euch bringt.‹ Das ist ihr letzter Wunsch, ihre Familie zu sehen und uns auch dann nahe zu sein, wenn sie gestorben ist. Sie sagt, sie ist müde und will schlafen, aber sie will noch auf Papa warten. Sie ist so schwach, dass sie die Hand nicht mehr heben kann, um die Fliegen zu verscheuchen. Und sie ist so schmutzig. Sie haben die Bescherung noch nicht einmal weggemacht, bis ich ankam. Sie haben sie dort in ihrem Durchfall liegen lassen, in ihren verdreckten Laken. Niemand kümmert sich um meine Tochter.«

Nachdem Mama und Papa die Erlaubnis des Dorfvorstehers eingeholt haben, Keav abzuholen, verlassen sie eilig das Dorf. Kim, Chou, Geak und ich sitzen auf den Stufen zur Hütte und sehen unseren Eltern nach, die unsere älteste Schwester nach Hause bringen wollen. Kim und Chou sitzen schweigend in Gedanken versunken dort, Geak kommt auf mich zugekrochen und fragt mich, wohin Mama gegangen ist. Als sie keine Antwort von uns bekommt, klettert sie die Stufen hinunter und setzt sich auf die Erde. Sie nimmt einen Ast, mit dem sie Kreise, Quadrate und Bilder von unserer Hütte in die Erde zeichnet. Wir warten. Die Minuten werden zu Stunden, die Stunden zur Ewigkeit. Die Sonne weigert sich unterzugehen, damit die Zeit endlich schneller vorübergehen kann.

In Gedanken bin ich bei meinen Eltern, wie sie zum Krankenhaus gehen. Ich stelle mir vor, wie Keav auf unsere Eltern wartet.

Keav denkt an Mamas zärtliche Hand auf ihrer Stirn. Es ist das Beste auf der Welt, wenn man jemanden hat, der einen liebt. Auch wenn sie ihren Körper nicht richtig spürt, ist es schön, wenn Mama sie berührt, sie wäscht und ihre Haare glättet. Sie vermisst Mama so sehr! Bei der Erinnerung lächelt sie etwas, doch bald muss sie weinen. Sie weint leise vor sich hin, endlich lässt sie ihren Gefühlen freien Lauf. Sie wünscht, Mama müsste sie nicht so sehen, sie macht sich Sorgen, wie sie Mama bei ihrem Besuch vorgekommen sein muss. Mama ist so entsetzt und traurig, Keav in diesem Zustand zu sehen. Mama kann nicht aufhören zu weinen und versichert Keav immer wieder, wie sehr wir sie lieben. Mama hält zärtlich ihre Hand und küsst sie auf die Stirn. Sie möchte sich Mama zuliebe aufsetzen, aber ihr Körper ist so schwach, dass ihr die geringste Bewegung Schmerzen verursacht. Sie will Mama so viel erzählen, aber es fällt ihr schwer zu sprechen.

Es bekümmert sie, in einem Körper gefangen zu sein, der sich nicht mehr bewegen kann. Als Mama geht, kann Keav nur den Kopf wenden und zusehen, wie sie verschwindet. »Komm schnell zurück, Mama«, flüstert sie. Sie weiß, dass Mama sie nicht verlassen will, sondern nur geht, weil Keav Papa noch einmal sehen will. Sie vermisst ihn und uns alle so sehr. Eine Welle von Traurigkeit überschwemmt sie, versickert in allen Poren und nimmt ihr den Atem. Eine Traurigkeit, die so überwältigend ist, dass sie nicht damit umzugehen weiß. Eine schwarze Fliege summt über ihr und landet auf ihrem Kopf. Sie ist zu schwach, um sie zu verscheuchen. Eine eigenartige Kälte kriecht ihr Rückgrat hoch. Es ist pure Angst. Ihr Herz wird ihr so schwer, und sie bekommt immer schlechter Luft. »*Papa, ich habe Angst*«, *ruft sie leise in die dünne Luft.* »*Bitte, komm schnell.*«

Als wir ihre Silhouetten endlich in der Ferne auftauchen sehen, rennen wir Geschwister auf unsere Eltern zu. Es bricht mir das Herz, als ich sehe, dass sie ohne meine Schwester wiederkehren. Ihre Gesichter sind gezeichnet. Ich renne auf sie zu, um etwas über den Zustand meiner Schwester zu erfahren, dabei spüre ich genau, dass sie tot ist. Mama, die ihre älteste Tochter verloren hat, rennt auf ihre jüngste zu, die vierjährige Geak, und umarmt sie fest.

»Keav war schon tot, als wir ankamen«, sagt Papa erschöpft. »Sie muss kurz vor unserer Ankunft gestorben sein. Die Krankenschwester hat gesagt, dass sie dauernd gefragt hat, ob wir schon da seien, und wie sehr sie sich wünschte, zu Hause zu sein. Wir sind zu spät gekommen. Ich habe die Krankenschwester gefragt, ob ich ihren Leichnam mit nach Hause nehmen dürfe, aber sie wussten nicht mehr, wo Keav war. Sie haben sie rausgeworfen, sowie sie tot war, weil sie den Platz für den nächsten Patienten brauchten. Wir haben vergeblich versucht, sie unter den Toten auf dem Boden ausfindig zu machen.«

Die Krankenschwester hat Papa erzählt, dass mehr als zwölf Mädchen an dem Tag an der Ruhr gestorben sind. Sie sagte, wir hätten Glück gehabt, überhaupt benachrichtigt zu werden. Meistens wüssten sie nicht, wer die Eltern sind. Diejenigen, deren Angehörige sie nicht erreichen können, werden sofort beerdigt. Keavs Leichnam muss wohl zu denen gelegt worden sein.

»Sie haben so getan, als ob wir dankbar sein müssten, dass sie uns benachrichtigt haben. Jetzt ist sie tot, und wir können sie nicht mehr finden.« Papa versucht, seine Wut zu zügeln, aber sein Gesicht verzerrt sich. Seine Schultern beben. Papa verbirgt sein Gesicht in seinen Händen und versteckt seine Tränen vor uns.

»Ich habe sie gefragt, ob ich Keavs Sachen haben kann«, flüstert Mama heiser. »Die Krankenschwester hat nach ihnen gesucht, aber sie kam ohne irgendetwas zurück. Als ich sie gesehen habe, hatte Keav noch die goldene Armbanduhr um, ein Geschenk von uns, das sie bis dahin versteckt hatte. Als sie wusste, dass sie im Sterben lag, muss sie sie herausgenommen und zum ersten Mal seit ewiger Zeit getragen haben. Die Krankenschwester hat gesagt, sie erinnere sich nicht daran, dass Keav eine Uhr getragen hätte. Wahrscheinlich hat sie ihr jemand vom Handgelenk gestohlen.«

Ich kann nicht mehr zuhören. Ich renne los und merke irgendwann, dass ich auf den Wald zulaufe. Ich setze mich im Schatten eines Baumes unter einen großen Busch und verstecke mich vor dem Rest der Welt. Ich ziehe meine Beine eng an die Brust heran und lege den Kopf auf die Arme. Ich halte die Hände vor den Mund, dann schreie ich meinen Schmerz über den grausamen Tod meiner Schwester in die Welt. Der Schrei verbrennt meine Kehle, er muss hinaus, aber ich halte ihn zurück und lasse meine Tränen strömen.

Die Leute fanden immer, dass Keav und ich uns sehr ähnlich sind, nicht nur äußerlich, sondern auch vom Charakter her. Wir haben beide einen starken Willen und sind jederzeit bereit zu kämpfen. Keavs letzter Wunsch wurde ihr nicht gewährt; sie hat Papa nicht mehr zu Gesicht bekommen, bevor sie starb. Ich drücke mir die Hände auf den Bauch und krümme mich vor Schmerzen zusammen, bevor ich hinfalle. Die Tränen, die ich für meine Schwester vergieße, fallen auf das dichte Gras und versickern in der Erde.

In der Nacht liege ich mit auf der Brust gefalteten Händen auf dem Rücken und frage Chou, was mit den Menschen geschieht, nachdem sie gestorben sind.

»Niemand weiß es genau, aber man glaubt, dass sie zunächst friedlich schlafen und nicht ahnen, dass sie tot sind. Sie schlafen drei Tage lang, erst am dritten Tag wachen sie auf und versuchen, nach Hause zurückzugehen. Dann begreifen sie, dass sie tot sind. Sie sind traurig, aber sie müssen Frieden mit sich schließen. Danach gehen sie zu einem Fluss, waschen sich den Schmutz vom Leib und machen sich auf die Reise zum Himmel, wo sie auf ihre nächste Inkarnation warten.«

»Wann werden sie reinkarniert?«

»Ich weiß es nicht«, antwortet Chou.

»Ich hoffe, sie wird nicht hier reinkarniert«, sage ich leise. Chou greift nach meiner Hand und hält sie liebevoll, während sie sich mit dem Ärmel über die Augen wischt. Ich denke darüber nach, was Chou mir gerade gesagt hat. Ich stelle mir vor, wie Keav irgendwo friedlich schläft. In der dritten Nacht wacht sie auf, nur um zu begreifen, dass sie tot ist. Ich bin noch trauriger, als ich an ihren Schmerz denke, wenn sie herausfindet, dass sie nicht mehr nach Hause zurückkommen kann. Ich stelle mir Keav im Himmel vor, wie sie über uns wacht und endlich wieder glücklich ist. Ich denke daran, wie sie vor dem Krieg ausgesehen hat, dann schwebt mir ein Bild von ihr in einem weißen Gewand vor, wie sie sich in einem Fluss wäscht. Ich sehe sie so, wie sie in Phnom Penh ausgesehen hat, nicht so, wie Mama sie beschrieben hat.

Die tatsächlichen Umstände von Keavs Tod sind zu traurig, deswegen schaffe ich mir eine Phantasiewelt. Dort wird ihr auch der letzte Wunsch gewährt. Papa kommt rechtzeitig an, sodass Keav ihm sagen kann, wie sehr sie ihn liebt, und er gibt unsere Liebesbotschaften an sie weiter. Er hält sie in seinen Armen, als sie friedlich – und ohne Angst – stirbt. Dann bringt Papa ihren Leichnam mit nach Hause, damit er in unserer Nähe bestattet werden kann, anstatt verloren zu gehen.

Am nächsten Morgen wache ich auf und fühle mich schuldig, weil ich nicht von Keav geträumt habe. Papa ist schon zur Arbeit gegangen. Mamas Gesicht ist rot und geschwollen. Wie immer hält sie Geak auf dem Arm. Mama und Keav sind nie gut miteinander ausgekommen. Keav war wild und temperamentvoll. Mama wollte, dass sie sich ändert, dass sie sich damenhafter benimmt und gehorsamer wird. Ich frage mich, wie sehr Mama ihr

Verhältnis bereuen muss, wie sie all die Male bedauern wird, in denen sie in Phnom Penh mit ihr gestritten hat, welche Musik sie hören oder welche Kleider sie anziehen sollte.

Mama dreht sich um und sieht mich an, ihre Augen sind düster. Einen kurzen Moment lang will ich sie berühren und trösten, aber ich kann es nicht und wende mich ab von ihrem starren Blick. Jetzt nach Keavs Tod wird unser Leben nie wieder so sein wie vorher. Hunger und Tod haben unsere Seelen betäubt. Es ist, als hätten wir unsere Lebensenergie verloren.

»Wir müssen ihren Tod vergessen und weiterleben«, versucht Papa uns mühsam zu ermuntern. »Wir müssen weitermachen, als ob nichts geschehen sei. Wir wollen nicht, dass der Dorfvorsteher den Eindruck gewinnt, dass wir nichts zu ihrer Gesellschaft beisteuern können. Wir müssen all unsere Kräfte sammeln, um weiterzumachen. Keav hätte gewollt, dass wir weitermachen. Es ist die einzige Möglichkeit zu überleben.«

Papa

Dezember 1976

Die Zeit geht langsam vorbei. Jetzt ist Hochsommer, die Luft ist heiß und trocken. Keav scheint etwa vor vier Monaten gestorben zu sein. Obwohl die Familie nicht über sie spricht, weint mein Herz immer noch, wenn ich daran denke, dass sie nicht mehr unter uns ist.

Die Regierung fährt damit fort, unsere Essenrationen zu verkleinern. Ich habe dauernd Hunger, ich denke nur daran, wie ich an Essen komme. Nacht für Nacht knurrt mein Magen vor Schmerzen, wenn ich zu schlafen versuche. Wir hängen nach wie vor von Lebensmitteln ab, die uns Meng und Khouy mitbringen, wenn sie sich aus ihrem Lager davonstehlen können.

Wir leben in der ständigen Angst, als Freunde der ehemaligen Regierung aufgedeckt zu werden. Jedes Mal, wenn ich Soldaten in unser Dorf kommen sehe, macht mein Herz einen Satz, weil ich fürchte, dass sie wegen Papa kommen. Sie wissen nicht, dass Papa kein armer Bauer ist, doch wie lange wird es dauern, bevor sie bemerken, dass wir eine Lüge leben? Wohin ich auch gehe, ich bin besessen von dem Gedanken, dass die Leute mich anstarren und mir mit misstrauischen Blicken folgen, dass sie darauf warten, dass ich Mist baue und unser Familiengeheimnis verrate. Können sie es daran erkennen, wie ich spreche, gehe oder aussehe?

»Sie wissen es«, höre ich Papa eines Nachts zu Mama sagen. Ich liege zwischen Chou und Kim und stelle mich schlafend. »Die Soldaten haben schon so viele von unseren Nachbarn abgeholt. Niemand spricht von den Verschwundenen. Wir müssen uns auf das Schlimmste gefasst machen. Wir müssen die Kinder wegschicken, sie sollen woanders leben und andere Namen annehmen. Wir müssen sie zwingen, wegzugehen und in Waisenlagern zu leben. Die Kinder sollen erzählen, dass sie Waisen sind und nicht wissen, wo ihre Eltern sind. So können wir sie vielleicht vor den Soldaten beschützen und davor bewahren, dass sie gegenseitig ihre Identität verraten.«

»O nein, sie sind noch zu klein!«, schluchzt Mama. Ich muss die Augen zusammenkneifen und werfe mich hin und her. Mama und Papa sind still, sie warten darauf, dass ich wieder einschlafe. Ich starre auf Kims Rücken und zwinge mich, regelmäßig zu atmen.

»Ich will, dass sie in Sicherheit sind, dass sie leben, aber ich kann sie nicht wegschicken. Sie sind noch zu klein und können sich nicht wehren. Jetzt noch nicht, aber bald.«

Geak trampelt und stöhnt im Schlaf, als spüre sie das drohende Verhängnis. Mama nimmt sie hoch und legt sie zwischen Papa und sich. Ich drehe mich auf die andere Seite, jetzt habe ich Chous Rücken vor mir. Ich sehe heimlich zu Mama und Papa hinüber, wie sie dort schlafen und sich über Geaks Kopf bei den Händen halten.

Am nächsten Abend sitze ich mit Kim auf den Stufen vor der Hütte und denke, dass die Welt eigentlich immer noch schön ist, auch wenn ich keine Freude mehr darüber empfinde, in ihr zu leben. Es ist schon dunkel, nur der Horizont leuchtet rot, golden und violett. Der Sonnenuntergang verleiht dem Himmel etwas

Magisches. Vielleicht wohnen dort doch Götter? Wann werden sie herunterkommen und unserem Land Frieden bringen? Als ich meinen Blick wieder der Erde zuwende, sehe ich zwei Männer in Schwarz, die auf uns zukommen, ihre Gewehre lässig über die Rücken gehängt.

»Ist euer Vater hier?«, fragt einer von ihnen.

»Ja«, antwortet Kim. Papa hört sie und kommt aus der Hütte. Er richtet sich ganz auf, als wir uns um ihn scharen.

»Was kann ich für Sie tun?«, fragt Papa.

»Wir brauchen Ihre Hilfe. Unser Ochsenkarren ist ein paar Kilometer entfernt im Matsch stecken geblieben. Sie müssen uns helfen, ihn herauszuziehen.«

»Können Sie bitte einen Moment warten, damit ich mit meiner Familie sprechen kann?« Die Soldaten nicken Papa zu. Papa und Mama gehen in die Hütte. Ich höre, wie Mama drinnen leise weint. Dann kommt Papa heraus. Im Angesicht der Soldaten nimmt Papa die Schultern zurück. Zum ersten Mal seit der Machtübernahme der Roten Khmer steht er gerade. Er schiebt das Kinn vor und hält den Kopf hoch, dann sagt er den Soldaten, dass er bereit ist loszugehen. Als ich zu ihm aufsehe, bemerke ich, dass sein Brustkorb sich von seinen tiefen Atemzügen weitet und sein Kiefer quadratisch ist, weil er die Zähne so stark aufeinanderbeißt. Ich zupfe ihm am Hosenbein. Ich will, dass es ihm nicht so schwer fällt, uns zu verlassen. Papa fährt mir durch die Haare. Plötzlich überrascht er mich, indem er mich hochhebt. Er nimmt mich ganz fest in seine Arme und küsst mein Haar. Es ist lange her, seit er mich so in den Arm genommen hat. Meine Füße hängen in der Luft, ich schließe die Augen und schlinge meine Arme um seinen Nacken. Ich will ihn nicht gehen lassen.

»Mein schönes Mädchen«, sagt er mit bebenden Lippen und einem kleinen Lächeln. »Ich muss mit diesen Männern für eine Weile fortgehen.«

»Wann kommst du zurück, Papa?«, frage ich ihn.

»Er wird morgen früh wieder da sein«, antwortet einer der

Soldaten an Papas Stelle. »Macht euch keine Sorgen, er kommt zurück, bevor ihr ihn vermisst habt.«

»Kann ich mitkommen, Papa? Es ist doch nicht so weit. Ich kann dir helfen«, bettle ich.

»Nein, du kannst nicht mitkommen. Ich muss gehen. Kinder, seid lieb und passt auf euch auf«, und damit setzt er mich ab. Er geht langsam auf Chou zu und nimmt ihr Geak ab. Er sieht ihr ins Gesicht und wiegt sie zärtlich, bevor er sich zu Chou hinunterbeugt und sie in die Arme nimmt. Mit erhobenem Kopf und vorgewölbter Brust geht Kim auf Papa zu und stellt sich ruhig neben ihn. Papa lässt Chou und Geak los und legt Kim beide Hände auf die Schultern. Als Kim die Fassung verliert, bleibt Papa reglos und ruhig. »Kümmere dich um deine Mama, deine Schwestern und dich selbst«, sagt er zu ihm.

Dann geht Papa, einen Soldaten zu jeder Seite. Ich stehe dort und winke ihm hinterher. Ich sehe zu, wie Papa immer kleiner wird, und winke immer noch, weil ich hoffe, dass er sich umdreht und zurückwinkt. Aber er tut es nicht. Ich sehe ihm nach, bis er hinter dem Horizont verschwunden ist. Als ich Papa nicht mehr sehen kann, drehe ich mich um und gehe in die Hütte, wo Mama weinend in einer Ecke sitzt. Ich habe Papa in Phnom Penh oft das Haus verlassen sehen, aber noch nie war Mama so verstört. Im Herzen kenne ich die Wahrheit, aber mein Verstand kann die Wirklichkeit dessen, was geschehen ist, nicht fassen.

»Mama, wein doch nicht. Die Soldaten haben gesagt, dass Papa morgen früh zurückkommt.« Ich lege ihr die Hand auf den Arm. Ihr Körper bebt unter meiner Berührung. Ich gehe wieder hinaus zu meinen Geschwistern und setze mich neben Chou, die Geak im Arm hält. Zusammen warten wir auf Papa, sitzen auf den Stufen und sehen auf den Pfad, der ihn von uns weggeführt hat. Wir beten, er möge ihn morgen wieder zurückbringen.

Als der Himmel ganz dunkel ist, ziehen Wolken auf, und die Sterne sind nicht mehr zu sehen. Chou, Kim, Geak und ich sitzen auf den Stufen und warten auf Papa, bis uns Mama sagt, dass wir zum Schlafen hereinkommen sollen. In der Hütte lege ich mich auf den Rücken, die Arme über der Brust gefaltet. Chou und Kim atmen tief und ruhig, aber ich glaube nicht, dass sie schlafen. Mama liegt auf der Seite mit dem Gesicht zu Chou. Einen Arm hat sie um Geak gelegt, den anderen über ihren Kopf. Draußen geht der Wind in den Bäumen, und die Blätter singen sich etwas vor. Dann reißen die Wolken auseinander, der Mond und die Sterne scheinen und bringen die Nacht zum Leben. Am Morgen wird die Sonne aufgehen, und die Geschöpfe des Tages werden wieder wach. Aber für uns steht in dieser Nacht die Zeit still.

Als ich am nächsten Morgen aufwache, sehe ich Mama auf den Stufen sitzen. Ihr Gesicht ist geschwollen, und sie sieht aus, als habe sie die ganze Nacht nicht geschlafen. Sie weint leise vor sich hin und ist meilenweit von uns entfernt. »Mama, ist Papa schon zurück?« Sie gibt mir keine Antwort, sondern guckt starr auf den Pfad, der Papa fortgeführt hat.

»Die Soldaten haben gesagt, dass Papa am Morgen zurückkommt. Es sieht so aus, als ob er etwas später kommt. Bestimmt ist ihm etwas dazwischengekommen. Ich weiß, dass er zu uns zurückkommt.« Während ich spreche, ziehen sich meine Lungenflügel zusammen, und ich schnappe nach Luft. Mein Herz rast wie wild, und ich frage mich, was dies alles zu bedeuten hat. Der Morgen ist da und Papa ist noch nicht zurück! Wo ist er? Ich setze mich neben meine Geschwister, wir sehen auf den Weg und halten Ausschau nach Papa. Ich denke mir alles Mögliche aus, warum Papa sich verspätet haben könnte. Der Karren ist zerbrochen, der Ochse will nicht weiter, die Soldaten brauchten Papa noch für eine Reparatur. Ich versuche, an meine eigenen Ausflüchte zu glauben und sie vernünftig klingen zu lassen, aber mein Herz ist voller Furcht.

Vom Dorfvorsteher bekommen wir die Erlaubnis, zu Hause zu bleiben, weil wir ihm gesagt haben, dass wir krank sind. Den ganzen Vormittag und den ganzen Nachmittag warten wir darauf, dass Papa zu uns zurückkommt. Als sich die Nacht senkt, verhöhnen uns die Götter abermals mit einem strahlenden Sonnenuntergang.

»Nichts sollte so schön sein dürfen«, sage ich leise zu Chou. »Die Götter legen uns herein. Wie können sie nur so grausam sein und den Himmel so schön machen?« Es ist ungerecht von den Göttern, uns eine solche Schönheit vor Augen zu halten, wenn wir solche Qualen und Ängste ausstehen. »Ich will alles Schöne zerstören.«

»Sag so etwas nicht, die Geister werden es hören«, warnt mich Chou. Es ist mir egal, was sie sagt. Das hat mir der Krieg angetan. Jetzt will ich alles zerstören. Jetzt ist so viel Hass und Wut in mir. Der Angkar hat mir einen solchen Hass eingetrichtert, dass ich die Kraft habe, zu zerstören und zu töten.

Bald legt sich Dunkelheit über das Land, aber noch immer ist Papa nicht zurück. Wir sitzen schweigend zusammen auf den Stufen und warten auf ihn. Wortlos suchen wir die Felder nach seiner zurückkehrenden Gestalt ab.

Wir wissen alle, dass Papa nicht zurückkommen wird, aber niemand traut sich, das laut zu sagen, weil es unsere hoffnungsvollen Illusionen zerstört. Mit der Dunkelheit kommen auch die Mücken, die sich an unserem Blut berauschen. Mama hält Geak in den Armen. Ab und an verscheucht sie die Mücken von ihrem Körper. Als wolle sie Mama ihren Schmerz nehmen, küsst Geak sie zärtlich auf die Wange und streichelt ihr Haar.

»Mama, wo ist Papa?«, fragt Geak, aber Mamas Antwort ist Schweigen.

»Geht rein, Kinder, geht alle rein«, sagt Mama matt zu uns.

»Komm doch mit rein. Wir können drinnen zusammen warten«, sagt Chou zu Mama.

»Nein, ich warte lieber hier draußen, dann kann ich ihn begrüßen, wenn er wiederkommt.« Chou nimmt Mama Geak ab und geht in die Hütte, Kim und ich folgen ihr. Mama bleibt allein auf den Stufen sitzen und wartet auf Papas Rückkehr.

Ich lausche Geaks und Chous ruhigem Atem mit weit geöffneten Augen. Zwanzig Monate hat er sich vor den Soldaten versteckt, nun haben sie ihn gefunden. Papa wusste schon lange, dass er sich nicht ewig verstecken könnte. Aber ich habe nie geglaubt, dass er es nicht könnte. Ich kann nicht schlafen. Ich mache mir Sorgen um Papa und um uns. Was soll aus uns werden? Wir haben unser Überleben als etwas Selbstverständliches vorausgesetzt. Wie sollen wir ohne Papa überleben? In meinem Kopf jagen sich Bilder von Tod und Exekutionen. Ich habe viele Geschichten darüber gehört, wie die Soldaten ihre Gefangenen töten und wie sie die Leichen in große Gräber werfen. Wie sie ihre Gefangenen foltern, ihnen den Kopf abschlagen oder ihnen die Schädeldecke mit Äxten einschlagen, um keine kostbare Munition zu verschwenden. Ich kann nicht aufhören, an Papa zu denken. Ob er würdevoll gestorben ist oder nicht. Ich hoffe, dass sie ihn nicht gefoltert haben. Manche sind noch nicht tot, wenn sie begraben werden. Ich kann mir nicht vorstellen, dass sie Papa so etwas antun, aber Bilder von ihm, wie er vergeblich um Luft ringt, als die Soldaten Erde über ihn werfen, überfluten mich. Ich kann die Bilder nicht verbannen! Ich muss daran glauben, dass Papa schnell getötet wurde. Ich muss daran glauben, dass sie ihn nicht lange haben leiden lassen. O Papa, bitte hab keine Angst. Immer wieder spulen sich diese Bilder in meinem Kopf ab. Mein Atem rast, als ich an Papas letzten Moment auf der Erde denke. »Hör auf, daran zu denken, hör auf, sonst stirbst du«, fahre ich mich selber an. Aber ich kann nicht aufhören.

Papa hat mir einmal erzählt, dass uralte Mönche ihre Körper verlassen und sich in der Welt als Geister bewegen können. In meinen Gedanken verlässt mein Geist meinen Körper und fliegt auf der Suche nach Papa über das Land.

Ich sehe eine große Gruppe Menschen um ein Loch knien. Es sind schon Tote in dem Loch, ihre Körper wurden übereinander geworfen. Ihre schwarzen Pyjamaanzüge triefen von Blut, Urin, Exkrementen und irgendetwas Weißem. Die Soldaten stehen hinter der neuen Gruppe Ge-

fangener. Mit der einen Hand rauchen sie lässig ihre Zigaretten, in der anderen halten sie einen großen Hammer mit Haarklumpen.

Ein Soldat führt einen Mann zum Rand des Lochs – mein Herz heult auf in Agonie. »Es ist Papa! Nein!« Der Soldat drückt Papas Schulter hinunter und zwingt ihn, sich hinzuknien wie die anderen. Tränen strömen mir aus den Augen, als ich den Göttern danke, dass der Soldat Papa die Augen verbunden hat. Ihm wird es erspart, die Exekution vieler anderer mitanzusehen. »Weine nicht, Papa, ich weiß, dass du Angst hast«, will ich zu ihm sagen. Ich spüre, wie sein Körper hart wird, höre sein Herz rasen, sehe die Tränen unter der Augenbinde hervorrinnen. Papa kämpft gegen den Drang zu schreien an, als er hört, wie der Hammer den Kopf neben dem seinen zerschmettert. Der Körper fällt mit einem dumpfen Klatschen auf die anderen im Loch. Die anderen Väter um Papa herum weinen und flehen um Gnade, aber vergebens. Einer nach dem anderen wird mit dem Hammer zum Schweigen gebracht. Papa betet schweigend zu den Göttern, dass sie sich um uns kümmern. Er denkt intensiv an uns, er stellt sich unsere Gesichter eins nach dem anderen vor. Er will, dass unsere Gesichter das Letzte sind, was er auf der Erde sieht.

»O Papa, ich liebe dich. Ich werde dich immer vermissen.« Mein weinender Geist schwebt über ihm. Mein Geist umschlingt ihn mit unsichtbaren Armen und bringt ihn noch mehr zum Weinen. »Papa, ich werde dich immer lieben. Ich lasse dich niemals los.« Der Soldat kommt auf Papa zu, aber ich lasse ihn nicht los. Der Soldat kann mich weder hören noch sehen. Er kann meine Augen nicht sehen, die seine Seele verbrennen. »Lass meinen Papa in Ruhe!« Ich traue mich nicht, mit den Augen zu blinzeln, als der Soldat den Hammer über seinem Kopf erhebt. »Papa«, flüstere ich. »Ich muss dich jetzt loslassen. Ich kann nicht hier sein und weiterleben.« Tränen laufen mir den Körper herunter, als ich wegfliege und Papa dort allein zurücklasse.

Zurück in der Hütte, lege ich mich neben Chou. Sie öffnet die Arme und zieht mich an sich heran. Wir wiegen uns weinend. Die Luft kühlt die Schweißperlen auf meiner Haut, jetzt klappern meine Zähne. Neben uns hält sich Kim an Geak fest.

»Papa, ich kann es nicht ertragen, daran denken zu müssen, dass du um Luft gerungen hast, wie du auf den anderen dort in dem Loch lagst. Ich muss glauben, dass ein Soldat Mitleid hatte und dich erschossen hat. Ich bekomme keine Luft. Papa, es tut mir Leid, dass ich dich loslassen musste.« In meinem Kopf dreht sich alles vor Schmerz und Wut. Ich habe Magenschmerzen. Die Hungerkrämpfe verstärken sich, als würde mein Magen sich selbst verdauen. Ich drehe mich auf die Seite, vergrabe meine Hände in meinem Bauch und drücke hart zu, damit der körperliche Schmerz aufhört. Traurigkeit umfängt mich. Dunkel und bedrohlich senkt sie sich auf mich und zieht mich immer tiefer und tiefer in sie hinab. Dann geschieht es wieder. Es ist fast so, als sei ich für den Augenblick woanders. Den fühlenden Teil meines Selbst blende ich aus. Es ist, als sei ich lebendig und doch nicht lebendig. Ich kann zwar noch das leise Geräusch von Mamas gedämpftem Schluchzen von draußen hören, aber ich fühle ihre Qualen nicht mehr. Ich fühle gar nichts mehr.

Am nächsten Morgen ist Mama vor uns aufgestanden. Ihr Gesicht ist ganz aufgedunsen, ihre Augen sind rot und zugeschwollen. Chou gibt Mama etwas von dem wenigen, was wir noch übrig haben, aber sie isst nichts. Ich setze mich zu ihnen auf die Stufen und träume von den Tagen in Phnom Penh, als ich glücklich war. Ich erlaube mir nicht zu weinen, wenn ich einmal damit anfange, bin ich für immer verloren. Ich muss stark sein.

Als der dritte Tag anbricht, wissen wir, dass das, was wir am meisten gefürchtet haben, eingetreten ist. Keav und jetzt Papa, die Roten Khmer töten einen nach dem anderen von uns. Ich habe solche Magenschmerzen, dass ich meinen Bauch aufschneiden und das Gift rausholen will. Mein Körper zittert, als habe sich etwas Böses in ihm eingenistet, ich will schreien, will meine Hände gegen die Brust hämmern, will meine Haare rausreißen. Ich will die Augen schließen und alles aussperren, aber ich weiß nicht, wie ich das willentlich lenken kann. Mein Papa soll hier sein, wenn ich morgens aufwache! In der Nacht bete ich zu den

Göttern: »Liebe Götter, Papa ist ein gläubiger Buddhist. Bitte helft meinem Papa, nach Hause zurückzukehren. Er ist nicht böse, er will anderen nichts zuleide tun. Wenn ihr ihm helft wiederzukommen, tue ich alles, was ihr sagt. Ich werde euch mein ganzes Leben widmen. Ich werde euch immer glauben. Und wenn ihr Papa nicht nach Hause zurückbringen könnt, dann passt auf, dass sie ihn nicht verletzen. Und wenn das nicht geht, passt auf, dass er einen schnellen Tod stirbt.«

»Chou«, flüstere ich meiner Schwester zu. »Ich bringe Pol Pot um. Ich hasse ihn und werde dafür sorgen, dass er einen langsamen und qualvollen Tod stirbt.«

»Sag so was nicht, es fällt auf dich zurück.«

»Ich werde ihn umbringen.« Ich weiß nicht, wie er aussieht, aber wenn Pol Pot der Führer des Angkar ist, dann ist er derjenige, der für all das Elend in unserem Leben verantwortlich ist. Ich hasse ihn dafür, dass er meine Familie zerstört. Mein Hass ist so stark, er fühlt sich lebendig an. Er rutscht glitschig in meinem Magen herum und wird immer größer. Ich hasse die Götter, weil sie uns Papa nicht zurückbringen. Ich bin ein Kind, noch nicht sieben Jahre alt, aber irgendwie werde ich es schaffen, Pol Pot umzubringen. Ich kenne ihn nicht, und doch weiß ich, dass er die fetteste, schleimigste Schlange auf Erden ist. Ich bin davon überzeugt, dass ein Monster in seinem Körper lebt. Er wird eines langsamen Martertodes sterben, und ich bitte inständig darum, eine Rolle dabei spielen zu dürfen. Ich verachte Pol Pot dafür, dass er mir so viel Hass eingebläut hat. Mein Hass gibt mir Kraft, mit diesem Hass im Herzen bleibt kein Raum für Traurigkeit. Die Traurigkeit bringt mich nur dazu, dass ich sterben will, dass ich mich umbringen will, um der Einsamkeit zu entfliehen. Die Wut bringt mich dazu, überleben zu wollen, sodass ich ihn töten kann. Ich füttere meine Wut mit blutigen Bildern von Pol Pots erschlagenem Körper, der durch den Schmutz gezogen wird.

»Solange wir nicht ganz sicher wissen, dass euer Papa tot ist, werde ich immer hoffen, dass er irgendwo lebt«, verkündet Mama am nächsten Morgen. Bei ihren Worten verschließt sich mein Herz, denn ich weiß, dass ich mir den Luxus des Hoffens nicht erlauben kann. Zu hoffen heißt, Teile meines Selbst sterben zu lassen. Zu hoffen heißt, seine Abwesenheit zu betrauern und die Leere meiner Seele in einem Leben ohne ihn aushalten zu müssen.

Jetzt wo ich mich der Wahrheit gestellt habe, mache ich mir Sorgen, was aus Mama wird. Sie konnte sich in allen Dingen auf Papa verlassen. Immer war er da, um ihr alles zu erleichtern. Papa ist auf dem Land aufgewachsen und war an Mühsal und Not gewöhnt. In Phnom Penh hatten wir Mädchen, die uns von vorne bis hinten bedient haben. Papa war unsere Stärke, und wir brauchten ihn alle zum Überleben, vor allem Mama. Papa wusste, wie man überlebt und wie wir alles machen sollten.

Ich hoffe, Papa kommt heute Nacht wieder zu mir. Ich hoffe, dass er mich in meinen Träumen besucht. Wie in der letzten Nacht. Da trug er seine braune Uniform der Lon-Nol-Regierung. Sein Gesicht war wieder rund wie der Vollmond und sein Körper wieder weich. Er stand so greifbar vor mir, so groß und stark wie vor dem Krieg.

»Papa!« Ich renne auf ihn zu, und er nimmt mich hoch. »Papa, wie geht es dir? Haben sie dir wehgetan?«

»Mach dir keine Sorgen«, versucht er mich zu beruhigen.

»Papa, warum hast du uns verlassen? Ich vermisse dich so sehr, dass es mir im Bauch wehtut. Warum hast du mich nicht gesucht? Wann kommst du, um uns zu suchen? Wenn ich in ein Waisenlager gehe, wirst du mich dann finden?« Ich lege meinen Kopf auf seine Schulter.

»Ja, das werde ich.«

Er ist mein Papa, und wenn er sagt, dass er mich finden wird, dann weiß ich, dass es stimmt.

»Papa, warum tut es so weh, mit dir zusammen zu sein? Ich will nichts fühlen.«

»Es tut mir Leid, dass es dir wehtut. Ich muss gehen.« Als ich das höre, packe ich seinen Arm noch fester und weigere mich loszulassen. »Papa, ich vermisse dich so sehr. Ich vermisse es, dass ich nicht mehr auf deinem Schoß sitzen kann wie in Phnom Penh.«

»Ich muss gehen, aber ich werde mich immer um dich kümmern«, sagt Papa zärtlich und setzt mich ab. Ich halte seinen Finger fest und bettle ihn an, dass er mich nicht verlässt.

»Nein! Bitte bleib bei uns, Papa. Bitte verlass uns nicht. Ich vermisse dich! Ich habe Angst. Wohin gehst du? Nimm mich mit!«

Papa sieht mich mit seinen lieben braunen Augen an. Ich strecke meine Hand nach ihm aus, doch er verschwindet unter meinem Blick, bis er schließlich ganz weg ist.

Ich will unbedingt weiterschlafen, als die Sonne unter unserer Tür hindurchscheint und den Morgen ankündigt. Ich will immer schlafen, nur damit ich bei ihm sein kann. Ich weiß doch nicht, wann ich Papa in der wirklichen Welt jemals wieder sehen werde. Langsam öffne ich die Augen; Papas Gesicht ist noch ganz deutlich. Nicht das Gesicht des hageren alten Mannes, den die Soldaten mitgenommen haben, sondern das Gesicht des Mannes, den ich einst für einen Gott gehalten habe.

Das war auf unserer Reise nach Angkor Wat. Damals war ich erst drei oder vier. Hand in Hand betraten Papa und ich das Gebiet des Angkor Thom, eines der vielen Tempelgelände. Die grauen Türme erhoben sich wie Berge vor uns. Von jedem Turm blickten gigantische Gesichter mit prächtigen Frisuren in alle Richtungen unseres Landes. Ich starrte die Gesichter an und rief: »Papa, sie sehen aus wie du! Die Götter sehen wie du aus!« Papa hat gelacht und ist mit mir in einen Tempel gegangen. Ich konnte mich nicht satt sehen an den riesigen Gesichtern mit ihren mandelförmigen Augen, flachen Nasen und vollen Lippen – genau wie in Papas Gesicht.

Beim Aufwachen versuche ich, diese Bilder von Papa festzuhalten, während wir unser Leben ohne ihn weiterführen. Mama geht wieder aufs Feld, wo sie zwölf bis vierzehn Stunden am Tag arbeitet. Geak lässt sie bei Chou. Geak trottet hinter uns her, wenn Chou und ich zusammen mit den anderen Kindern in den Gärten arbeiten oder leichtere Arbeiten im Dorf verrichten. Mehr als ein Monat ist vergangen, seit Papa fortgebracht wurde. Mama scheint sich erholt zu haben und versucht, mit ihrem Leben weiterzumachen, aber ich weiß, dass ich sie nie mehr richtig lächeln sehen werde. Manchmal wache ich in der Nacht von Mamas Weinen draußen auf den Stufen auf. Sie wartet noch immer auf Papa. Ihr Körper ist in sich zusammengesackt wie der einer alten Frau, sie lehnt sich gegen den Türrahmen, die Arme um ihren Körper geschlungen. Sie sieht hinaus aufs Feld, auf den Pfad, den Papa nehmen musste, und sehnt sich weinend nach ihm.

Wir vermissen ihn entsetzlich. Geak ist noch klein, sie allein kann unseren Verlust aussprechen. Immer wieder fragt sie nach Papa. Ich habe Angst um Geak. Sie ist vier, und sie wächst nicht mehr. Wenn ich daran denke, wer ihr eines Nachts das Essen gestohlen hat, würde ich mich am liebsten umbringen.»Dein Papa wird uns ganz viel zu essen mitbringen, wenn er wiederkommt«, sagt Mama zu Geak, wenn sie nach Papa fragt.

Jetzt kommen die Soldaten immer öfter in unser Dorf. Jedes Mal wenn sie gehen, nehmen sie Väter aus den anderen Familien mit. Sie kommen immer zu zweit – aber nie sind es dieselben Paare – mit ihren Gewehren und ihren Ausflüchten. Manche versuchen schnell, die Männer zu verstecken, indem sie sie in den Wald oder sonstwohin schicken. Aber die Soldaten warten, sie stehen vorm Haus des Dorfvorstehers, wo sie gelassen ihre Zigaretten rauchen, als hätten sie alle Zeit der Welt. Wenn ihr Päckchen alle ist, gehen sie zur Hütte ihres Opfers. Kurz darauf hört man Weinen und Schreie von drinnen. Dann hört man nichts mehr. Wir wissen alle, dass sie uns anlügen, wenn sie sagen, dass die Väter am nächsten Morgen zurückkommen. Und doch gibt es nichts, was wir tun können, um sie zu stoppen. Niemand hinterfragt dieses Verschwinden, der Dorfvorsteher nicht, die Leute aus dem Dorf nicht, Mama nicht. Ich hasse die Soldaten inzwischen so sehr, wie ich den Angkar und seinen Führer Pol Pot hasse. Ihre Gesichter sind in meinem Gedächtnis eingeritzt. Ich male mir den Tag aus, an dem ich zurückkommen und sie töten werde.

Im Dorf gibt es Gerüchte, dass Papa keiner Massenexekution der Roten Khmer zum Opfer gefallen ist. Diesen Gerüchten zufolge wurde Papa gefangen genommen und von den Roten Khmer auf einen weit entfernten Berg verschleppt, wo sie ihn jeden Tag gefoltert haben. Doch er hat es überlebt und ist geflohen. Obwohl die Soldaten nach ihm gesucht haben, konnten sie ihn nicht fangen. Leute, die durch unser Dorf kommen, sagen, dass sie jemanden gesehen haben, auf den die Beschreibung von Papa zutrifft. Sie erzählen Geschichten, dass Papa eine eigene Armee aufstellt und mehr Rekruten zu gewinnen versucht, um die Roten Khmer zu bekämpfen. Als sie diese Gerüchte hört, hellt sich Mamas Gesicht etwas auf, in ihren Augen liegt wieder ein Schimmer der Hoffnung. Ein paar Tage lang geht sie mit etwas mehr Schwung zur Arbeit, und selbst zwölf Stunden später umspielt ein Lächeln ihre Lippen. Nachts macht sie Theater, wie wir aussehen, wischt uns den Dreck von den Gesichtern und kämmt uns die Knoten aus den Haaren. Sie glaubt die Geschichten aus ganzem Herzen.

»Wenn er entkommen konnte, wird es nicht lange dauern, bevor er wieder hier ist. Solange wir nichts Sicheres über sein Schicksal wissen, dürfen wir die Hoffnung nicht aufgeben.« Wieder sitzt sie stundenlang auf den Stufen und wartet auf Papas Rückkehr.

Doch Wochen vergehen nach den Gerüchten über Papa, und noch immer ist er nicht zurückgekehrt. Mama glaubt, dass er noch irgendwo lebt. Irgendwann hört sie auf, auf ihn zu warten, und schickt sich in ihr altes Leben. Langsam vergeht die Zeit ohne Papa. Bei den Rationen, die wir bekommen, hängt unser Überleben davon ab, ob uns unsere älteren Brüder wöchentlich Essen bringen. Als Khouy krank wird und Blut hustet, müssen wir uns um uns selbst kümmern. Khouy ist ein starker junger Mann, aber er verausgabt sich leicht. Seine Arbeit besteht darin, den ganzen Tag Reissäcke von hundert Kilogramm auf Laster nach China zu laden. Auch Meng kann nicht kommen, weil ihm die Soldaten so viel Arbeit aufbürden. Wir machen uns große Sorgen um beide.

Das Leben ist hart ohne Papa. Die Leute im Dorf sehen auf Mama herab, weil sie nicht so gut bei der Feldarbeit ist. Es ist zu gefährlich, Freunde zu haben, deswegen spricht sie mit niemandem. Die Leute sehen auch auf ihre helle Haut herab und machen oft grobe Bemerkungen über »faule weiße Leute«. Zu meiner Überraschung wird Mama eine harte Arbeiterin und überlebt ohne Papa. An den Tagen, an denen Mama mit fünfzehn anderen Dorffrauen Krabben fischen soll, begleite ich sie und lasse Geak bei Chou zurück. Zu meinen Aufgaben gehört es, den Krabbenfängerinnen Wasser zu bringen, ihnen beim Entwirren der Netze zu helfen und die Krabben vom Unkraut zu trennen. Obwohl wir hungrig sind, dürfen wir die Krabben nicht essen, weil sie dem ganzen Dorf gehören und mit allen geteilt werden müssen. Wenn eine beim Stehlen erwischt wird, kann sie der Dorfvorsteher öffentlich erniedrigen, ihr alles wegnehmen, was ihr gehört, und sie schlagen. Die Strafen für diese Vergehen sind drakonisch, aber unser Hunger ist noch schrecklicher.

»Loung«, ruft mich Mama. »Ich brauche Wasser, komm her.« Sie richtet sich auf und wischt sich mit dem Ärmel über die Stirn, wobei sie einen Matschstreifen hinterlässt. Mit einer Kokosschale schöpfe ich Wasser aus meinem Eimer und renne zu ihr. »Hier«, flüstert sie, »gib mir deine Hand, komm schnell, solange keiner guckt.« Vorsichtig wirft Mama einen Blick auf die anderen und vergewissert sich, dass wir nicht beobachtet werden. Sie reicht mir eine Handvoll Babykrabben, während sie gleichzeitig meine Wasserschüssel nimmt. »Schnell, iss, bevor dich jemand sieht.« Ohne zu zögern, stopfe ich mir die lebenden rohen Babykrabben in den Mund, mit Panzern und allem. Sie schmecken nach Matsch und verfaulten Gräsern. »Kau schnell, dann schluck sie runter«, sagt Mama zu mir. »Jetzt passt du auf, während ich welche esse. Wenn einer guckt, sagt mir Bescheid.« Ich sehe Mama jetzt in einem ganz anderen Licht und bin stolz auf ihre Kraft. Irgendwie, auf die eine oder andere Art, werden wir Möglichkeiten finden, um am Leben zu bleiben.

Mamas kleiner Affe

April 1977

Es ist zwei Jahre her, seit die Roten Khmer mit ihren Lastern in Phnom Penh eingefahren sind, vier Monate, seit die Soldaten Papa mitgenommen haben und Kim unser Haushaltsvorstand wurde. Wir haben fast seit einem Jahr nichts mehr von Meng und Khouy gehört. Neujahr ist vorübergegangen und hat uns alle ein Jahr älter gemacht. Jetzt ist Geak fünf, ich bin sieben, Chou ist zehn und Kim ist zwölf. Als Haushaltsvorstand nimmt Kim Papas Worte, dass er sich um uns kümmern soll, sehr ernst. Jeden Morgen wacht er in der Dämmerung auf und geht zum Dorfplatz, um die Aufgaben des Tages zu erfahren. In der Zeit weckt Mama uns und beschäftigt sich mit jedem Mädchen ein paar Minuten. Noch bevor sie Geaks Haare gekämmt und ihr Gesicht gewaschen hat, ist Kim mit den Anweisungen für den Tag zurück. Während ich langsam den Schlaf abschüttele, erzählt er Mama schon, wohin sie gehen soll. Nachdem Mama aufs Feld gegangen ist, gehen wir alle zusammen zum Gemeinschaftsgarten. Kim hat Geak Huckepack genommen. Obwohl Kims Gesicht mehr denn je an einen Affen erinnert, hat Mama ihn nicht mehr so genannt, seit sie Papa abgeholt haben. Jetzt ist er für uns nur noch Kim.

Ein paar Kilometer außerhalb unseres Dorfes liegt ein Maisfeld. In diesem Jahr hatten wir eine gute Regenzeit, und jetzt ist der Mais reif. Sosehr wir auch die Strafen fürs Stehlen fürchten, unsere Verzweiflung ist zu groß, um uns davon abzuhalten. »Warum nicht, Mama?«, sagt Kim. »Wir haben uns morgens, mittags und abends mit dem Mais abgemüht, und jetzt, wo er reif ist, sagen sie, dass wir ihn nicht essen dürfen. Wir sind am Verhungern.«

»Es ist einfach zu gefährlich, Kim. Du weißt doch, was die Soldaten mit dir machen, wenn sie dich erwischen.«

»Mama, wir kommen um vor Hunger. Viele Leute aus dem Dorf sind schon gestorben. Und trotzdem tauscht die Regierung die Ernte gegen Gewehre ein, mit denen noch mehr Leute umgebracht werden sollen.«

»Schschsch, sprich nicht so laut. Es ist ein Verbrechen, etwas gegen den Angkar zu sagen. Wenn die Soldaten dich hören, nehmen sie dich mit und bringen dich um.«

»Mama, heute Nacht gehe ich los und besorge uns Mais.« Kim sieht sie fest an. Er hat sich entschieden.

»Sei vorsichtig«, sagt Mama und dreht sich um.

Chou und ich versuchen auch nicht, ihn davon abzuhalten, obwohl wir genau wissen, wie gefährlich es ist. Pol Pot lässt die Maisfelder nachts von vielen bewaffneten Soldaten bewachen. Die Soldaten sollen Diebe so bestrafen, wie sie es für richtig halten, wenn sie wollen, können sie sie an Ort und Stelle umbringen. Sie sind so mächtig, dass niemand sich traut, ihre Handlungen in Frage zu stellen. Obwohl ich große Angst habe, gehe ich fast selbst, aber letzten Endes bin ich weder kräftig noch mutig genug. Ich habe gehört, dass die Soldaten die Mädchen vergewaltigen, die sie beim Stehlen erwischen, einerlei, wie jung oder alt sie sind.

Als es dunkel wird, nimmt Kim zwei Beutel, richtet seinen zwölf Jahre alten Körper auf und geht los. Ein Teil von mir ist froh, dass Kim dies tut, und mir läuft das Wasser im Mund zusammen beim Gedanken an das Essen, das er mitbringen wird. Ich kann es schon fast schmecken! Kaum kann ich seine Rückkehr erwarten. Mein Magen schreit nach dem süßen, saftigen Mais. Doch ich mache mir auch Sorgen um Kims Sicherheit, wo wir doch schon Papa und Keav verloren haben. Ich will nicht, dass ein weiteres Mitglied der Familie sterben muss.

Es wird spät und Kim ist noch nicht zurück. Was kann ihn so lange aufhalten? Ich sehe hinüber zu Mama, die sich zum Trost an Geak festhält. Chou sitzt allein in einer Ecke und starrt in ihre eigene Welt.

»Götter, das kann nicht wahr sein! Wenn ihr meinen Bruder sterben lasst, werde ich euch nie verzeihen. Ihr könnt einfach in die Hölle gehen – denn jetzt weiß ich, dass es in der Welt keine Götter mehr gibt!« So schreie ich die Götter still an. Als Antwort auf meinen Ruf kommt Kim plötzlich in unsere Hütte geklettert. Er lächelt und trägt zwei Beutel voller Maiskolben. Ich renne auf ihn zu und nehme ihm einen ab. Als sie Kim sieht, lächelt Mama und setzt Geak ab, damit sie ihn begrüßen kann.

»Was ist passiert? Du hast so lange gebraucht, dass wir uns entsetzliche Sorgen gemacht haben«, sagt Mama, legt den Arm um ihn und führt ihn herein.

»Mama, es ist so leicht! Ich wusste nicht, dass Stehlen so leicht sein kann! Es gibt so viel Mais, und sie können nicht alle Felder auf einmal bewachen. Ich habe mindestens schon fünf Kolben roh gegessen.« Unterdessen rutsche ich immer näher auf die Beutel mit dem Mais zu. Ich atme den Geruch ganz tief ein und kann den Blick nicht mehr von den gelben Kolben abwenden. Ich kann es nicht erwarten, meine Zähne hineinzuschlagen.

»Kann ich das nächste Mal mitgehen, Mama?« Ich werde immer gieriger, wenn ich daran denke, wie viel mehr wir zu zweit heranschleppen könnten.

»Nein, du darfst nicht mitgehen. Und das ist mein letztes Wort.« Mit diesen Worten geht Mama hinaus, um den Mais auf einem

Feuer zu kochen, das wir schon früher am Abend entfacht haben. Sie gräbt ein Loch für die Maiskolben unter dem Feuer und verteilt das Feuer gleichmäßig darüber, so entsteht ein provisorischer Ofen. Da außer Papa auch viele andere Familienväter weg sind, patrouillieren die Soldaten nur noch selten im Dorf, deswegen ist es relativ sicher. In den nächsten zwei Wochen geht Kim immer wieder Mais stehlen, sowie unser Vorrat alle ist. Jedes Mal, wenn er geht, warten wir ängstlich und schuldbewusst auf seine Rückkehr. Jede Nacht scheint es länger zu dauern.

Kim wirft sich die beiden leeren Beutel über die Schulter und geht die Stufen hinunter. Als er unten ankommt, geben seine Knie nach. Er richtet sich schnell wieder auf, bevor ihn jemand sehen kann. Er weiß, dass Mama und die Mädchen von ihm abhängen, deswegen muss er stark für alle sein. Es besteht keine Notwendigkeit, ihnen noch mehr Angst einzuflößen, als sie ohnehin schon haben, indem er sie wissen lässt, wie sehr er sich fürchtet. Er versucht, ihnen zu zeigen, dass er keine Angst hat, aber jedes Mal, wenn er seinen Auftrag erfüllt, hat er Angst, die Nerven zu verlieren. Dann will er einfach nur zurück zur Hütte rennen und nie wieder so etwas Gefährliches unternehmen. Aber er muss es tun, er muss sich um seine Familie kümmern. Er sieht hoch zum Himmel, aber es gibt keine Sterne. Der Wind jagt die Wolken und hindert die Strahlen des Mondes, die Erde zu berühren.

»Okay«, sagt er zu sich, »Zeit, tapfer zu sein.« So zwingt er seine Füße, ihn in die Dunkelheit zu tragen. Er weiß, dass er von Mama und den Mädchen beobachtet wird, er spürt ihre Blicke in seinem Rücken, aber er darf sich nicht umdrehen, sonst könnte ihn der Mut verlassen.

Er joggt mit schnellen kleinen Schritten. Er weiß, um nicht gesehen zu werden, muss er von Busch zu Busch sprinten. »Wie sich gejagte Füchse vor den Menschen verstecken.« Der Gedanke bringt ihn fast zum Lachen. Jetzt ist der Himmel ganz dunkel, und die Luftfeuchtigkeit verwandelt sich in dichten Nebel. Er hat Glück. Wahrscheinlich beschützt Papa ihn. Der Gedanke an Papa senkt seinen Adrenalinspiegel runter. Alle Kinder glauben, dass sie Papas Liebling sind, aber er weiß es genau. Schließlich hat Papa immer und überall die Geschichte von dem Drachen und seiner Geburt erzählt.

Wenn er an Papa denkt, bekommt er keine Luft mehr. Sein Herz zieht sich zusammen, die Last ist zu schwer. Davor kann er nicht wegrennen. Er sehnt sich unendlich nach unserem Vater, aber jetzt ist er der Mann im Haus und kann nicht offen von seinen Qualen sprechen. Er spürt etwas Nasses und Salziges auf den Lippen und konzentriert sich wieder auf seine Aufgabe. Als ihm klar wird, dass es seine eigenen Tränen sind, wischt er sie schnell mit dem Ärmel weg. Er vermisst Papa so sehr, aber er kann sich nicht erlauben, jetzt daran zu denken. Er muss sich um die Familie kümmern.

Er ist zwölf Jahre alt und reicht Mama erst an die Schultern. Aber er weiß, dass er stark ist. Er muss es sein, er hat keine Wahl. Geaks Gesicht kommt ihm in den Sinn, und er hat Angst um sie. Er sieht ihre eingesunkenen Augen und ihren vorgewölbten Bauch vor sich. Sie wird von Tag zu Tag schwächer. Er hört ihr Weinen, wenn sie Mama bittet, ihr Essen zu geben. Er sieht Mama vor sich, wie sie immer wieder zu Geak sagen muss, dass es nichts zu essen gibt. Er weiß nicht, wie lange sie noch am Leben bleiben wird, wenn er dies hier nicht tut. Dies bisschen Essen, was er heranschaffen kann, kann ihr Leben noch ein klein wenig verlängern, kann sie noch etwas bei uns halten. Die Vorstellung bringt ihn zur Wut. Er nähert sich den Maisfeldern.

Die Wolken sind noch dunkler und bedrohlicher geworden, und Sekunden später fühlt er Tropfen auf dem Arm. Und plötzlich scheint es, als habe sich der Himmel geöffnet, um die Tränen aller Kambodschaner herabregnen zu lassen. Kim ist nass bis auf die Haut. In gewisser Weise ist der Regen ein Segen, denn jetzt ist es nicht mehr ganz so schwül. Er erinnert sich, gelesen zu haben, dass der Regen in manchen Ländern kalt ist, die Menschen krank macht und sie zwingt, drinnen zu bleiben. Doch nicht in Kambodscha. Hier ist der Regen warm. In Phnom Penh spielten wir bei Regen immer draußen. Der Regen war unser Freund, und das bleibt er selbst unter den Roten Khmer. Dann sieht er das Feld vor ihm. Es steht voller Maispflanzen, jede mit drei oder vier Kolben und doppelt so hoch wie ein kleiner Junge. Er tastet die Umgebung mit den Augen ab. Sein Herz schlägt schneller, diesmal aus Ärger. Warum lassen uns diese Schlächter verhungern, wenn hier so viel Mais herumsteht? Sein Adrenalinspiegel schnellt in die Höhe, und mit erzwungenem Mut rennt er von seinem Versteck ins Feld. Regentropfen fallen auf die Maisblätter und spritzen ihm in die Augen, aber das macht ihm nichts aus. Er pflückt den ersten Kolben vom Stängel, entblättert ihn eilig und schlägt seine Zähne hinein. Hmmm, der süße, gehaltvolle Saft tropft aus dem Mundwinkel auf sein Oberteil. Als er fürs Erste satt ist, stopft er in Windeseile die Beutel voll.

Er ist so beschäftigt, dass er nicht hört, wie jemand auf ihn zurennt. Sein Herz setzt aus, als er von zwei Händen rücklings gepackt und auf die Erde geworfen wird. Der Regen hat den Boden aufgeweicht, und er rutscht im Matsch aus, als er wieder auf die Füße kommen will. Unter seinen nassen Wimpern hindurch sieht er zwei Soldaten mit über den Rücken geschlungenen Gewehren. Ein Soldat packt ihn am Arm und zieht ihn hoch, aber Kims Knie geben nach. In seinem Kopf dreht sich alles. Er zittert vor Angst und Kälte. Eine Hand schlägt ihn ins Gesicht, seine Ohren sausen. Der Schmerz ist stark und schneidend, aber er beißt die Zähne zusammen, um ihn auszublenden. »Bitte, Papa«, schreit er innerlich, »bitte hilf mir. Lass nicht zu, dass sie mich umbringen!«

»Du Bastard!«, schreien sie ihn an. »Du wagst es, den Angkar zu bestehlen! Du wertloses Stück Scheiße!« Sie brüllen weitere Obszönitäten, aber er ist zu erschrocken, um sie zu hören. Sie schubsen ihn. »Steh auf!«, schreien sie ihn an. Jetzt ist er auf allen vieren und versucht, dem Befehl zu folgen, da trifft ihn ein Stiefel in den Bauch. Er bekommt keine Luft mehr. Dann ein Tritt in den Rücken. Er fliegt mit dem Gesicht in den Matsch. Er keucht und ringt nach Luft, dabei verschluckt er einen Mund voll Matsch. Ihm ist übel vor Entsetzen, er weiß nicht, was er als Nächstes tun soll. Eine Hand zieht ihn an den Haaren hoch, und ein Soldat starrt ihm ins Gesicht. »Willst du noch mal wiederkommen, um dem Angkar etwas zu stehlen?«, fragt er Kim.

»Nein, Kamerad«, wimmert Kim. Blut rinnt ihm aus dem Mund. Aber das reicht ihnen nicht. Mit Fäusten und Stiefeln greifen sie ihn noch einmal an. Dann stellen sie dieselbe Frage und bekommen dieselbe Antwort.

Einer von ihnen nimmt sein Gewehr ab und legt auf Kim an. Da weint er, die Tränen laufen ihm schneller die Wangen herunter, als sie der Regen wegwaschen kann.

»Bitte, Kamerad, lass mich am Leben, töte mich nicht«, bettelt er bebend. Der Soldat lacht ihn aus. Jetzt ist Kim nicht mehr der Junge, der den Mann des Hauses zu mimen versucht, der sich tapfer um seine Familie kümmert. Jetzt ist er nur noch ein zwölfjähriger Junge, der in die Mündung eines Gewehrs sieht. »Bitte, Kamerad, töte mich nicht. Ich habe etwas Schlechtes getan, ich werde es nie wieder tun.« Der Soldat steht da, das Gewehr fest in der Hand. Dann dreht er den Lauf um und schlägt Kim mit dem Gewehrkolben auf den Kopf. Weißer Schmerz durchzuckt ihn, als er zu Boden geht. Aber er traut sich nicht mehr zu weinen. »Bitte, Kamerad ...«

»Hau ab«, unterbricht ihn der Soldat. »Komm bloß nie wieder, denn wenn du es tust, schießen wir dir das Hirn aus deinem Schädel.« Kim rappelt sich hoch und hinkt heimwärts.

Zu Hause warten Chou, Mama, Geak und ich still auf Kim. »Heute Abend ist Kim wirklich spät dran. Ich mache mir Sorgen«, sage ich zu Chou.

»Man kann kaum was sehen da draußen. Wahrscheinlich hat er sich verlaufen. Es regnet auch ziemlich stark.« Kaum hört die

Nacht meine Worte, wird sie schwarz vor Bösartigkeit, der Wind heult auf, und Gewitterblitze zucken über uns hinweg. Mama versucht Geak zu beruhigen, die Angst vor dem Gewitter hat. Da sehe ich, wie Mama ihre Hände vor den Mund hält, um einen Schrei zu ersticken. Ich drehe mich in die Richtung, in die Mama sieht. Vor dem dunklen Hintergrund sehe ich Kims zwölf Jahre alten Körper gegen den Türrahmen lehnen, in den Händen zwei durchnässte leere Beutel. Er ist nass bis auf die Haut, aber trotzdem sehe ich die unverwechselbare Farbe von Blut und die Wunden in seinem matschverschmierten Gesicht. Seine Augen sind halb geschlossen, er bebt, aber er weint nicht. Mama rennt auf ihn zu und berührt zärtlich sein zerschundenes Gesicht. Sie weint über seine geschwollenen Lippen und zuckt zusammen, als Blut von seiner Kopfhaut tropft.

»Mein armer kleiner Affe, mein armer kleiner Affe. Oh, was haben sie bloß mit dir gemacht? Sie haben dir so wehgetan, mein armer kleiner Affe!«

Kim ist still. Er wehrt Mamas Hilfe beim Ausziehen seines Oberteils nicht ab. Ich beiße mir auf die Lippen, als ich meinen Bruder so schlimm zusammengeschlagen sehe. Brust und Rücken sind voller blutender Wunden und schmerzhafter Prellungen. Ich will zu ihm gehen, um ihm die Schmerzen abzunehmen, doch stattdessen stehe ich betäubt in einer Ecke herum. Ich sehe sein schmerzverzerrtes Gesicht und spüre die Schwere seines Herzens, weil er uns kein Essen bringen konnte. Ich stehe dort in meiner Ecke und schwöre mir, dass ich diese Soldaten umbringen werde, um das Blut zu rächen, das vom Schädel meines Bruders tropft. Eines Tages werde ich sie alle töten. Mein Hass auf sie ist grenzenlos.

»Es hat so sehr geregnet, dass ich sie nicht kommen gehört habe.«

»Mein armer kleiner Affe, sie haben dir wehgetan.«

»Sie haben mir den Gewehrkolben auf den Kopf geschlagen.«

Kim erzählt uns die ganze Geschichte, und noch immer weint er nicht. Er zuckt zurück, als Mama ihm einen nassen Lappen auf seinen wunden Kopf legt. »Es tut mir Leid, dass ich heute keinen Mais mitbringen konnte«, sagt er zu uns allen, legt sich hin, schließt die Augen und schläft ein.

Aus Angst, dass er sterben könnte, ohne dass ich es merke, gehe ich alle paar Minuten zu ihm hinüber und lege ihm die Hand unter die Nase, um seinen Atem zu überprüfen. »Papa«, rufe ich stumm, »mach, dass Kim nicht stirbt! Papa, ich fühle mich so schlecht. Alles nur, weil er Mais für uns stehlen wollte. Papa, ich bin schlecht, weil ich trotz allem traurig bin, dass wir jetzt keinen Mais haben.« Ich kauere mich neben Kim und drücke mit beiden Händen auf meinen Magen, um die Schmerzen loszuwerden. »Papa, ich werde sie alle umbringen. Ich werde sie leiden lassen.« Mein Kopf tut weh, ich drücke die Zeigefinger gegen die Schläfen, weil ich die Explosionen stoppen will. Je stärker meine Wut ist, desto mehr überfluten mich Gefühle von Traurigkeit und Verzweiflung. »Ich kann nicht sterben, Papa. Wir können nichts tun außer weiterzumachen. Aber eines Tages werden sie alle leiden. Sie werden so leiden, wie wir jetzt leiden.«

Nach dieser Nacht hat Kim nie wieder etwas gestohlen. Er ist ruhiger und zurückgezogener seitdem. Weil Papa weg ist und meine ältesten Brüder im Lager, ist er doch der Mann im Haus. Aber in Wirklichkeit ist er nur ein kleiner Junge, ein kleiner hilfloser Junge, der seine Familie nicht beschützen kann.

Verlassen der Heimat

Mai 1977

Ein Monat ist vergangen, seit Kim beim Maisklauen erwischt wurde. Der Angkar hat unsere Essenszuteilung erhöht, und immer weniger Leute verhungern. Diejenigen, die die Hungersnot überlebt haben, kommen langsam wieder zu Kräften. Es kommt mir so vor, als würden die Roten Khmer alle drei Monate unsere Lebensmittelrationen ohne Warnung und Erklärung rauf- oder runtersetzen. Zwei oder drei Monate gibt es etwas zu essen, gerade genug, um am Leben zu bleiben, dann gibt es ein paar Monate fast nichts, danach gibt es wieder ein bisschen mehr. Kim vermutet, dass es mit den Gerüchten über die Youns – also den Vietnamesen – zu tun haben könnte, die an den Grenzen stehen. Jedes Mal wenn der Angkar annimmt, dass sie drauf und dran sind, in Kambodscha einzumarschieren, stocken die Soldaten ihre eigenen Vorräte auf und verladen mehr Reis nach China im Austausch gegen Gewehre. Wenn sich herausstellt, dass die Youns doch nicht angreifen, hört der Angkar auf, Waffen zu kaufen, und wir bekommen wieder mehr Lebensmittel zugeteilt.

Selbst ohne den Zwang, Essen für uns heranschaffen zu müssen, ist Kim jetzt verändert. Er ist dem Bruder, den ich aus Phnom Penh kenne, gar nicht mehr ähnlich. Er ist still und sagt selten mehr als ein paar Worte. Wir sind jetzt alle ganz anders: Chou und ich haben mit der Streiterei aufgehört, und Geak, die sich auch immer mehr zurückzieht, fragt nicht mehr nach Papa. Aber Mama sitzt nach wie vor nachts auf der Schwelle und wartet darauf, dass Papa wiederkommt.

Auch wenn ich traurig bin und oft tot sein will, schlägt mein Herz einfach weiter. Bei dem Gedanken an Papa treten mir Tränen in die Augen. »Ich vermisse dich so sehr, Papa«, flüstere ich ihm zu. »Es ist so schwer, ohne dich zu leben. Ich bin es so leid, dich zu vermissen.« Es ist hoffnungslos, alle meine Tränen werden ihn nicht zurückbringen. Ich weiß, dass Papa nicht gewollt hätte, dass ich aufgebe, und so schwer es ist, das Leben hier auszuhalten, so gibt es doch für mich nichts zu tun, außer weiterzumachen.

Merkwürdige Dinge gehen im Dorf vor sich. Ganze Familien verschwinden über Nacht. Kim sagt, der Terror der Roten Khmer wird immer grässlicher. Die Soldaten exekutieren alle aus den Familien, die sie mitnehmen, auch die kleinen Kinder. Der Angkar hat Angst, dass die Überlebenden und die Kinder der Männer, die sie getötet haben, sich eines Tages erheben werden, um Rache zu üben. Um dieser Drohung zu entgehen, töten sie die gesamte Familie. Wir glauben, dass dies das Schicksal einer Nachbarsfamilie, der Sarrins, war.

Die Sarrins lebten ein paar Hütten weiter. Wie in unserer Familie haben die Soldaten den Vater abgeholt und die Mutter und die drei kleinen Kinder zurückgelassen. Die Kinder sind so alt wie wir, zwischen fünf und zehn. Vor ein paar Nächten haben wir laute Schreie aus der Richtung ihrer Hütte gehört. Minutenlang hörte man das Schreien, dann war alles still. Am Morgen bin ich zu ihrer Hütte gegangen und habe gesehen, dass sie nicht mehr da waren. Alles, was sie besaßen, war noch da, der kleine Haufen schwarzer Kleider in einer Zimmerecke, die rot karierten

Schals, ihre Essschüsseln aus Holz. Es ist jetzt vielleicht drei Tage her und immer noch steht die Hütte leer. Es ist, als sei die Familie wie von Zauberhand verschwunden, und niemand traut sich zu fragen, wo sie jetzt sind. Wir tun alle so, als würde uns ihr Verschwinden nicht auffallen.

Eines Abends, als sie von der Arbeit nach Hause kommt, ruft Mama Kim, Chou, Geak und mich eilig zu sich. Wir sitzen alle im Kreis und warten, während Mama unruhig um die Hütte läuft, um sicherzugehen, dass uns niemand zuhört. Als sie zu uns kommt, sind ihre Augen voller Tränen.

»Wenn wir zusammenbleiben, werden wir zusammen sterben«, sagt sie sehr leise. »Wenn sie uns aber nicht finden, können sie uns auch nicht töten.« Ihre Stimme bebt beim Sprechen. »Ihr drei müsst weggehen und irgendwo weit entfernt leben. Geak ist vier und zu klein, um wegzugehen. Sie wird bei mir bleiben.« Ihre Worte stechen mir wie tausend Dolche ins Herz. »Jeder von euch dreien geht in eine andere Richtung. Kim, du gehst nach Süden, Chou geht nach Norden und Loung nach Osten. Lauft so lange, bis ihr zu einem Arbeitslager kommt. Wenn ihr ihnen sagt, dass ihr Waisen seid, werden sie euch aufnehmen. Nehmt neue Namen an, die ihr euch nicht einmal gegenseitig verratet. Laßt niemanden wissen, wer ihr seid.« Mama wird entschlossener, je länger sie spricht. »Wenn sie einen von euch erwischen, dann kriegen sie die anderen trotzdem nicht, weil ihr ihnen nichts über sie sagen könnt. Ihr müsst morgen früh losgehen, bevor jemand aufgestanden ist.« Ihr Mund formt noch viele Worte, aber ich höre sie nicht. Furcht nistet sich in meinen Körper ein und lässt mich erzittern. Ich will stark und furchtlos sein, um Mama zu zeigen, dass sie sich um mich keine Sorgen machen muss. »Ich will nicht weggehen!«, platze ich heraus. Mama sieht mich streng an. »Du hast keine Wahl«, sagt sie.

Als Mama mich am nächsten Morgen wecken will, bin ich schon aufgestanden. Chou und Kim sind angezogen und bereit loszugehen. Mama legt meinen zweiten Arbeitsanzug zusammen, wickelt meine Schüssel in den karierten Schal und bindet mir das Bündel quer über den Rücken. Langsam steige ich die Stufen hinunter, wo Chou und Kim schon auf mich warten.

»Denkt daran«, flüstert Mama, »geht nicht zusammen und kommt nicht zurück.« Mein Herz wird unendlich schwer, als mir klar wird, dass Mama uns tatsächlich wegschickt.

»Mama, ich gehe nicht weg!« Ich stemme die Füße fest auf die Erde und weigere mich, mich zu bewegen.

»Doch, du gehst!«, sagt Mama entschieden. »Euer Papa ist nicht mehr da, und ich kann mich einfach nicht um euch Kinder kümmern. Ich will euch hier nicht haben! Ihr macht mir zu viel Arbeit! Ich will, dass ihr geht!« Mama starrt uns ausdruckslos an.

»Mama!« Ich strecke die Arme nach ihr aus, ich flehe sie an, mich in den Arm zu nehmen und mir zu sagen, dass ich bleiben darf. Aber sie schlägt meine Arme mit einem schnellen Klaps zur Seite.

»Geh jetzt!« Sie dreht mich an den Schultern herum und haut mich auf den Po, damit ich mich in Bewegung setze.

Kim ist schon losgegangen, er sieht nach vorne, sein Rücken ist gerade. Chou trottet langsam hinterher, dauernd wischt sie sich mit dem Ärmel über die Augen. Widerstrebend schleppe ich mich von Mama weg und hole die beiden anderen ein. Als ich mich nach ein paar Schritten umdrehe, ist Mama schon wieder in die Hütte gegangen. Geak sitzt an der Tür und sieht uns nach. Sie hebt ihre Hand und winkt mir still. Wir haben alle gelernt, mit unseren Gefühlen verhalten umzugehen.

Je weiter ich mich vom Dorf entferne, desto wütender werde ich. Statt Mama zu vermissen, kocht mein Blut vor Entrüstung. Mama will mich nicht mehr um sich haben. Papa hat sich um uns gekümmert und uns zusammengehalten. Das kann Mama nicht, weil sie schwach ist, genau, wie der Angkar sagt. Der Angkar sagt, Frauen sind schwach und überflüssig. Ich war Papas Liebling. Papa hätte mich zu Hause behalten. Mama hat Geak. Immer hat sie Geak. Sie liebt Geak. Es stimmt, dass Geak zu klein ist, um wegzugehen, aber ich bin noch nicht einmal acht. Ich habe niemanden. Ich bin völlig alleine.

Die Sonne steigt und versengt unsere Hinterköpfe. Heiße kleine Steine vom Pfad durchpiksen die harte Hornhaut meiner Füße. Deswegen meide ich den Kiespfad und laufe auf dem Gras. Es ist schon lange her, dass ich Schuhe getragen habe. Ich weiß nicht mehr, wann ich damit aufgehört habe. Ich glaube, es war, als wir in Ro Leap angekommen sind und sie mein rotes Kleid verbrannt haben.

Bald ist es Zeit für Kim, seinen eigenen Weg zu gehen. Er bleibt stehen und leiert ausdruckslos Mamas Anweisungen herunter. Obwohl er erst zwölf ist, sehen seine Augen wie die eines alten Mannes aus. Ohne ein Wort zum Abschied, ohne gute Wünsche dreht er sich um und geht weg. Ich will auf ihn zurennen und ihn umarmen, so wie ich Papa und Keav in meinen Gedanken umarme. Ich weiß nicht, ob ich ihn je wieder sehen werde. Ich will die Traurigkeit nicht ertragen müssen, ihn zu vermissen. Ich sehe ihm mit zusammengeballten Fäusten nach, bis er verschwunden ist.

Obwohl Mama es verboten hat, können Chou und ich uns nicht voneinander trennen, deswegen gehen wir zusammen weiter. Ohne zu essen und zu trinken gehen wir den ganzen Vormittag in der sengenden Hitze stumm nebeneinander her. Wir halten überall nach Zeichen menschlichen Lebens Ausschau, aber es gibt keine. Hier stehen nur braune Bäume unter der Hitze des weißen Himmels, ihre dahingewelkten Blätter hängen still von den Ästen. Außer unseren Schritten ist nichts zu hören. Als die Sonne hoch über unseren Köpfen steht, knurren unsere Mägen; sie verlangen nach Essen, das wir natürlich nicht haben. Schweigend folgen Chou und ich dem roten Pfad, der sich vor uns windet. Wir werden immer müder und schwächer und sehnen uns nach einer Rast im Schatten, doch wir zwingen uns weiterzugehen. Wir wissen nicht, wo und wann unser

Marsch beendet ist. Es ist Nachmittag, als wir schließlich ein Lager sehen.

Das Lager besteht aus sechs strohgedeckten Hütten, ähnlich unserer, nur dass diese größer sind. Zwei offene Hütten, die Gemeinschaftsküche, stehen ihnen gegenüber und drei kleine Hütten, in denen die Aufseher leben. Das Lager ist auf allen Seiten von riesigen Gemüsegärten umgeben. In einem von ihnen hocken Kinder in einer Reihe, jäten Unkraut und pflanzen Gemüse. Weitere Kinder, die an den Brunnen Schlange stehen, bewässern die Gärten. Wassereimer werden von einem Kind zum nächsten gereicht, und das letzte in der Reihe gießt das Wasser auf den Garten und läuft mit dem Eimer zurück zum Brunnen.

Wir stehen am Tor und werden von der Lageraufseherin begrüßt. Sie ist so groß wie Mama, aber viel stärker und einschüchternder. Ihr schwarzes Haar ist kinnlang und gerade geschnitten, genau so wie unseres. Aus ihrem großen runden Gesicht sehen uns ihre Augen prüfend an. »Was macht ihr hier?«

»Met Bong, meine Schwester und ich suchen einen Platz zum Bleiben.« Ich rede die Aufseherin in Khmer als »ältere Schwester und Kameradin« an und lege so viel Entschlossenheit in meine Stimme, wie ich aufbringen kann.

»Dies ist ein Arbeitslager für Kinder. Warum lebt ihr nicht bei euren Eltern?«

»Met Bong, unsere Eltern sind schon vor langem gestorben. Wir sind Waisen und haben immer bei verschiedenen Familien gelebt, aber sie wollen uns nicht mehr.« Mein Herz rast vor Schuldgefühl, als mir die Lügen von den Lippen gehen. In der chinesischen Kultur glaubt man, wenn man vom Tod einer Person spricht, dann wird er auch eintreten. Indem ich der Schwester und Kameradin gesagt habe, dass unsere Eltern tot sind, habe ich Mamas Grab geschaufelt.

»Sind sie in einem Umerziehungslager gestorben?«, fragt Met Bong. Ich höre, wie Chou nach Luft schnappt, aber ich werfe ihr einen warnenden Blick zu, nichts zu sagen.

»Nein, Met Bong. Wir sind Bauern vom Land. Ich war noch zu jung, um mich daran zu erinnern, aber ich weiß, dass sie starben, als sie im Bürgerkrieg gekämpft haben.« Ich wundere mich, wie leicht mir das Lügen fällt. Met Bong scheint die Lügen zu glauben, oder vielleicht ist es ihr auch einfach egal. Sie hat auf hundert Kinder aufzupassen, und ihr macht es nichts aus, wenn es zwei Arbeitskräfte mehr werden.

»Wie alt seid ihr?«

»Ich bin sieben und sie ist zehn.«

»In Ordnung, kommt rein.«

Dies ist ein Mädchenlager für diejenigen, die als zu schwach befunden werden, um in den Reisfeldern zu arbeiten. Wir werden als nutzlos angesehen, da wir nicht unmittelbar zum Kriegsgeschehen beitragen können. Und doch arbeiten wir von morgens bis abends unter der sengenden Sonne, um Nahrungsmittel für die Armee zu produzieren. Von Sonnenaufgang bis Sonnenuntergang pflanzen wir Gemüse im Garten. Wir machen nur zum Mittag- und Abendessen Pause. Jede Nacht fallen wir erschöpft in den Schlaf, mit fünfzig anderen Mädchen eng auf Bambusplanken zusammengepfercht, die anderen fünfzig schlafen in einer anderen Hütte.

Nichts wird im Lager verschwendet, vor allem kein Wasser. Das Brunnenwasser ist ausschließlich für den Garten und die Küche; um uns und unsere Kleider zu waschen, müssen wir mehr als einen Kilometer zu einem Teich laufen. Nachdem wir den ganzen langen Tag in der Sonne geschmort haben, hat keiner mehr Lust, dahin zu laufen, weswegen wir selten baden. Alles wird gesammelt und wird wieder verwandt: Alte Kleidungsstücke werden zu Tüchern, Nahrungsmittel werden getrocknet und aufgehoben, menschliche Exkremente werden als oberste Schicht auf die Gärten aufgebracht.

Nach unserem ersten Abendessen sollen Chou und ich uns um das Lagerfeuer zu unserer ersten Lektion einfinden. Als wir ankommen, sind alle anderen Kinder schon da. Wir hocken uns hin und warten darauf, dass Met Bong die neuesten Nachrichten oder Propaganda vom Angkar verliest. In einer Mischung aus Raserei und Lobhudelei schreit Met Bong: »Angkar ist allmächtig! Angkar ist der Retter und Befreier aller Khmer!« Dann klatschen die hundert Kinder viermal schnell, heben die Fäuste zum Himmel und schreien: »Angkar! Angkar! Angkar!« Chou und ich folgen ihrem Beispiel, auch wenn wir die Propaganda Met Bongs nicht verstehen: »Heute haben die Soldaten des Angkars unsere Feinde – die verhassten Youns – aus unserem Land vertrieben!«

»Angkar! Angkar! Angkar!«

»Obwohl es viel mehr Youn-Soldaten als Khmer-Soldaten gibt, sind unsere Soldaten die besseren Kämpfer. Sie werden die Youns besiegen! Dank dem Angkar!«

»Angkar! Angkar! Angkar!«

»Ihr seid die Kinder des Angkar! Auch wenn ihr schwach seid, liebt euch der Angkar. Viele Menschen haben euch verletzt, aber von jetzt an wird euch der Angkar beschützen!«

Jede Nacht versammeln wir uns für solche Propaganda, und jede Nacht bekommen wir gesagt, dass der Angkar uns liebt und beschützt. Jede Nacht sitze ich da und mache ihre Bewegungen nach, dabei brüte ich einen unendlichen Hass aus. Vielleicht hat der Angkar sie beschützt – mich hat er jedenfalls nie beschützt –, und er hat Keav und Papa getötet. Ihr Angkar beschützt mich auch nicht, wenn die anderen Kinder Chou und mich schikanieren.

Die Kinder verachten mich und halten mich wegen meiner hellen Haut für minderwertig. Wenn ich an ihnen vorbeigehe, sagen sie gemeine Sachen zu mir. Ihre Spucke frisst sich wie Säure durch meine Haut. Sie bewerfen mich mit Matsch, sie behaupten, davon würde meine hässliche Haut dunkler. Manchmal stellen sie mir ein Bein, dann falle ich hin und schlage mir die Knie auf. Met Bong sieht dann immer woanders hin. Zuerst tue ich nichts dagegen, sondern lasse ihre Bosheiten ruhig über mich ergehen, weil ich nicht noch mehr Aufmerksamkeit auf mich lenken will. Aber bei jedem Sturz träume ich davon, ihnen die Knochen zu brechen. Ich habe nicht so vieles überlebt, um von ihnen zur Strecke gebracht zu werden.

Als ich mich eines Abends vor dem Abendessen wasche, kommt Rarnie, die mich oft tyrannisiert, auf mich zu und zwickt mich in den Arm. »Blöde Youn-Chinesin!«, zischt sie mich an. Mein Gesicht glüht und mein Blut kocht vor Hass. Als hätten sie ihren eigenen Willen, legen sich meine Hände um ihren Hals und schließen sich ganz fest um ihre Kehle. Ihr Gesicht wird weiß vor Verwirrung. Sie schnappt nach Luft und keucht unter dem Druck meiner Finger. Mit den Fingernägeln kratzt sie mir die Arme auf. Ich lasse nicht los. Ein stechender Schmerz explodiert in meinem Schienbein, als sie mich tritt. Vor lauter Wut bin ich jetzt ein Meter achtzig groß, und als ich mich gegen sie werfe, fällt sie hin. Ich sitze rittlings auf ihrer Brust, sehe sie wutentbrannt an und schlage ihr ins Gesicht: »Stirb! Stirb!« Rarnies Augen weiten sich vor Angst, Blut tropft von ihrer Nase auf meine Hände. Ich kann immer noch nicht aufhören. Ich will sie tot sehen. »Stirb! Ich hasse dich! Ich bringe dich um!« Wieder legen sich meine kleinen Finger um ihre Kehle. Ich versuche, das Leben aus ihr herauszuquetschen. Ich hasse sie. Ich hasse sie alle.

Zwei Hände packen meine Arme und drehen sie schmerzhaft auf den Rücken. Andere Hände ziehen mich an den Haaren, runter von Rarnie. Aber ich kämpfe weiter, mit den Füßen schaufele ich ihr Sand ins Gesicht. »Ich bringe dich um!«, kreische ich, da schlägt mir eine große Hand ins Gesicht, und ich segele über den Boden. »Genug!«, schreit Met Bong. »Heute Abend wird niemand umgebracht!«

»Sie hat mich angegriffen!« Rarnie setzt sich auf und zeigt auf mich.

»Mir ist egal, wer angefangen hat.« Met Bong deutet auf Rarnie. »Geh und wasch dich.« Dann dreht sie sich nach mir um und brüllt: »Du bist wohl nicht ganz ausgelastet, wenn du hier so ei-

nen Kampf anzettelst? Dann kannst du heute Nacht den ganzen
Garten wässern. Du darfst erst schlafen, wenn du damit fertig
bist. Und du kriegst heute nichts zu essen!« Bevor sie geht, stellt
Met Bong ein Mädchen ab, die aufpassen soll, dass ich alles so
mache, wie sie es gesagt hat.

Als ich langsam auf die Füße komme, zerstreut sich die Menge
um mich. Chou hält mir ihre Hand hin, aber ich will sie nicht
nehmen. Ich schnappe mir den Wassereimer und fange an, den
Garten zu wässern. Ich arbeite, während die anderen Mädchen ihr
Abendessen essen, die Propaganda bei den nächtlichen Lektionen wiederholen und sich fertig zum Schlafen machen. Ich weine
nicht, ich schreie nicht, und ich bettele auch nicht um Gnade.
Ich denke an Rache und an Massaker. Ich erstelle eine Liste all
des Unrechts, das ich erlitten habe. Ich werde dafür sorgen, dass
sie für jeden Schlag, den ich erdulden musste, zwei Schläge bekommen. Mitten in der Nacht kommt Met Bong und sagt, dass
ich schlafen gehen soll. Ohne sie anzusehen, lasse ich den Eimer
fallen, gehe zu meiner Hütte und falle erschöpft in den Schlaf.

Nach dem Kampf mit Rarnie hören die Mädchen auf, mich zu
schikanieren. Aber sie tyrannisieren Chou weiterhin, weil sie
ihre Schwäche und Angst zeigt. Es ist jetzt drei Wochen her, seit
Chou und ich im Lager angekommen sind. Wir gehen langsam
hinter einer Gruppe von Mädchen her. Zum ersten Mal seit wir
hier sind, gehen wir mit unserem zweiten Arbeitsanzug zum
Fluss, um uns zu waschen.

»Chou, lass nicht zu, dass sie dich hauen! Sie dürfen nicht denken, dass sie damit durchkommen!«, sage ich zu ihr.

»Aber sie können mich verhauen und kommen damit weg. Ich
kann nicht gegen sie gewinnen.«

»Na und? Ich kann es mit jeder von ihnen aufnehmen, aber
wenn sie sich zusammentun, könnten sie mich verprügeln. Ich
lasse sie es nicht wissen. Mir ist es egal, ob ich gewinne, auf jeden
Fall tue ich ihnen weh. Und nicht zu knapp. Chou, ich träume
von dem Tag, an dem wir wieder Macht haben, dann komme ich

zurück. Ich werde es jeder Einzelnen von ihnen zurückzahlen. Ich werde dies hier niemals vergessen!«
»Warum solltest du dich daran erinnern? Ich träume von dem Tag, an dem alles wieder schön ist und ich dies alles hinter mir lassen kann.«
Chou versteht mich nicht. Ich brauche die neuen Eindrücke, die mich wütend machen, um die alten zu vergessen, die mich traurig machen. Es ist die Wut, die mich am Leben hält, weil ich wiederkommen und mich rächen will. Am Teich rennen die Mädchen noch in ihren Sachen ins Wasser, sie spritzen sich nass und lachen über ihre Schwimmversuche. Während Chou den Dreck von ihren Kleidern schrubbt, treibe ich rücklings auf dem Wasser. Ich denke an Keav und lasse mich sinken; das Wasser schließt sich über meinen Wangen, Augen und meiner Nase. Als ich wieder auftauche, löst sich langsam der Matsch von Wochen, ich werde wieder sauber unter den Nägeln, im Nacken und zwischen den Zehen. Das Wasser kann den Dreck wegwaschen, aber niemals wird es das Feuer löschen können, den Hass, der in mir gegen die Roten Khmer lodert.

Kindersoldaten

August 1977

Monate gehen vorbei, und die Regierung erhöht weiterhin regelmäßig unsere Lebensmittelration, sodass ich etwas stärker werde. Es ist drei Monate her, dass wir Ro Leap verlassen und Kim, Mama und Geak zuletzt gesehen haben. Ich denke jeden Tag an sie und frage mich, wie es ihnen geht. Nachts, wenn alle anderen Kinder fest schlafen, flüstern Chou und ich über Mama und Geak. Ich hoffe, dass Meng, Khouy und Kim Mama besuchen können, um nachzusehen, ob es ihr gut geht. Wenn ich daran denke, dass Mama Geak hat und nicht ganz allein ist, wird mir etwas leichter ums Herz.

Die anderen Kinder haben aufgehört, mich zu ärgern, weil ich eine Kämpferin bin. Während ich meinen Ruf als gute Arbeitskraft verbessert habe, wurde Chou aus dem Garten genommen und zur Köchin degradiert. Das findet sie viel besser, weil sie jetzt nicht mehr mit den anderen Mädchen zusammen sein muss.

Doch weil ich stark bin, dauerte es auch nur drei Monate, bis Met Bong mir eines Tages mitteilte, dass sie »gute Nachrichten« für mich habe.

»Du bist zwar das jüngste Mädchen hier, aber du arbeitest härter als irgendein anderes Kind. Der Angkar braucht Menschen wie dich«, sagt sie zu mir und lächelt. »Es ist wirklich schade, dass du kein Junge bist«, fügt sie hinzu. Als sie sieht, dass ich nicht vor Freude an die Decke springe, guckt sie mich grimmig an. »Du sollst dem Angkar dienen und sonst niemandem. Du solltest stolz auf dich sein. Dieses Lager ist nur etwas für die Schwächlinge. Das Lager, in das du gehst, ist für größere und stärkere Kinder. Dort wirst du zum Soldaten ausgebildet, dann kannst du schon bald in den Krieg ziehen. Dort wirst du viel mehr lernen als hier.« Ihr Gesicht leuchtet vor Stolz, als sie endet.

»Ja, Met Bong, ich freue mich darauf«, lüge ich. Met Bongs freudige Erregung kann ich nicht nachvollziehen. Ich will dem Land, das meinen Papa umgebracht hat, kein Opfer bringen.

Bei Tagesanbruch packe ich meine Anziehsachen und die Schüssel ein. Chou steht mit gesenktem Kopf neben mir. Ich will sie nicht zurücklassen, aber ich kann den Auftrag nicht ablehnen. Wir haken uns unter und gehen auf Met Bong zu, die am Tor wartet.

»Chou, du bist älter als ich, hör auf, so schwach zu sein«, flüstere ich, als wir uns ganz fest umarmen. »Wir werden immer Schwestern sein, auch wenn du in einer Mülltonne gefunden würdest.« Chou weint noch mehr, ihre Tränen fallen auf meine Haare. Met Bong bricht unsere Umarmung auf, sie sagt, es sei Zeit für mich zu gehen. Chou will meine Hand nicht loslassen. Mit meiner ganzen Kraft reiße ich mich los und renne weg. Obwohl es mir unendlich wehtut, drehe ich mich nicht um.

Met Bong führt mich zu einem Lager, das eine Stunde entfernt ist. Ich weiß nicht, was ich von dem nächsten Lager zu erwarten habe, doch da mir Met Bong sagt, es ist ein Ausbildungslager für Kindersoldaten, nehme ich an, dass es ein großes Lager mit vielen Waffen und Soldaten ist. Aber das neue Lager ähnelt dem alten. Es wird von einer anderen Met Bong beaufsichtigt, die meiner bisherigen Aufseherin nicht nur äußerlich und vom Charakter her gleicht, sondern auch eine ebenso eifrige Verfechterin des Angkars ist. Während sie sich unterhalten, überlassen sie mich der Betrachtung meines neuen Heims.

Das neue Arbeitslager steht am Rande eines Reisfeldes inmitten eines Waldes. Über den Hütten wiegen sich Palmen leicht im Wind. Auf einer von ihnen schneidet ein Junge eine Traube von Palmfrüchten mit einem silbernen Messer ab. Er sieht aus, als sei er vielleicht zwölf oder vierzehn Jahre alt, hat ein rundes Gesicht, schwarzes, gewelltes Haar und einen kleinen, dunklen und sehnigen Körper. Ich kann nur staunen, wie sich seine Finger und Zehen wie die eines Affen am Baum festkrallen. Während er sich mit einer Hand an ein paar kräftigen Palmwedeln festhält, trennt er mit dem Messer in der anderen Hand die Früchte vom Baum. Als hätte er mein Starren bemerkt, unterbricht der Junge seine Arbeit und dreht sich nach mir um. Wir sehen uns für ein paar Sekunden in die Augen. Er lächelt und winkt mir zu, aber das Messer hält er noch in der Hand. Diese vertraute Geste menschlicher Freundschaft, die ich seit langer Zeit nicht mehr gesehen habe, wird mir noch fremder, weil er dabei die Luft mit seinem Messer zerschneidet. Ich lächele zurück, bevor ich meine Aufmerksamkeit wieder dem Lager zuwende.

Das Lager beherbergt etwa achtzig Mädchen im Alter zwischen zehn und fünfzehn. Ich bin noch keine acht Jahre. Im Gegensatz zum anderen Lager leben hier nicht nur Waisen. Viele von ihnen haben Familien, die in den umliegenden Dörfern wohnen. Hier wurden alle von ihrem jeweiligen Dorfvorsteher oder von einer Aufseherin ausgewählt. Ein ähnlich strukturiertes Lager liegt am anderen Ende des Reisfeldes, in dem etwa achtzig Jungen unter der Aufsicht ihres Bruders und Kameraden, eines Met Bong Preuf, leben. Sie sagen mir, dass die beiden Lager sich manchmal zu Lektionen über den Angkar zusammenfinden und dass danach die Siege des Angkar mit Tanz und Gesang gefeiert werden.

In meiner ersten Nacht im Lager versammeln sich beide Gruppen um ein hoch aufloderndes Feuer, um die neueste Propaganda zu hören. Die beiden Lagerleiter stehen vor uns und wechseln sich mit Eintrichtern ihrer Botschaft ab. »Der Angkar ist unser Retter! Der Angkar ist unser Befreier! Wir schulden dem Angkar alles! Der Angkar ist unsere Stärke!« Weil ich das nun schon so oft gehört habe, weiß ich genau, wann Klatschen und Rufe vorgeschrieben sind. »Unsere Khmer-Soldaten haben heute fünfhundert Youns getötet. Die Youns wollten in unser Land einmarschieren! Die Youns haben viel mehr Soldaten, aber sie sind dumm und feige! Ein Khmer-Soldat kann hundert Youns töten!«

»Angkar! Angkar! Angkar!«

»Die Youns haben viel mehr Waffen, aber unsere Khmer-Soldaten sind stärker, schlauer und ohne Angst! Die Youns sind wie die Teufel, und manche weigern sich zu sterben!« Mit immer schrilleren Stimmen berichten die Met Bongs, wie die Khmer-Soldaten die Youns töten. Unsere Khmer-Soldaten schneiden den Youns die Eingeweide aus den Leibern und verstreuen sie im Dreck. Sie schneiden den Youns die Köpfe ab, um die Youns von einem Einmarsch in Kampuchea abzuschrecken. Die Met Bongs gehen im Kreis der Kinder herum, als seien sie von mächtigen Geistern besessen, wütend fuchteln sie mit den Armen gen Himmel, ihre Lippen bewegen sich immer schneller und sie spucken Worte über den Ruhm des Angkar und unsere unbesiegbaren Khmer-Soldaten nur so heraus – Worte, die die Youns verdammen und uns ihr blutiges Ende in allen Einzelheiten vor Augen führen. Die Raserei der Kinder gleicht derjenigen der Met Bongs.

»Ihr seid die Kinder des Angkar! In euch liegt die Zukunft. Der Angkar weiß, dass eure Herzen rein sind, unverdorben von bösen Einflüssen, bereit, die Wege des Angkar zu gehen. Deswegen liebt euch der Angkar mehr als alles andere. Deswegen gibt der Angkar euch so viel Macht. Ihr seid unsere Retter. Ihr habt die Macht!«

»Angkar! Angkar! Angkar!«, donnern wir unsere Zustimmung heraus.

»Die Youns hassen euch! Sie wollen herkommen und dem Angkar seine Schätze stehlen, und dazu gehört ihr. Die Youns wissen, dass ihr zum Schatz gehört.« Die Met Bongs hocken sich hin, sehen uns fest in die Augen und erzählen uns, dass die Youns schon unsere Dörfer und Städte unterwandert haben, um uns gefangen zu nehmen. Aber der Angkar wird uns beschützen, wenn wir ihm unsere ganze Loyalität entgegenbringen. Das heißt, wir müssen dem Angkar mutmaßliche Unterwanderer und Verräter melden. Wenn wir jemanden hören – sei es einer unserer Freunde, Cousins, sogar unsere eigenen Eltern –, wie er etwas gegen den Angkar sagt, dann müssen wir ihn den Met Bongs melden. Mein Herz setzt einen Schlag aus. Auch wenn sich die Lippen der Met Bongs noch bewegen und Worte aus ihren Mündern kommen, kann ich sie nicht mehr hören. Papa war gegen den Angkar. Deswegen muss Papa getötet worden sein. Mama ist gegen den Angkar, und das dürfen sie nie erfahren. Mir erhobener Faust schreie ich die vorgeschriebenen Angkars.

Als es vorbei ist, öffnet sich der Kreis und die Kinder versammeln sich zu einer Seite des Feuers. Vier Jungen lösen sich aus der Menge, sie haben Mandolinen und selbst gemachte Trommeln dabei. Sie stehen auf einer Seite der Menge und fangen an, auf ihren Instrumenten zu spielen. Sie schlagen die Trommeln und klimpern auf den Mandolinen, ihre Füße tappen rhythmisch auf den Boden. Sie sehen sich mit verengten Augen und entblößten Zähnen an. Trotzdem sehen sie nicht wütend aus. Sie sehen glücklich aus! Als sie fertig sind, ziehen sie sich damit auf, wer welche Noten falsch gespielt hat. Plötzlich brechen sie in lautes Lachen aus! Es ist ein echtes lautes Lachen. Seit der Machtübernahme der Roten Khmer habe ich niemanden richtig lachen hören. In Ro Leap haben wir mit so viel Angst gelebt,

Lachen hatte da gar keinen Platz. Außerdem hätten wir Angst gehabt, dass es Aufmerksamkeit auf unsere Familie lenkt.

Nachdem sich die Jungen beruhigt haben, treten fünf Mädchen vor die Menge. Sie tragen schöne schwarze Oberteile und Hosen, nicht so was ausgewaschen Grauschwarzes, was ich anhabe, sondern schimmernde neue Anzüge mit grellroten Tüchern um die Taillen. Um die Stirn tragen sie rote Bänder mit roten Blumen aus getrocknetem Stroh. Sie stellen sich in einer Reihe auf und singen und tanzen für uns. Alle Lieder preisen Pol Pot, den mächtigen Führer des Angkar, rühmen die Gesellschaft des Angkar und die unbesiegbaren Khmer-Soldaten.

Tanzend stellen sie Bauern bei der Arbeit dar, die Reisernte, Krankenschwestern, die verwundete Soldaten versorgen, und Soldaten in siegreichen Schlachten. Es gibt sogar ein Lied von einer Frau, die ihr Messer unter dem Rock versteckt, um es einem Youn ins Herz zu stechen. Obwohl mir die Lieder nicht gefallen, sind sie doch Musik – etwas ganz anderes, als ich gewohnt bin. In den fast zwei Jahren, die ich in Ro Leap verbracht habe, gab es keine Musik und keinen Tanz. Der Dorfvorsteher hat uns gesagt, dass der Angkar sie verboten habe. Dies muss also ein Privileg sein, das uns als Kindersoldaten gewährt wird.

Während ich den Mädchen beim Singen und Tanzen zusehe, überkommt mich ein merkwürdiges Gefühl. Obwohl die Liedtexte von Blut und Krieg handeln, lächeln die Mädchen. Anmutig und harmonisch bewegen sie ihre Hände und wiegen ihre Körper im Rhythmus der Musik. Nach dem Tanz halten sie sich an den Händen und kichern, als hätte es ihnen Spaß gemacht. Darüber freue ich mich, unwillkürlich muss ich lächeln. Lachen ist zu einer blassen Erinnerung geworden. Wie ich dieses Echo aus einer fernen Zeit liebe. In Phnom Penh haben Chou und ich oft Keavs Sachen herausgeholt und haben uns damit schick gemacht. Mit vierzehn war Keav schön und modebewusst, sie kaufte nur die neueste Mode. In ihren Kleidern sah sie so erwachsen und hübsch aus, ganz wie Mama. In ihrem Schrank hingen lange fließende Kleider, kurze schimmernde Röcke, Blusen mit Rüschenkragen. Chou und ich sind in ihre Kleider geschlüpft, haben gelacht und gekichert und uns gegenseitig mit Madame und Mademoiselle angeredet. Dann sind wir an Keavs Schmuckkasten gegangen und haben ihre Ketten und Ohrringe angelegt. Unweigerlich kam Keav irgendwann nach Hause und hat uns erwischt. Sie hat gebrüllt und uns den Hintern versohlt, und wir sind aus dem Zimmer gerast.

Nach der Vorstellung werden wir alle zum Tanzen aufgefordert. Die Mädchen stehen auf und tanzen miteinander, und auch die Jungen schließen sich eng zusammen. Schon immer habe ich unheimlich gerne getanzt. Ein paar Minuten bewege ich meine Füße zur Trommel, meine Arme wiegen sich im Rhythmus des Lieds, und mein Herz ist leicht und voller Freude. Nachdem der Tanz vorüber ist, kommt Met Bong zu mir und sagt: »Für so ein junges Mädchen bist du eine gute Tänzerin.«

»Danke sehr«, antworte ich leise. »Mir macht das Tanzen Spaß.«

»Wie heißt du noch mal?«

»Sarene«, kommt mir mein neuer kambodschanischer Name leicht über die Lippen.

»Sarene, ich möchte, dass du in der Tanzgruppe mitmachst. Wir spielen für die Soldaten. Das bedeutet, dass du in der Arbeitszeit proben darfst. Jetzt tanzen wir nur aus Spaß, aber wenn eine Einheit ins Dorf kommt, tanzen wir für sie.«

»Vielen Dank, Met Bong. Das würde mir sehr gut gefallen.« Nachdem sie gegangen ist, halte ich mir den Mund zu, um einen Schrei zu unterdrücken. Ich! Eine Tänzerin! Ich kann in der Arbeitszeit proben und verreisen! Neue Anziehsachen! Strohblumen in meinem Haar! Zum ersten Mal seit der Machtübernahme fühle ich mich jung und unbeschwert. Ich lächele sogar.

Allerdings ist es in Wirklichkeit ziemlich schmerzvoll und ermüdend. Jeden Morgen, bevor wir mit der Probe beginnen, umwickelt Met Bong unsere Finger mit Elefantengras. Dann biegt sie unsere Hände nach hinten, sodass sie eine wunderschöne

Kurve beschreiben, wenn sie losgebunden werden. Diese Maßnahme tut ungemein weh, und es dauert viele Jahre, bis eine dauerhafte Kurve entstanden ist. Nach einer Stunde schneidet sie die Grasfessel wieder auf, dann sind meine Finger steif und pochen vor Schmerz. Anschließend stellen wir uns in einer Reihe auf, und sie bringt uns jeden Tag ein paar einfache Schritte bei. Wenn ich keine Tanzproben habe, arbeite ich von morgens bis zum späten Nachmittag auf dem Reisfeld. Den Rest des Tages verbringe ich damit, die Lieder zu lernen und Met Bong zuzuhören, wie sie die Philosophie des Angkar predigt.

An meinem ersten Arbeitstag im Feld fangen meine Knöchel und Zehen an zu jucken, sowie ich nur ein paar Schritte ins schlammige Wasser gewatet bin. Als ich einen Fuß aus dem Wasser hebe, schreie ich laut auf. Fette schwarze Blutegel hängen an Knöchel und Fuß, sogar zwischen den Zehen zapfen sie mich an. Ich habe schon vorher Blutegel gesehen, aber noch nie solche großen und dicken. Sie sind größer als meine Finger, schwarz und schleimig heften sie sich mit ihren Saugnäpfen an mich. Die Würmer krümmen sich, meine Haut juckt und brennt. Krampfhaft ziehe ich an den feuchtkalten weichen Körpern. Doch je mehr ich zerre, desto länger werden sie. Sie lassen nicht los. Schließlich gelingt es mir, einen Kopf abzuziehen, aber das andere Ende des Blutegels bleibt haften und saugt mir das Blut aus.

Eine Arbeitskameradin kommt lachend auf mich zu. Eine Sekunde lang überrascht mich ihr Lachen. »Was bist du blöd! Du kannst sie nur so wegkriegen!« Sie zieht einen Stängel Gras aus der Erde, fasst ihn an beiden Enden und drischt damit auf meine Knöchel ein. Die Blutegel fallen ab, sie lassen meine Knöchel blutend zurück.

»So kommen beide Köpfe auf einmal ab. Am besten, du ziehst deine Hose ganz runter und wickelst sie fest um die Knöchel, dann können sie nicht reinkriechen.« Ich hatte meine Hosen hochgerollt, damit sie nicht nass würden, und mich gefragt, warum alle anderen sie unten ließen.

»Was ist mit meinen Füßen?«, frage ich ängstlich. Das Mädchen zuckt die Achseln.

»Da kann man nicht viel dagegen machen. Sie tun nicht weh und sie saugen dir auch nicht viel Blut aus. Ich schlage sie am Ende des Tages weg. Man gewöhnt sich daran.«

Ich schaudere bei dem Gedanken und frage mich, ob ich das kann. Über das Feld brüllt Met Bong mir etwas zu. Ich soll aufhören, so faul zu sein, und ins Wasser zurückgehen. Mein Herz schlägt schneller. Faulheit ist das größte Verbrechen vor dem Angkar. Ich binde meine Hose mit langen Grashalmen fest um die Knöchel und renne ins Reisfeld zurück. Im Wasser quillt der warme Schlick zwischen meine Zehen und nach ein paar Schritten fangen meine Füße und Zehenzwischenräume wieder an zu brennen und jucken. »Man gewöhnt sich daran«, murmele ich vor mich hin. Entschlossen beiße ich die Zähne zusammen und beuge mich vor, um Reis zu pflanzen. Die Arbeit geht auf den Rücken und ist langweilig, die Sonne brennt auf meinen schwarzen Arbeitsanzug. Stunden vergehen, und meine Gedanken kreisen um Keav. Das war ihre tägliche Arbeit, bevor sie gestorben ist. Schweiß läuft über mein Gesicht. Mein Magen krampft sich zusammen. Ich habe keine Zeit, schwach zu sein. Am Ende des Tages habe ich die Blutegel vergessen, nicht aber meine Schwester.

Es ist September und zwei Monate her, seit ich Chou das letzte Mal gesehen habe. Met Bong bringt den jüngeren Kindern bei, wie wir uns selbst beschützen können. Sie erzählt uns, dass Pol Pot Gefahr im Verzug spürt und wir uns vorbereiten müssen. Pol Pot hat Soldaten in die Dörfer ausgesandt, die alle Kinder über acht aus ihren Familien nehmen, auch die Basiskinder. Je nach Größe und Alter werden den Kindern Aufgaben und Training zugewiesen. Sie werden in Lager gesteckt, um Nahrungsmittel anzubauen, Werkzeuge herzustellen, als Träger zu arbeiten und als Soldaten ausgebildet zu werden.

»Ihr solltet stolz sein«, sagt Met Bong. »Durch eure Ausbildung bei mir habt ihr den anderen Kindern viel voraus.«

»Met Bong«, sage ich, »ich habe nichts anderes getan, als im Reisfeld zu arbeiten, und zugesehen, wie die anderen Mädchen trainieren.«

»Es ist ganz leicht, jemandem den Umgang mit einer Waffe beizubringen«, antwortet sie, »aber den Verstand zu schulen, das ist sehr viel schwerer. Ich habe euren Verstand all diese Monate hindurch geschärft. Ich habe mein Bestes getan, um Pol Pots Worte in euren Köpfen zu verankern und euch die Wahrheit über die Youns beizubringen. Kinder müssen lernen, Befehle ohne Zögern und Fragen auszuführen, sie müssen sogar auf ihre Eltern schießen und sie töten, wenn sie Verräter sind. Das ist der erste Schritt der Ausbildung.« Ich koche vor Wut, als ich diese Worte höre. Doch auch wenn ich vor Zorn zu explodieren drohe, habe ich mich im Griff. Ich werde Mama niemals für sie töten. Nie!

Neujahr vergeht ohne Feier und ohne Freude. Schnell wurde die Brise des Januar zur Hitze des April, und wieder bin ich ein Jahr älter. Das Leben im Lager geht seinen gewohnten Gang. Ich teile meine Zeit zwischen der Feldarbeit und den Unterrichtsstunden auf. Wie Keav bin ich hier alleine, auch wenn ich dasselbe esse und in derselben Hütte schlafe wie achtzig andere Mädchen. Abgesehen von den vorgeschriebenen Diskussionen über die Macht Pol Pots und seiner Armee, leben wir stumm nebeneinander. Wir geben nichts preis, weil wir alle irgendwelche Geheimnisse haben. Mein Geheimnis ist unser früheres Leben in Phnom Penh. Ein anderes Mädchen hat vielleicht einen behinderten Bruder, oder sie hat Essen gestohlen, versteckt eine rote Hose, ist kurzsichtig und hatte früher eine Brille, oder sie weiß, wie Schokolade schmeckt. Wenn so etwas herauskommt, kann sie von Met Bong bestraft werden.

Auch wenn ich die Gefahren einer Freundschaft kenne, denke ich manchmal wehmütig daran. Ohne Chou bin ich alleine. Bis jetzt hatte ich immer Chou, mit der ich spielen, streiten oder sprechen konnte. In Phnom Penh waren Meng und Khouy schon erwachsen, Keav war ein Teenager, Kim kurz vor der Pubertät und Geak noch ein Baby. Chou und ich standen uns am nächsten. Wenn ich traurig oder durcheinander war, ging ich immer zu ihr. Mir war nie klar, wie sehr ich sie vermissen würde, nun, wo wir getrennt sind.

Etwas, das einer Freundschaft nahe kommt, verbindet mich im neuen Lager mit dem Palmenjungen. Ich weiß nicht, wie er heißt, und ich habe nie mit ihm gesprochen. Er kommt oft zu unserem Lager, manchmal mit seinem Vater und manchmal alleine. Von Met Bong habe ich erfahren, dass er mit seiner Familie in einem Dorf hier in der Gegend lebt. Mit seinem Vater sammelt er für den Dorfvorsteher Palmsaft und Früchte. Oft gibt er oder sein Vater Met Bong Früchte zu essen. Wenn ich an ihnen vorübergehe, wirft der Junge meistens eine Palmfrucht in meine Richtung, dann lacht er und winkt mir zu, das Messer fest in der Hand.

Unsere nächtlichen Lektionen werden von Mal zu Mal länger. Wie es scheint, hat Pol Pot den Angkar als Quelle der Macht abgelöst. Ich weiß nicht, warum das geschehen ist oder wie es vor sich gegangen ist. Ich weiß nicht mehr über ihn als das, was uns Met Bong in den nächtlichen Stunden mitteilt. Met Bong sagt, er habe die Roten Khmer an die Macht gebracht. Er wird auch derjenige sein, der Kampuchea zu seinem alten Ruhm zurückführt. Met Bongs Stimme wird heller, wenn sie seinen Namen ausspricht, als verleihe es auch ihr Macht, die Silben Pol Pot auszustoßen. Seit der Einnahme von Phnom Penh habe ich den Namen Pol Pot gehört, aber ich wusste nie genau, wie seine Stellung im Angkar war. Jetzt sieht es so aus, als würde der Angkar für ihn arbeiten, und wir anderen auch alle. Jeden Tag verdrängt sein Name den des Angkar etwas mehr, wenn wir jubeln müssen. In den Propagandastunden danken wir jetzt Pol Pot, unserem Retter und Befreier, und nicht mehr dem Angkar. Alles Erreichte wird nun Pol Pot angerechnet. Wenn unsere Reiszuteilung in diesem Jahr erhöht wird, dann hat Pol Pot das veranlasst. Wenn ein Soldat ein starker und talentierter Kämpfer ist, dann allein deswegen, weil Pol Pot es ihm beigebracht hat. Wenn der Soldat getötet wird, dann hat er Pol Pots Ratschläge nicht befolgt. Jede Nacht loben wir den ehrwürdigen Pol Pot und seine Soldaten dafür, dass sie den Feind besiegen.

In grausamen Einzelheiten erfahren wir, wie unglaublich stark unsere Soldaten sind, die selbst die Youns auch mit ihren übernatürlichen Fähigkeiten ermorden. Die Youns sind abergläubisch. Sie glauben daran, dass ihre Seelen verdammt sind, für alle Ewigkeit auf der Erde zu wandern, wenn ihre Körperteile nicht zusammen begraben werden.

Seelen solcher Verstorbener können sich nie ausruhen oder inkarniert werden. Weil sie das wissen, schneiden unsere Soldaten den Youns die Köpfe ab, verstecken sie in den Büschen oder schmeißen sie in den Dschungel, sodass man sie nicht mehr finden kann. Wir werden so lange mit diesen blutigen Einzelheiten überhäuft, bis wir Gewalttaten gegenüber unempfindlich geworden sind.

Im nächsten Monat verlassen die älteren Jungen und Mädchen nach und nach das Lager. Sie nehmen nichts außer den Kleidern mit, die sie am Leib tragen. Sie werden weggeschickt, um im Krieg behilflich zu sein. Einige leben in anderen Lagern, wo sie lernen, vergiftete Pfähle anzufertigen, und andere folgen den Soldaten als Träger. Sie schleppen Vorräte, Verbandszeug und Waffen. Oft werden sie in die Schusslinie gestellt. Viele von diesen Kindern wurden an so viele verschiedene Orte gebracht, dass ihre Eltern ihre Spuren verlieren. Wenn sie erst einmal fortgegangen sind, hört man von vielen nie wieder etwas.

Dann wird das Jungenlager komplett geschlossen. Met Bong sagt, Pol Pot braucht die Jungen oben in den Bergen, wo sie näher an den anderen Soldaten sind. Dort können die Soldaten sie beschützen. Sie erklärt uns, dass Pol Pot das am besten weiß, trotzdem scheint sie sich darüber zu ärgern. In der letzten Nacht, bevor die Jungen weggingen, bin ich aufgestanden, weil ich zur Toilette musste. Hinter den Büschen hockend, habe ich Met Bong und Met Bong Preuf am Feuer belauert. Sie saßen auf dem Boden, ihre Schultern berührten sich. Sie haben leise geredet und ihre Worte wurden vom Knistern des Feuers übertönt. Dann hat Met Bong ihren Kopf auf die Schulter des Aufsehers gelegt und er hat sie in die Arme genommen. Sie ist ja schließlich eine junge Frau, und überall sonst wäre das eine alltägliche Szene gewesen. Ich frage mich, warum sie einen Gefährten haben darf und wir nicht. Als die Jungen gegangen sind, haben sie ihre Instrumente mitgenommen. Trotzdem verlangt Met Bong von den Mädchen weiterhin, dass wir üben, sie hofft nämlich, dass die Jungen bald zurückkommen und wir wieder alle tanzen können.

Bald danach ist unser Lager auf vierzig Mädchen im Alter zwischen zehn und dreizehn Jahren geschrumpft. Jetzt sind wir an der Reihe, erklärt uns Met Bong, unsere Ausbildung zu verbessern und unsere Pflicht Pol Pot gegenüber zu erfüllen. Sie ruft die Mädchen zusammen und lässt uns in einem Halbkreis sitzen. »Ihr seid die Kinder des Angkar. Ihr seid hier, weil ihr die Schlausten und Schnellsten seid. Ihr habt keine Angst und fürchtet euch nicht vor dem Kämpfen. Der Angkar braucht euch für unsere Zukunft.« Sie sagt das ganz langsam und betont, sie will uns Stolz einflößen. »Eines nicht mehr fernen Tages werdet ihr zusammen mit den älteren Mädchen die Youns bekämpfen, aber jetzt gibt es erst mal eine Menge für euch zu lernen.«

Met Bong verschwindet, aber im nächsten Moment kommt sie mit dem Arm voller Werkzeuge zurück. Laut klappernd lässt sie sie auf einen Haufen vor uns fallen. Sie setzt sich wieder vor uns und sagt: »Ihr kennt alle diese Werkzeuge schon. Wir benutzen sie, um Reis zu ernten, Gemüse zu pflanzen und Häuser zu bauen. Aber in den Händen von Kämpfern sind es auch Kriegswaffen. Die gebogene Sichel, die Hacke, der Rechen, der Hammer, die Machete, der Holzstock und ein Gewehr.« Sie hält die Sichel hoch: »Mit der scharfen Klinge könnt ihr den Kopf eines Feindes abschneiden. Mit der Spitze kann man jemandem den Schädel durchbohren.« Meine Augen werden ganz groß, ihre Worte hämmern sich in meinen Kopf. Mein Scheitel kribbelt. Ich sehe mich um, wie die anderen Kinder aufmerksam zuhören, ohne irgendwelche Gefühle zu zeigen. »Mit dem Hammer schlagt ihr den Feinden den Schädel ein, mit der Machete schlitzt ihr sie auf. Wenn ihr euch wehren müsst, dann benutzt das, was ihr habt, als Waffen«, lässt uns Met Bong wissen. Ich starre sie ausdruckslos an, absorbiere ihre Worte und zeige keinerlei Gefühl, während mein Hass auf sie immer stärker wird. Dies sind die Waffen, die Pol Pots Männer für ihre Opfer benutzt haben, Opfer wie Papa. Ich blinzele ein paarmal heftig, um diese Bilder zu verscheuchen.

Met Bong hebt ein Gewehr vom Haufen, genauso eins, wie sie die Soldaten der Roten Khmer haben. »Ich wünschte, wir hätten mehr von diesen Waffen, aber sie sind teuer. Auch die Munition ist teuer, wir haben also keine Gewehre zu verlieren. Es ist leicht, mit dem Gewehr zu schießen. Jeder kann lernen, damit umzugehen – sogar ein Kind kann damit schießen.« Sie ruft mich aus dem Kreis der vierzig Mädchen auf. »Man kann es so tragen«, sagt sie und hängt mir das Gewehr über die Schulter. Der Kolben gräbt sich in meine Brust. Es baumelt mir schwer von der Schulter, vielleicht wiegt es etwa ein Fünftel meines Körpergewichts. Dann weist mich Met Bong an, das Gewehr mit einem Arm abzustützen und es so zu balancieren. Das fällt mir leicht, auch wenn es gegen meinen Willen ist. Sie nimmt mir das Gewehr ab und schlingt mir den Riemen andersrum um die Schulter. Jetzt hängt mir das Gewehr vom Rücken, etwa dreißig Zentimeter über dem Boden, und sein Kolben schlägt leicht gegen meine Waden.»Wie ihr seht, ist es zu lang, als dass Sarene es so tragen könnte«, sagt Met Bong.

Ich sehe das Gewehr genau an. Ohne dabei gewesen zu sein, weiß ich, dass solch eine Waffe Kim zum Bluten gebracht hat, mit solch einer Waffe haben sie ihm auf den Kopf geschlagen. Meine Hand fängt ganz leicht an zu zittern, aber ich kann es unterbinden, indem ich den Lauf umklammere, bis meine Fingerknöchel weiß werden.»Mit der ausgestreckten Linken hält und balanciert man das Gewehr. Die rechte Hand zielt und betätigt den Abzug. Guckt mal, wie einfach das ist!« In Met Bongs Stimme schwingen Jubel und Enthusiasmus, aber ich fühle weder Freude noch Eifer, nur meinen Hass auf sie und auf Pol Pot.»Wenn die Kugeln aus dem Gewehr schießen, fliegen sie in gerader Linie. Viele Soldaten sagen, dass sie den Kugeln entkommen können, wenn sie im Zickzack laufen.« Nun ruft sie ein Kind nach dem anderen auf und erklärt jedem einzeln, wie man das Gewehr benutzt. Nach unserer ersten Unterrichtsstunde versichert uns Met Bong, dass dies die erste von vielen ist, die noch kommen werden.

Während des Tages kann mir niemand wehtun, aber in der Nacht, wenn ich in den Schlaf gleite, zwischen vierzig Mädchen gequetscht und ohne Chou, gehen meine Gedanken auf Wanderschaft. Dann träume ich von meiner Familie, und das hält mich wach. Am Morgen pocht mein Kopf und ich habe gar keine Tatkraft. Ich kann nicht zulassen, dass mich diese Schwäche überwältigt, dass sie in meinen Geist sickert. Sollte das passieren, werde ich sterben, das weiß ich, denn die Schwachen überleben dieses Kampuchea nicht.

In den Nächten, in denen ich nicht in Gedanken bei meiner Familie bin, habe ich Albträume, in denen mich jemand umzubringen versucht. Der Traum fängt immer gleich an. Der Himmel ist schwarz und hallt wider vom Donner der Monsunstürme. Ich kauere in einem Busch, Schweiß rinnt mir die Stirn herunter und brennt in meinen Augen. Zitternd ziehe ich meine Beine noch enger an die Brust. Ich halte den Atem an, als ich ein Rascheln im Unterholz und kurz darauf Fußtritte höre. Instinktiv weiß ich, dass irgendetwas hinter mir her ist, es sucht mich in den Büschen und kommt immer näher. Es will mich umbringen.

Zwei riesige Hände schaufeln die Äste beiseite, hinter denen ich mich verstecke. Gelähmt vor Schreck sehe ich, was vor mir steht. Ein Wesen, zugleich Mann und Bestie. Es ragt drohend über mir auf. Seine pechschwarzen Augen springen fast aus den Höhlen, seine riesigen platten Nasenflügel weiten sich in dem fetten pelzigen Gesicht. Dann bemerke ich eine silberne Machete, die im Licht des Mondes bösartig in seiner Hand schimmert, und bekomme noch mehr Angst. Als sich das Biest hinunterbeugt, um mich zu packen, kann ich durch seine Beine hindurch fliehen. Doch schnell dreht es sich um und haut mit der Machete nach mir, ganz knapp an meinem Bein vorbei. Beim Wegrennen höre ich die Machete immer näher runtersausen, als sie knapp hinter mir die Büsche zerhackt. Je schneller ich renne, desto schneller rennt das Biest hinter mir her. Es jagt mich, bis es mich in die Ecke getrieben hat.

Da schließt sich der Dschungel mit seiner undurchdringlichen Vegetation um mich. Es gibt keinen Ausweg mehr. Das Biest hebt die Machete hoch über den Kopf und zielt direkt auf mich. Jetzt reicht es mir. Es reicht mir, gejagt zu werden und weglaufen zu müssen. Mein Blut kocht vor Wut, als ich meinen Körper gegen den seinen schmeiße und ihn aus der Balance bringe. Es lässt die Machete fallen. Noch einmal ramme ich meinen Körper in den seinen, und es fällt auf die Erde. Ich rappele mich auf und greife mir die Machete. Die Zeit steht still, als ich ihm die Hand abhacke. Aus dem Stumpf spritzt das Blut auf mich, aber das ist mir egal. Wieder und wieder hebe ich die Machete und hacke ihm damit Teile seines Körpers ab, bis es bewegungslos daliegt, bis es tot ist. Am Morgen wache ich schweißgebadet auf, mir steckt

die Angst noch in den Knochen, aber der Albtraum hat mich gestärkt, weil ich als Siegerin aus ihm hervorgegangen bin.
Die Träume sind immer dieselben, nur mein Gegner verändert sich. Der »Feind«, ein Soldat der Roten Khmer oder ein wildes Biest, ein Monster oder eine gespenstische Mischung aus Mann und Kreatur, verfolgt mich mit Messern, Gewehren, Äxten oder Macheten. Immer gibt es einen Kampf, in dem ich mich der Waffe bemächtigen und den Feind töten kann, bevor er mich tötet. Am Ende werde ich, die Gejagte, zur Mörderin.

Bevor wir nachts schlafen dürfen, ruft uns Met Bong noch mal zu einer Propagandastunde in der Hütte zusammen. Sie zündet eine Kerze an und hält sie vor sich. Der orange Schimmer erhellt ihr Gesicht, wir anderen bleiben jedoch im Dunkeln. Bei einem dieser Treffen lehne ich mich an die Strohwand und bin kurz vorm Einschlafen, als mich ein lauter Schrei erschrickt. Mit klopfendem Herzen frage ich mich, ob ich geschrien habe. Aber dann sehe ich, dass sich die Mädchen ganz eng um Met Bong scharen.

»Was ist passiert?«, fragt Met Bong das Mädchen, das geschrien hat.

»Ich habe eine ... große Hand gespürt. Ich hatte mich gegen die Wand gelehnt. Eine Hand hat durch das Stroh gegriffen, mich am Arm gepackt und dann an der Kehle. Sie war nass und kalt. Ich weiß, es war ein Youn, der uns holen kommt.« Die Lippen des Mädchens beben, ihr Gesicht ist im Kerzenlicht gelb, sie sieht gespenstisch aus. Met Bong wendet sich an die älteren Mädchen und trägt ihnen auf nachzusehen.

»Nehmt die Gewehre, vergewissert euch, dass sie geladen sind. Schießt auf alles, was sich bewegt.« Nachdem die älteren Mädchen gegangen sind, drängt sich die Gruppe dicht in der Mitte der Hütte zusammen, die Gesichter den Wänden zugewandt. Szenen von Youns, die uns angreifen und umbringen, laufen vor meinem inneren Auge ab und erfüllen mich mit Angst und

Schrecken. In Phnom Penh hat mir Papa einmal gesagt, dass die Youns genauso sind wie wir, sie hätten nur eine hellere Haut und kleinere Nasen. Met Bong beschreibt sie aber als Wilde, die unser Land und unsere Leute unbedingt besiegen wollen. Ich weiß nicht mehr, was ich glauben soll. Die einzige Welt außerhalb dieses Lagers, von der ich etwas weiß, ist die, die mir Met Bong beschreibt. Als ich da so im Dunkeln sitze, merke ich, dass ich langsam an ihre Beschreibungen unserer Feinde glaube.

Ein paar Minuten später kommen die Mädchen zurück. Sie sagen, was immer dort gewesen sein mochte, sei nun weg. Im Mondlicht haben sie riesige Fußabdrücke im Hof gesehen. »Die Youns greifen uns an«, informiert uns Met Bong. Sie umklammert das Gewehr fest. »Wenn sie die Städte einnehmen, schließen sie zuerst die Gefängnistore auf. Dann rennen sie herum, vergewaltigen die Mädchen und plündern die Häuser. Die Gefangenen, die gegen Pol Pot sind, stehen auf der Seite der Youns. Wir müssen uns selbst beschützen«, redet sich Met Bong immer mehr in Rage. Nach dieser Nacht beschließt sie neue Maßnahmen. Jetzt müssen wir das Lager in der Nacht abwechselnd bewachen.

Mitten im Tiefschlaf rüttelt mich eine Hand unsanft an der Schulter. »Wach auf, du bist dran mit Wache stehen«, sagt eine Stimme aus der Dunkelheit zu mir. Missmutig setze ich mich auf und reibe mir den Schlaf aus den Augen. Das Mädchen gibt mir ein schweres Gewehr, das ich gegen meine Brust drücke, weil meine Finger noch nicht lang genug sind, um den Lauf zu umfassen. Ich gehe zur Tür hinüber und setze mich.

Der Himmel ist dunkel und wolkenlos, und im unheimlichen Licht des Vollmondes leuchtet alles silbern. Leise weht ein kühler Wind. Es ist überhaupt ruhig, mit Ausnahme der Grillen. Ich lebe mit vierzig anderen Menschen zusammen, aber ich bin so allein in dieser Welt. Unter den Kindern gibt es keine Kameradschaft, keine aufkeimenden Freundschaften, kein Zusammenhalten in der Not. Wir sind gegeneinander, spionieren uns wechselseitig für Pol Pot aus, in der Hoffnung, dafür von Met Bong belohnt zu werden. Met Bong sagt, Pol Pot liebt mich, aber ich weiß, dass das nicht stimmt. Vielleicht liebt er die anderen Kinder, die unverdorbenen Basiskinder mit ihren mustergültigen Eltern. Ich kam nur durch Lügen in dieses Lager. Sie denken, dass ich eins von ihnen bin, auch ein lupenreines Basiskind.

Ich habe Pol Pot noch nie gesehen, weder persönlich noch auf Fotos. Ich weiß nur wenig über ihn oder warum er Papa getötet hat. Ich weiß nicht, warum er mich so hasst. In der Nacht, wenn ich verwundbar bin, wandern meine Gedanken von einem Angehörigen zum nächsten. Dann denke ich an Mama, Keav, Chou und an meine Brüder. Ein Klumpen formt sich in meiner Kehle, wenn ich mir Geaks Gesicht vorstelle. »Nein«, sage ich mir, »ich muss stark sein. Dies ist keine Zeit, um schwach zu sein.« Aber ich vermisse Papa so sehr, dass mich das Atmen schmerzt. Es ist jetzt bald ein Jahr her, dass ich seine Hand gehalten, sein Gesicht gesehen oder seine Liebe gefühlt habe.

Über mir wölbt sich der nächtliche Himmel schwarz und bedrohlich. »O Papa«, flüstere ich in die Stille. Wie zur Antwort raschelt es im hohen Gras. Ich halte den Atem an und sehe mich im Lager um. Ich weiß, dass ich etwas gehört habe! Mein Herz rast. Alles da draußen kommt auf mich zu. Die Baumstämme dehnen sich und ziehen sich wieder zusammen, als würden sie atmen. Die Äste schütteln sich und verwandeln sich in Hände. Das Gras wiegt sich in Wellen, die auf mich zukommen. Sie überfallen uns! Mein Finger betätigt den Abzug, ich ballere wild um mich. Der Rückschlag des Gewehrs haut mir heftig in die Rippen. »Ich töte sie! Ich töte sie!«, schreie ich.

Dann greift eine Hand nach dem Gewehr. Im nächsten Moment brennt eine Ohrfeige auf meiner Wange. Mit aufgerissenen Augen halte ich die Arme hoch, um mich vor weiteren Angriffen zu schützen.

»Wach auf!«, schreit Met Bong mich an. »Da draußen ist niemand. Wir dürfen keine Munition verschwenden!« Als sie mich noch einmal hauen will, weiche ich zurück, doch dann entscheidet sie sich dagegen.

»Aber, Met Bong, Sie haben gesagt ...«

»Ich habe gesagt, dass ihr schießen sollt, wenn ihr etwas Richtiges seht, aber doch nicht auf Geister«, unterbricht mich Met Bong, und die Mädchen lachen laut.

»Vergiss die körperlose Hexe nicht«, ruft eines von ihnen mir zu, als sie alle wieder schlafen gehen.

Viele behaupten, sie existiere nur in der Sage. Die körperlose Hexe ist tags ein ganz normaler Mensch und nachts eine Hexe. Wenn jemand eine körperlose Hexe ist, hat sie tiefe Falten am Hals, weil sich nachts, wenn sie einschläft, der Kopf vom Rumpf löst. Mit hinterherschleifenden Eingeweiden fliegen die Hexen dahin, wo es Blut und Tod gibt. Die Köpfe fliegen so schnell, dass niemand je die Gesichter erkannt hat, nur ihre glühenden roten Augen oder die Schatten ihrer Köpfe und Eingeweide. Sowie sie eine Leiche finden, schmiegen sich die körperlosen Hexen ganz eng an sie. Die ganze Nacht lecken sie das Blut der Toten und essen ihr Fleisch, und ihre Eingeweide zucken um sie herum.

In dieser Nacht halte ich das Gewehr fest vor meiner Brust, den Finger am Abzug, abwechselnd ziele ich auf Youns im Gebüsch oder auf Hexen im Himmel.

Gold gegen Hühnchen

November 1977

Sieben Monate sind vergangen, seit ich Ro Leap verlassen musste. Mit zitternden Fingern knöpfe ich mein schwarzes Hemd zu. Ich will Mama mit meinen neuen Anziehsachen beeindrucken. Ich hätte so gerne einen Spiegel, aber es gibt hier keinen. Weil es auch keine Kämme oder Bürsten gibt, fahre ich mit den Fingern durch mein fettiges Haar. Nervös verlasse ich den Vorhof des Lagers: In ein paar Stunden werde ich bei Mama sein.

Die Angst vor einem Angriff der Youns ist fürs Erste gebannt. Im Lager ist alles wieder ruhig. Alle paar Monate gibt Met Bong den Kindern einen Tag frei, an dem viele ihre Familien besuchen. Ich werde immer aufgeregter, je mehr ich mich Ro Leap nähere. Met Bong glaubt ja, ich sei eine Waise, also habe ich sie in dem Glauben gelassen, dass ich Chou besuche. Mama weiß nicht, dass ich komme, vielleicht ist sie gar nicht zu Hause. Sie hat mir gesagt, dass ich nicht zurückkommen darf. Was ist, wenn sie mich nicht sehen will?

Ich folge demselben Pfad, den Chou und ich damals aus Ro Leap kommend genommen haben, und gehe zügig auf das Dorf zu. Die Umgebung scheint sich kaum verändert zu haben, seit wir sie das letzte Mal gesehen haben. Der rote Lehmpfad schlängelt sich die Hügel hoch und verliert sich im Schatten großer Teakholzbäume. Als ich Ro Leap verlassen musste, war ich verschreckt, ein weinendes Kind, das seine Mutter anflehte, nicht gehen zu müssen. Auch wenn ich versucht habe, stark zu sein, war ich schwach und wusste nicht, wie ich ohne Mamas Schutz für mich selbst sorgen könnte. Aber jetzt bin ich kein verschrecktes Kind mehr. Im Moment ist es meine einzige Angst, dass Mama sich vielleicht nicht freut, mich zu sehen. Die Erinnerung, wie sie mich auf den Po gehauen hat, damit ich Ro Leap den Rücken zuwende, verletzt mich immer noch. Doch heute sehen die Bäume kleiner und weniger gespenstisch aus, und der Pfad hat ein Ende – ein Ziel.

Schließlich taucht das Dorf auf. Es kommt mir so bekannt vor, obwohl es sich verändert hat. Der Dorfplatz liegt ruhig und verlassen da, als ich ihn auf meinem Weg zu den Hütten überquere. Da fällt mir ein, wie Papa mich bei unserer Ankunft hier vom Laster gehoben hat, und ich muss ganz tief Luft holen. Sein Gesicht hat sich in mein Gedächtnis gegraben, wie er mich mit einem Blick aus seinen liebevollen Augen zu sich ruft, wie er mich in den Armen hält und beschützt, während ihn einer der Basisleute anspuckt. Wieder hole ich tief Luft, dann zwinge ich mich, zu unserer Hütte zu gehen. Als würde ich eine Geisterstadt betreten, kommen mir Bilder in den Sinn: Keav, die Papa versichert, dass sie es schaffen wird, Kims geschwollene Wangen, mein Griff in den Reisbehälter, Regenwürmer, die sich in einer Schüssel winden. Diese Erinnerungen suchen mich heim, sie verfolgen mich wie mein eigener Schatten, als ich langsam die Stufen zur Hütte hochgehe. Mama ist nicht da. Meine Knie tun weh, trotzdem gehe ich zum Dorfgarten.

Da sehe ich sie. Sie haben mir den Rücken zugekehrt. Mama hockt im Garten und jätet Unkraut. Ihr ehemals schwarzer Arbeitsanzug ist grau und fadenscheinig geworden. Sie arbeitet in der gnadenlosen Mittagssonne. Ich recke mich hoch und suche Geak, die unter einem Baum sitzt und Mama zusieht. Sie ist so klein und dünn, aber ihr wachsen wieder überall Haare, wenn sie auch sehr dünn sind. Sie ist jetzt fast fünf, sieht aber viel kleiner aus als ich in dem Alter. Mama sagt etwas zu ihr, und sie antwortet mit einem matten kleinen Lachen. Mein Herz macht einen Sprung. Sie haben sich. Sie werden sich immer haben.

»Mama!«, rufe ich laut. Sie richtet sich auf. Langsam dreht sie sich um, mit zusammengekniffenen Augen wegen der Sonne. Sie braucht ein paar Sekunden, um mich zu erkennen, dann rennt sie auf mich zu. Sie weint und fasst mich überall an, sie streichelt meinen Kopf, meine Schultern, mein Gesicht, als könne sie nicht glauben, dass ich wirklich da bin.

»Was machst du hier? Was ist, wenn du geschnappt wirst?«

»Mama, das geht in Ordnung. Ich habe einen Erlaubnisschein.«

Sie überfliegt die Bescheinigung. Es ist nur ein Zettel, auf dem steht, dass ich mein Lager verlassen darf. Es steht nicht drin, wohin ich gehen darf.

»Okay, du bleibst hier bei Geak, während ich hiermit zum Dorfvorsteher gehe und ihn bitte, mir ein paar Stunden freizugeben.« Bevor ich noch etwas sagen kann, ist sie schon weg. Ich stehe dort und vermisse sie schon. Da spüre ich eine zarte Hand vorsichtig an meinen Fingern ziehen. Geak sieht mich von unten mit großen feuchten Augen an. Sie reicht mir gerade bis an die Brust. Obwohl sie schon fünf ist, denke ich an sie immer als an ein Baby. Vielleicht weil sie schwach ist und sich nicht wehren kann. Ich lächele und fasse sie bei der Hand. Zusammen setzen wir uns in den Schatten eines Baumes und warten auf Mamas Rückkehr.

Als wir dort sitzen, sehe ich mir Geaks Hand an. Sie liegt klein und sonnenverbrannt auf meiner Handfläche mit schwarzen Fingernägeln und dunklen Hautfalten. Ihre Nägel sind brüchig. Ich starre endlos auf ihre Hand, weil ich zu viel Angst habe, ihr ins Gesicht zu sehen und meine Schuld in ihren Augen zu lesen.

Ich weiß nicht, was ich zu ihr sagen soll. Sie war noch nie ein gesprächiges Kind. Sie war immer die Süße, und ich war immer die Quenglerin. Ich beuge mich vor, schlinge meine Arme um ihre winzigen Schultern und lege meine Wange zart auf ihren Kopf. Sie bewegt sich nicht, sie lässt es zu, dass ich sie so halte.

Mama kommt mit einer Schüssel Reis und der Erlaubnis, sich ein paar Stunden freizunehmen, zurück. »Das Mittagessen ist zwar schon vorbei, aber ich habe dies hier vom Dorfvorsteher für dich bekommen.«

Ich nehme die Schüssel. Gemeinsam gehen wir zu unserer Hütte zurück.

»Der Dorfvorsteher hat dir freigegeben?«

»Nur ein paar Stunden. Er ist kein schlechter Mann.«

»Mama, Geak sieht immer noch krank aus«, sage ich zu ihr, sowie wir in unserer Hütte sind.

»Ich weiß, ich mache mir große Sorgen ums sie. Ich glaube, sie wächst gar nicht mehr. Jetzt geben sie uns genug Reis, aber wir hatten so oft wirklich nichts zu essen.«

Schuldgefühle stechen mir in den Magen.

»Sie braucht Fleisch«, fährt Mama fort. »Letzte Woche habe ich versucht, meine Rubinohrringe gegen ein kleines Huhn einzutauschen ...« Niedergeschlagen erzählt sie mir die Geschichte. Es war zur Zeit der Abenddämmerung, der Himmel färbte sich erst rot und verdunkelte sich dann allmählich. Als Geak und sie den Reis mit Fisch aufgegessen hatten, ging Mama zu ihrem Versteck unter dem kleinen Haufen Anziehsachen und hob ein altes Hemd von Papa hoch. Aus einer Tasche holte sie ihre goldenen Rubinohrringe. Phnom Penh kam ihr in den Sinn. Wie weit war dieser Ort entfernt, an dem sie früher teuren antiken Schmuck gesammelt hatte! Sie schüttelte den Kopf, als wolle sie die Erinnerung loswerden. Jetzt war keine Zeit dafür. Sie musste losgehen, bevor es zu dunkel wurde. Sie sagte Geak, sie sei bald zurück, und ging schnell fort.

Auf dem zwanzigminütigen Weg zum Dorf wurde sie immer

schlapper. Ihre Gelenke schmerzten bei jedem Schritt. Sie hasste es, Geak allein zu lassen, denn Geak weint, wenn sie sie allein lässt, auch wenn es nur ein paar Minuten sind. Ihr armes kleines Baby. »Seng Im«, flüsterte sie, »ich bin so müde. Ich bin neununddreißig und werde auf einmal ganz schnell alt. Ich bin so einsam. Erinnerst du dich? Wir wollten zusammen alt werden. Seng Im, ich bin zu alt, um so leben zu können.« Die Erinnerung an Papa brachte sie zum Weinen. Sie weiß, dass es nichts nützt, aber trotzdem spricht sie mit ihm.

Mama näherte sich dem Dorf. Ihr Herz raste und ihr wurde schwindelig. »Benimm dich ganz normal«, dachte sie. »Noch haben sie nichts gegen dich in der Hand.« Wenn sie wüssten, was sie hier tat, wenn sie dabei geschnappt werden würde, dann bekäme sie großen Ärger. Sie zuckte zusammen bei dem Gedanken, was sie ihr dann antun würden. Papa hatte im Dorf von den Basisleuten Reis und Getreide erhandelt. Aber Mama wollte Fleisch für Geak. Einige Frauen hatten ihr versichert, dass alles sicher und geheim ablaufe. Langsam ging sie ins Dorf hinein. Niemand hielt sie an, um sie auszufragen. Wenn jemand sie fragen würde, dann wollte sie ihm sagen, dass sie eine Freundin besuchte. Sie seufzte erleichtert, als sie die Hütte der Frau, die in einer Hühnerfarm arbeitete, sah. Frauen aus unserem Dorf hatten Mama erzählt, dass sie schon Hühner im Tausch gegen Schmuck gestohlen hatte. Sie hatten ihr die Frau und ihre Hütte in allen Einzelheiten beschrieben, deswegen hatte Mama keine Schwierigkeiten, sie zu finden. Sie ging hinüber und rief laut: »Guten Abend, Schwester und Kameradin. Hier ist deine Freundin, die dich besuchen kommt.« Die Frau sah heraus und bat Mama in ihre Hütte, obwohl sie sie nicht kannte.

Im Schutz der Hütte flüsterte Mama ihr zu: »Schwester und Kameradin, ich bin gekommen, um Sie um Hilfe zu bitten. Ich habe gehört, dass Sie in einer Hühnerfarm arbeiten. Ich habe eine kleine kranke Tochter. Sie braucht Fleisch. Bitte, Schwester und Kameradin, helfen Sie mir.« Unterdessen wickelte Mama ihre

Ohrringe aus dem Schal und zeigte sie der Frau. »Wenn Sie mir helfen, gebe ich Ihnen diese goldenen Ohrringe.«

»Ja, ja, ich kann Ihnen ein kleines Huhn beschaffen, aber nicht heute. Sie müssen morgen wiederkommen. Kommen Sie morgen um dieselbe Zeit zurück.« Und damit schickte sie Mama weg.

Am nächsten Abend ging Mama wieder mit ihren Ohrringen ins Dorf. Heute war ihr Gang schneller und sogar etwas beschwingt, als sie daran dachte, wie sie Geak das Hühnchen vorsetzen würde, musste sie lächeln. Sie konnte sich gar nicht mehr erinnern, wann Geak und sie zuletzt Fleisch gegessen haben. Als sie bei der Hütte ankam, bat die Frau sie herein, doch schon beim Hinsetzen bemerkte Mama, wie nervös und aufgeregt die Frau war. Dann hörte Mama Schritte hinter sich aus der dunklen Ecke des Raumes auf sie zukommen. Ihr Herz setzte einen Schlag aus und Panik überwältigte sie. »Was ist los?«, flüsterte sie der Frau zu.

Aus dem Schatten tauchte ein Mann auf, der ihr den Fluchtweg abschnitt. »Bitte, Kamerad, ich habe eine Tochter ...«

Er schlug Mama hart ins Gesicht.

Mama hielt sich die Hände vors Gesicht und kämpfte mit den Tränen.

»Gib mir die Ohrringe«, befahl der Mann. Mit zitternden Händen griff Mama in ihre Tasche und legte die Ohrringe in seine ausgestreckte Hand.

»Gib mir alles, was du hast«, verlangte er.

»Bitte vergeben Sie mir Kamerad, ich habe nichts mehr. Dies ist alles ...« Ihre Stimme zitterte. Er schlug ihr mit der geschlossenen Faust hart in den Magen. Mama klappte vornüber und fiel auf die Knie. Er trat sie, erst gegen die Oberschenkel, dann in ihren Leib. Jetzt lag sie auf dem Boden und bekam vor Schmerzen keine Luft.

»Bitte, Kamerad«, flehte sie ihn an. Sie dachte an Geak: »Haben Sie Mitleid, ich habe eine kleine kranke Tochter.«

Darauf versetzte er ihr noch einen Tritt in den Bauch. Vor ihren Augen blitzten weiße Pünktchen auf. Sie fühlte sich, als seien ihr die Eingeweide herausgerissen worden. Sie keuchte nach Luft. Da hievte er sie brüsk hoch. Dann zerrte er Mama zur Tür und warf sie die Stufen hinunter.

»Komm bloß nicht wieder! Niemals!«, brüllte er sie an. Ihre Knie gaben nach, sie fiel die Treppe hinunter und landete im Staub vor der Hütte. Dann rappelte sie sich auf und rannte los.

Mama zieht ihr Oberteil hoch und zeigt mir die blauen Flecken und Prellungen von den Tritten. Einige davon sind wund. Die Haut über ihrem Brustkorb hat sich schwarz und blau verfärbt. Dann zeigt sie mir die großen roten und violett verfärbten Stellen auf ihren Oberschenkeln. Ich sehe ihr ins Gesicht. Eine ungeahnte Wut steigt in mir hoch. Die Vorstellung, wie ein Fremder meine Mutter schlägt, lässt einen unbändigen Hass in mir aufsteigen. Und das alles für ein Huhn!

»Mama, den bringe ich um!«, sage ich zu ihr.

»Schschsch, sag so etwas Verrücktes nicht«, bringt sie mich zum Schweigen. »Sag es vor allem nicht so laut, sonst kriegen wir Ärger. Ich bin froh, überhaupt noch am Leben zu sein. Mich ärgert nur, dass Geak ihr Fleisch nicht bekommen hat.«

Als sie ihren Namen hört, kommt Geak zu uns und setzt sich auf Mamas Schoß. Mama glättet ihr Haar und küsst sie auf den Scheitel.

»Ich muss von jetzt an noch vorsichtiger sein«, fährt Mama fort. »Ich mache mir Sorgen, wer sich um Geak kümmert, wenn mir etwas zustößt.« Mama starrt auf Geak hinunter und seufzt. Ihre größte Sorge ist die, dass ihr krankes Kind nicht das bekommt, was es braucht. Ich sehe Geak an, sie sitzt unbewegt in Mamas Armen. In dem Moment fällt mir auf, dass sie noch ziemlich schlecht spricht. Wie erzählt uns eine Fünfjährige, dass sie vor Hunger Bauchweh hat, wie sehr sie sich nach Papa sehnt und dass ihre Erinnerungen an Keav immer blasser werden? Ich weiß, dass ihr alles wehtut und dass sie unter Schmerzen zu leiden hat. Nur selten schlägt sie im Schlaf nicht um sich, nur selten weint sie nachts nicht. Sie sieht einen so trostlos an. »Es tut mir unendlich Leid«, bedeute ich ihr mit den Augen. »Es tut mir Leid, dass ich nicht gut bin wie der Rest der Familie.«

»Chou hat uns vor ein paar Wochen besucht«, sagt Mama. »Sie kann jetzt jeden zweiten Monat eine Besuchserlaubnis bekommen. Sie hat uns erzählt, dass die alte Met Bong von Soldaten abgeholt wurde und die neue nett ist. Sie hat der neuen Met Bong erzählt, dass ihre kleine Schwester in diesem Dorf bei einer anderen Familie lebt. Da sie in der Küche arbeitet, kann sie Reis rausschmuggeln und in der Sonne trocknen lassen. Letztes Mal hat sie uns ein Festessen mitgebracht.« Vor Scham zucke ich zusammen, Mamas Stimme verliert sich. Ich kann nicht mehr zuhören. Ich habe Mama und Geak nichts mitgebracht. Meine Familie ist bereit, so viel füreinander zu opfern. Das quält mich regelrecht. Wenn Chou beim Stehlen von Essen erwischt wird, muss sie mit einer harten Strafe rechnen, aber sie tut es trotzdem. Kim hat Mais für uns gestohlen und ist deswegen brutal zusammengeschlagen worden. Mama wurde angegriffen, als sie für Geak etwas Hühnchenfleisch organisieren wollte. Ich habe nichts getan.

Ich sehe Geak an und schlucke meine Traurigkeit hinunter. Sie war so schön, als wir in Phnom Penh lebten. Sie war der Liebling aller. Ihr großen braunen Augen waren lebhaft. Sie hatte die rosigsten und molligsten Bäckchen der Welt, niemand konnte ihr widerstehen. Jetzt hat sie alle Farbe verloren, ihr Gesicht ist eingefallen. An ihren Augen kann man jetzt immer ihre Traurigkeit und ihren Hunger erkennen. Ich habe ihr das Essen gestohlen, und jetzt lasse ich sie sterben.

»Seit du weg bist, ist viel passiert«, holt mich Mamas Stimme wieder zurück. Doch mein Blick bleibt an Geak haften. Sie spricht nicht mehr. Sie ist so dünn, es ist, als äße sich ihr Körper selbst auf. Ihr Gesicht ist blassgelb, ihre Zähne sind verfault oder ausgefallen. Noch immer ist sie schön, denn sie ist gut und rein. Wenn ich sie ansehe, möchte ich am liebsten sterben.

Als sich die Sonne hinter der Hütte senkt, ist es Zeit für mich aufzubrechen. Das Lager ist ein paar Stunden Fußmarsch entfernt, und ich muss es vor Einbruch der Dunkelheit erreichen. Mama und Geak kommen noch bis an die Straße mit. Geak klammert sich an Mamas Bein. Mama nimmt mich in ihre Arme. Sie riecht säuerlich und ungewaschen. Peinlich berührt, lasse ich die Hände hängen, wende meinen Kopf von ihrem Busen ab und mache mich frei.

»Ich bin kein Baby mehr«, murmele ich und versuche zu lächeln.

Mama nickt, ihre Augen sind rot und feucht. Ich bücke mich und lege Geak die Hand auf den Scheitel. Ihr Haar ist fein und weich. Zärtlich fahre ich ihr durchs Haar. Dann wende ich mich abrupt ab und gehe fort. Sie weinen beide. Ich gehe, ohne zu wissen, wann ich sie wieder sehen werde. Wenn ich mich auch danach sehne, mit ihnen zusammen zu sein, steigen zu viele Erinnerungen an die Fehlenden aus unserer Familie in mir hoch, an Keav und an Papa.

Das letzte Treffen

Mai 1978

Die Zeit des Überflusses dauerte nicht lange. Unsere Rationen schrumpfen, viele werden krank. Mein Bauch und meine Füße schwellen an, während meine Knochen an allen anderen Körperteilen hervortreten. Morgens bin ich kurzatmig, nur vom Gang zum Reisfeld. Ich habe so viel Gewicht verloren, dass es sich jetzt so anfühlt, als würden meine Gelenke gegeneinander reiben. Mein ganzer Körper schmerzt. Wenn ich im Reisfeld arbeite, pocht mir das Blut im Kopf und ich kann mich nur schwer auf meine Aufgabe konzentrieren. Schon während der Mittagspause fordert mir das Abschlagen der Blutegel mehr Energie ab, als ich aufbringen kann. Ich bin so schlapp, dass ich den Blutegeln erlaube, sich an mir zu mästen. Ich entferne sie erst am Abend.

Jeden Morgen ist mein Gesicht etwas aufgedunsener, sind meine Wangen runder und meine Augenlider geschwollener. Jeden Tag fühle ich mich schwächer beim Aufwachen, das Gewicht meiner Arme und Hände, meines Bauches und meiner

Füße wird immer schwerer, bis ich weder üben noch arbeiten kann.

»Met Bong«, schnaufe ich, »geben Sie mir einen Erlaubnisschein für die Krankenstation? Mein Bauch tut so weh.«

Sie stöhnt ungeduldig. »Du bist zu schwach. Du musst lernen, stark zu sein!«, brüllt sie mich an und geht weiter. Sie lässt mich mit gesenktem Kopf in der Sonne stehen. Ich verfluche mich selbst dafür, so klein und schwach zu sein. Als ich mich umdrehe, um zurück zur Hütte zu gehen, ruft sie mir hinterher: »Wohin gehst du, du dummes Mädchen?« Dann steckt sie mir einen Zettel zu. »Geh zur Krankenstation und erhol dich, dann komm zurück. Ich nehme dich aus der Tanztruppe.« Ich seufze erleichtert und bedanke mich bei ihr.

Die Krankenstation ist ein paar Stunden vom Lager entfernt. Mit meinem Erlaubnisschein in der Hand gehe ich los. Die Sonne steigt höher, die Luft heizt sich auf. Ich laufe zu einem flachen Teich am Wegesrand und hocke mich in den Schatten der Bäume. Der Matsch quillt warm und weich zwischen meinen Zehen hindurch, das wirkt beruhigend auf meine schmerzenden Gelenke. Ich wate hinein in tieferes Wasser, wo es klarer wird, doch bei jeder Bewegung wirbele ich den Grund auf und das Wasser wird braun und trüb. Ich stehe reglos, bis sich alles setzt, und dann schöpfe ich Wasser mit der Hand. Es ist warm und beruhigend, aber es schmeckt brackig.

Ich gehe weiter hinein, bis mir das Wasser an die Brust reicht. Langsam tauche ich ganz unter, die Arme lasse ich auf der Oberfläche treiben. Mein Oberkörper treibt mühelos auf dem Wasser und zieht die Füße nach oben. Unter Wasser ist mein Herzschlag viel lauter zu hören. Der Rhythmus klingt normal, aber mein Herz fühlt sich hohl an. Als ich meinem Herzschlag zuhöre, wandern meine Gedanken zu Mama und Geak. Wieder liegt der April und mit ihm Neujahr hinter uns, und wir sind ein Jahr älter. Geak ist jetzt sechs. Sie ist ein Jahr älter, als ich war, als die

Roten Khmer vor drei Jahren die Macht übernommen haben. Es ist sechs Monate her, dass ich zu Besuch in Ro Leap war und Mama mir ihre blauen Flecken gezeigt hat. Neun Monate, seit ich meine Hand aus Chous Griff befreit habe. Vor zwölf Monaten habe ich Kim auf Wiedersehen gesagt, vor siebzehn Monaten haben die Soldaten Papa mitgenommen, vor einundzwanzig Monaten ist Keav – ich zwinge mich, keine weiteren Daten aufzuzählen. Es nützt nichts, mich daran zu erinnern, wann ich sie zuletzt gesehen habe. Es hilft mir nicht, sie mir näher zu bringen. Und doch ist es in dieser Welt, in der es so viele Dinge gibt, die ich nicht verstehe, das einzig Normale, was ich tun kann.

Als ich mich abgekühlt habe, sehe ich ein kleines Baumwollfeld in einiger Entfernung. Ich gehe darauf zu. Die Baumwolle reicht mir bis an die Brust, sie ist weiß und weich und leicht wie Wolken, nur dass ich sie wirklich berühren kann. Ich pflücke einen Ball und reiße ihn auf. In der Mitte der weichen Wolke verbergen sich schwarze runde Samen ähnlich wie Pfefferkörner. Ich habe gehört, dass man sie essen kann, trotzdem zögere ich einen Moment, bevor ich einen in den Mund stecke. Dann rolle ich die Samen auf der Zunge hin und her – sie sind hart und schmecken nach nichts. Vorsichtig knacke ich einen und beiße in sein weiches, öliges Fleisch. Mit ihrer leichten Süße können die Samen den Aufruhr in meinem Magen beruhigen. Schnell schüttele ich die restlichen Samen in meine Hand, suche das Feld nach Wachen ab und stopfe sie mir in den Mund. Dann sammele ich noch ein paar Hände voll und stecke sie in meine Taschen.

Am späten Vormittag erreiche ich die Krankenstation, ein verlassenes Warenhaus aus Beton mit schimmeligen und rissigen Wänden, zwischen denen offene Flächen anstelle von Zimmern liegen. Es gibt keinen Strom, es ist dunkel, außer dort, wo das Sonnenlicht durch die unverglasten Fenster hereinscheint. In der Luft hängt der unverkennbare Geruch von reinem Alkohol und verrottendem Fleisch. Die etwa zweihundert Patienten sind auf Strohmatten oder Feldbetten an den Wänden aufgereiht, ihr Weinen und ihre Schreie hallen von den Steinwänden wider. Viele liegen bewegungslos, einige aufgedunsen, andere bloße Skelette an der Schwelle des Todes. Einige von ihnen sind so krank, dass sie nicht aufstehen können, wenn sie zur Toilette gehen müssen. Da es nicht genug Krankenschwestern gibt, bleiben die Menschen in ihren Ausscheidungen liegen.

Keavs Gesicht steht mir vor Augen, als ich nach Luft schnappe, nur um von dem Todesgestank erneut zu keuchen. Keav musste auf solch einem Lager liegen, das von Urin und Fäkalien durchtränkt war. Manche kommen zu diesem Krankenhaus in der Hoffnung, von ihrer Krankheit zu genesen, aber die meisten werden hier abgesetzt, weil sie zur Arbeit zu schwach sind und Pol Pot sie deswegen nicht mehr gebrauchen kann. Wer nicht mehr arbeiten kann, kommt zum Sterben hierher. Ein kalter Schauer läuft mir den Rücken herunter und pikst mich wie mit tausend Nadeln, als ich mir vorstelle, wie Keav hier hereingewankt ist, allein, um zwischen Hunderten von Fremden zu sterben. In diesem provisorischen Krankenhaus, auf diesen gelb befleckten Unterlagen, werden viele dieser Menschen sterben, bevor morgen die Sonne aufgeht.

Ich zwinge mich, an etwas anderes zu denken, weil ich das Mitleid, das ich mit diesen Menschen habe, loswerden will. In dem fahlen Licht betrachte ich meine Hand ausführlich. Sie sieht so aufgeschwemmt und wächsern aus. Meine Finger sind fünf blasse fette Würmer, die sich an die Handfläche gehängt haben. Wenn ich sie bewege, krümmen sie sich, und einen Moment kann ich sehen, wie sie sich lösen und wegkriechen. Meine Zehen winden sich genauso. Das Stöhnen der Kranken bringt mich wieder zu mir. So muss Keav gestorben sein, allein und voller Angst. Werde auch ich inmitten unbekannter kranker Menschen sterben?

In meinem traumähnlichen Zustand höre ich Mamas Stimme rufen: »Loung! Was machst du hier? Komm zu uns!« Plötzlich bin ich hellwach. Höre ich schon Stimmen? Werde ich verrückt? »Mama?«, flüstere ich. Mein Herz macht einen Freudensprung, aber ich unterdrücke meine Gefühle. »Mama?«, wiederhole ich gepeinigt. »Wir sind hier!«, rufen Chou, Geak und Kim. Ich zwinge mich dazu, meine Augen trotz der geschwollenen Lider aufzubekommen, und suche die Menschenreihe ab.

In der Ecke des Raums nehme ich aufgeregtes Winken wahr. Ich starre Mama, Geak und Meng in die Gesichter, Chou und Kim rennen mir schon lächelnd entgegen. Alle außer Khouy sind da! Ich traue meinen Augen kaum. Ich sehe in ihre strahlenden Gesichter: Chou kann sich das Lachen nicht verkneifen, Geak sieht mich verwirrt an und Mama weint vor Freude.

»Dummes Mädchen«, schilt Mama mich. »Um ein Haar wärst du an uns vorbeigegangen.«

»Ich bin ja so froh, dass ihr da seid! Ich hatte Angst, allein hier zu sein.«

»Dies ist die einzige Krankenstation der Gegend«, antwortet Mama. Sie schlägt leicht mit der flachen Hand auf den Boden neben sich, um mir zu bedeuten, dass ich mich setzen soll. Meine Knie werden weich, ich falle in Mamas Arme. Mit großen Augen klammere ich mich an ihre Ärmel, während meine Geschwister uns verlegen zusehen. »Jetzt sind wir alle zusammen. Wir sind alle zusammen«, dringt ihre gedämpfte Stimme durch mein Haar. Ich sehe meine Geschwister an und habe keine Angst mehr, alleine sterben zu müssen.

Als Mama mich loslässt, krabbelt Geak auf uns zu und setzt sich zwischen uns. Mama erzählt mir, dass sie vor fünf Tagen mit Magenschmerzen hierher gekommen sind. Meine Geschwister sind einer nach dem anderen hier angekommen und waren heilfroh, einander zu sehen. Mama sagt, Chou kam als zweite und Kim und Meng trafen erst gestern ein. Alle sind hier außer Khouy!

Die Tage in der Krankenstation vergehen, während wir müßig über viele Dinge miteinander sprechen, nie jedoch über Keav oder Papa. Niemand in unserer Familie hat je ausdrücklich gesagt, dass wir sie in unseren Unterhaltungen nicht streifen sollten. Und doch sprechen wir nie über sie. Jeder von uns behält die Erinnerungen an sie sicher verschlossen in seinem eigenen Herzen. Lieber nutzen wir die Zeit, um Mama von unserem Leben zu erzählen. Chou erzählt, dass es ihr Spaß macht, eine der beiden Lagerköchinnen zu sein. Sie sagt, dass das andere Mädchen nett ist. Da sie die Lebensmittelvorräte verwaltet, kann sie von allem etwas stehlen, um es Mama zu bringen. Wenn die Mädchen sie ärgern, rächt sie sich und spuckt in ihr Essen. Kim arbeitet von Sonnenaufgang bis Sonnenuntergang auf den Reisfeldern des Jungenlagers. Sein Lager ist so wie das von Chou und mir organisiert. Alle Kinder schlafen zusammen in einer großen Hütte. Am Abend muss Kim an ähnlichen Lehrstunden teilnehmen wie Chou und ich. Meng erzählt uns, bevor er krank wurde, hat er immer noch Laster mit Reis beladen, von denen gemunkelt wurde, dass sie für China bestimmt seien. Er lebt weiterhin mit Khouy und dessen Frau Laine zusammen. Trotz unserer Neugier fragen Chou und ich Meng nie über sie aus. Drei Jahre unter dem Regime der Roten Khmer haben uns gelehrt, dass einige Dinge besser ungesagt bleiben.

Obwohl wir nicht arbeiten, bekommen wir täglich Reis, Salz und manchmal auch Fisch. Es ist etwa so viel, wie ich bekam, als ich gearbeitet habe. An unseren glänzenden Gesichtern und aufgedunsenen Leibern erkennen wir, dass wir alle an ähnlichen Symptomen leiden: Magenschmerzen, Durchfall, tiefe Erschöpfung und Gelenkschmerzen. Nach einem ewigen Hin und Her einigen wir uns darauf, dass wir eigentlich nicht krank, sondern vielmehr hungergeschwächt sind. Morgens und nach dem Abendessen verteilen die Krankenschwestern kleine Würfel eines weißen Granulats. Als ich es zum ersten Mal in den Mund stecke, muss ich unwillkürlich lächeln. Zucker! Zucker als Medizin. Hier will ich so lange wie möglich bleiben.

Trotz meiner täglichen Ration »Medizin« habe ich andauernd

Hunger. Obwohl ich kaum laufen kann, muss ich in der Gegend herumstreunen und nach Essen suchen. Ich suche in den Büschen nach Fröschen, Grillen, Grashüpfern und allem, was irgendwie essbar ist. Doch ich bin eine schwerfällige Jägerin, ich bewege mich zu langsam. Eines Nachmittags sehe ich in der Krankenstation ein Reisbällchen unbeaufsichtigt neben einer alten Frau liegen. Ich nehme es schnell hoch und lasse es in meiner Tasche verschwinden. Mein Herz rast, ich gehe ganz schnell weiter, bevor irgendjemand etwas merkt.

Sowie ich im Freien bin, überkommen mich Schuldgefühle. Das faustgroße Reisbällchen zieht meine Tasche herunter, als mir das Gesicht der alten Frau vor Augen steht. Das fettige graue Haar klebt ihr an der Schädeldecke, und unter ihren schwarzen Sachen hebt sich ihre Brust schnell bei ihren flachen Atemzügen. Die Augen hielt sie halb geschlossen, nur das Weiße war zu sehen. Wenn jemand nach ihr sieht, wird er bemerken, dass der Reis fehlt, und nichts mehr haben, was er ihr geben könnte. Weil sie wissen, dass sie sowieso stirbt, lassen sie sie dann vielleicht einfach so liegen. Indem ich ihr Essen gestohlen habe, habe ich geholfen, sie umzubringen. Aber ich kann den Reis nicht zurückgeben. Das Salz meiner Tränen würzt die harten Reiskörner, die ich klümpchenweise hinunterwürge. So schaufele ich das Grab der alten Frau.

Schweren Herzens gehe ich zu meiner Familie zurück. Sie sitzen ruhig und froh beieinander. Bedrückt setze ich mich neben Mama und kratze mir mit beiden Händen die Kopfhaut. Meine Haare sind fettig und vollkommen verfilzt, mein Kopf juckt. Unsere Anziehsachen sind verschlissen und seit Wochen nicht mehr gewaschen worden. Das Brunnenwasser ist nur für die Krankenschwestern, und der Fluss, in dem man baden kann, ist weit weg.

»Komm her«, sagt Mama und zieht mich zu sich. Sie scheitelt meine Haare. »Das haben wir gleich.« Sie wühlt in ihrer Tasche nach ihrem Läusekamm. Sie sitzt mir gegenüber und breitet ihr rotweißes Tuch zwischen uns aus. Sanft drückt sie meinen Kopf herunter, bis ich nichts mehr außer dem Tuch sehe, und zieht den braunen Plastikkamm mit seinen winzigen eng zusammenstehenden Zinken durch meine Haare. Es ziept, aber es ist die Mühe wert, wie ich an den sechsbeinigen Käfern sehen kann, die auf das Tuch fallen. Sie flitzen darauf herum und suchen einen Fluchtweg, aber sie fallen unseren Nägeln zum Opfer, mit denen wir sie alle zerdrücken. Das ploppt, und dann spritzt das Blut heraus. Chou und Geak lachen und machen mit beim Totquetschen. So verbringen wir unsere Tage, wir sitzen herum, lachen und haben uns lieb.

Eines Nachts träume ich von Keav. Sie ist jung, schön und übermütig. Mein Traum fängt ganz friedlich an. Ich bin irgendwo mit ihr alleine. Wir unterhalten uns beim Gehen. Ich greife nach ihrer Hand, halte aber inne, weil sich ihr Aussehen verändert. Während ich zusehe und sie weiterspricht, wird sie immer dünner. Ihre Haut sieht alt aus, wird gelblich und hängt ihr lose von den Knochen. Dann löst sich die Haut ihres Gesichts auf, sie wird durchsichtig, sodass ihre großen Augenhöhlen und die Schädelknochen sichtbar werden. Ich will zugleich weglaufen und dableiben. Ihre Lippen bewegen sich noch immer, sie sagt: »Mir geht es gut, ich bin nicht so, wie du mich siehst.« Ich liebe sie und sehne mich danach, bei ihr zu sein, ich will herausfinden, wo sie jetzt ist, damit ich mich dort mit ihr treffen kann. Aber ich kann nicht mehr verstehen, was sie sagt, und wache schreiend auf. Entschlossen zu leben, zwinge ich mich dazu, das Gelände der Krankenstation nach etwas Essbarem zum Stehlen abzusuchen.

Ich bleibe so lange in der Krankenstation, wie ich kann, und allmählich bringen mich die Zuckerwürfel, das Essen und die Arbeitspause wieder zu Kräften. Eine Woche darauf ist die Krankenstation so überlaufen, dass die Krankenschwestern uns zum Gehen zwingen. Erst schmeißen sie Meng raus, dann Kim, schließlich mich. Ich weine, jammere und lüge, aber am Ende muss ich doch fortgehen. Beim Weggehen breche ich meine Abschiedsregel, ich drehe mich um, nur um Mama, Chou und Geak weinend in der Tür stehen zu sehen. Ich hätte mich nicht umsehen dürfen, denn mit jeder Faser meines Körpers will ich zu ihnen zurücklaufen, mich an ihnen festhalten. Stattdessen hole ich tief Luft, nehme die Schultern zurück und gehe festen Schrittes davon. Ich frage mich, wann ich sie wieder sehen werde.

Die Mauern bröckeln

November 1978

Wieder sind sechs Monate seit unserem Familientreffen in der Krankenstation vergangen. An meinem Leben im Lager hat sich nicht viel geändert, und da wir wieder mehr zu essen bekommen, werde ich wieder kräftiger. Wir arbeiten nicht mehr auf den Feldern, jetzt lernen wir, im Krieg zu kämpfen, weil wieder Gerüchte umgehen, dass die Youns in unser Land einmarschiert sind. Wir üben mit den paar Sicheln, Hacken, Messern, Stöcken und Gewehren, die es im Lager gibt. Das Training ist zum großen Teil reine Wiederholung, doch Met Bong besteht darauf, dass wir unsere Bewegungsabläufe automatisieren müssen. Erst dann seien wir gute Kämpferinnen. Abends nach dem Essen sammeln wir Buschwerk und Äste und arbeiten an dem Zaun um unser Lager.

Eines frühen Morgens wache ich angsterfüllt und panisch auf. Mein Magen hat sich zusammengeballt, ich bin schweißgebadet. Ich rede mir ein, dass es meine Nerven sind, dass ich einfach schnell nervös werde. Nachdem ich mir das Gesicht gewaschen habe, geselle ich mich zu den anderen. Met Bong hat ihre alten

Arbeitsanzüge mit Laub und Stroh ausgestopft. Als Köpfe füllt sie rot karierte Tücher. Sie nennt sie Youn-Attrappen und hängt sie an die Bäume in einem Feld. Nachdem wir die hundertste endlose Tirade über die Bösartigkeit der Youns über uns ergehen lassen haben, müssen wir uns in einer Reihe aufstellen.

Mit einem fünfzehn Zentimeter langen Messer stehe ich als Erste stramm in der Reihe. Ich hechele wie ein Tier, meine Beine zittern. Mit dem Messer in der Hand attackiere ich Met Bongs Strohpuppe. Während ich sie anfalle, schreie ich: »Stirb! Stirb!« Obwohl ich es auf den Kopf abgesehen habe, bin ich gerade groß genug, um der Attrappe mein Messer in den Bauch zu rammen.

Am Morgen darauf wache ich gepeinigt auf. Mir pocht das Blut in den Schläfen, mein Magen tut weh, und mein Brustkorb fühlt sich an, als sitze jemand darauf. Alles, was ich will, ist laut zu schreien. Mein Inneres tut mir entsetzlich weh. Da bricht eine Wut aus mir heraus, die so groß ist, dass ich aufspringe und aus der Hütte renne. Ich kann die Spannung meines Körpers nicht deuten, diese Panik, diese Trauer, diesen Hass – Gefühle, die sich körperlich ausdrücken.

Ich muss Mama sehen. Es ist gefährlich, ohne Erlaubnis loszugehen, aber das ist mir egal. Ich muss einfach zu ihr. Ich weiß, dass ich nicht durchs Haupttor gehen kann: Wenn die Mädchen mich sehen, verpetzen sie mich. Ich gehe um die Hütte herum und suche nach einer Stelle im Zaun, durch die ich verschwinden kann. Ich komme an einen Teil, der locker gebaut ist, wo die Äste weit voneinander stehen und das Buschwerk spärlich ist. Nachdem ich mich vergewissert habe, dass mich niemand sieht, gehe ich auf die Knie. Schnell schiebe ich die Sträucher beiseite und krieche hindurch.

Ich marschiere unter der heißen Sonne, ohne zu essen und zu trinken. Obwohl meine Kehle ausgedörrt ist und meine Füße mich nicht mehr tragen wollen, laufe ich weiter. Mamas und Geaks Gesichter durchzucken mich wie Blitze. Ihre Mundwinkel sind nach unten gezogen, in ihren Augen schimmern Tränen. Sie sitzen vor der Hütte in Ro Leap und rufen nach mir, als wollten sie mir etwas mitteilen. Ich weiß, warum sie nach mir rufen. Aber ich kann es nicht glauben. Ich weiß es.

Meine Gedanken kehren zu Papa zurück. Ich erinnere mich daran, wie er einmal gesagt hat, dass ich eine übersinnliche Wahrnehmung hätte. So jung ich noch bin, so habe ich doch immer den Eindruck gehabt, achtzig Prozent meines Lebens als déjà vu zu leben. In Phnom Penh wusste ich oft schon, wer anrief, noch bevor Papa das Telefon abgenommen hatte. Wenn ich mit Papa in der Stadt bummelte oder Nudeln mit Mama aß, spürte ich häufig, dass wir jemand Bestimmtes treffen würden, und so war es dann auch. In Ro Leap träumte ich, dass ein bestimmtes Haus Feuer fangen würde, und so geschah es. Papa hat mir damals gesagt, es sei eine Macht, doch wenn ich mich damals nicht davor gefürchtet habe, so tue ich es jetzt.

Minuten werden zu Stunden, bis ich endlich in Ro Leap ankomme. Es ist später Vormittag. Alles ist ruhig. Ich renne zu Mamas Hütte. »Mama«, schreie ich vollkommen außer mir. »Mama! Geak!« Keine Antwort. »Mama!« So schnell ich kann, renne ich in den Garten. Mama und Geak sind nicht da. Tränenüberströmt renne ich zurück zu ihrer Hütte. Alles ist noch dort. Ihre hölzernen Reisschüsseln und Löffel. Der kleine Haufen Anziehsachen. »Mama!«, rufe ich heiser.

»Sie sind nicht hier«, gibt mir eine Stimme zur Antwort. Eine junge Frau steht in der Tür der benachbarten Hütte. Sie ist neu, ich kenne sie nicht. »Sie sind gestern weggegangen. Mein Baby ist krank, deswegen war ich nicht arbeiten. Ich habe sie weggehen sehen.«

»Wohin sind sie gegangen?«

»Ich weiß es nicht. Sie sind mit Soldaten gegangen«, sagt die junge Frau leise und wendet ihren Blick ab. Sie starrt in die Ferne, sie weigert sich, mich anzusehen.

Wir wissen beide, was es bedeutet, wenn Soldaten ins Dorf

kommen und jemanden mitnehmen. Ein Teil von mir kann nicht glauben, was die Frau sagt, aber der andere Teil weiß genau, dass es stimmt. Gestern konnte ich mir meine innere Anspannung und die körperlichen Beschwerden, mit denen ich aufgewacht bin, nicht erklären. Jetzt weiß ich, dass mir Mama und Geak das mit den Soldaten gesagt haben.

»Mama, wo bist du? Mama, das kannst du mir nicht antun!«, schreie ich in die leere Hütte. Sie können doch nicht drei Jahre überlebt haben, die Hungersnot und den Verlust von Keav und Papa, nur um jetzt abgeholt zu werden! Als ich sie zuletzt gesehen habe, kam sie ohne Papa ganz gut klar. Ich habe geglaubt, dass sie es schaffen würde. Sie hat so hart um ihr Leben gekämpft! Sie kann nicht verschwunden sein. Arme kleine Geak, in ihrem Leben gab es nichts Schönes.

Als das Baby anfängt zu weinen, geht die Frau in ihre Hütte zurück. Ich höre, wie sie es in den Schlaf summt. Kurz blitzt in mir die Erinnerung an Mama auf, wie sie mir in Phnom Penh ein Wiegenlied vorsingt. Jetzt kann ich nicht mehr stark sein. Meine Mauer bröckelt, ich breche zusammen. Ich kann die Tränen nicht mehr zurückhalten. Meine Brust wird eng, meine Eingeweide scheinen sich selbst zu verdauen. Ich habe Angst um meinen Verstand. Ich muss weg, ich muss rennen, ich muss hier raus. Irgendwie übernehmen meine Beine das Kommando und tragen mich fort aus dem Dorf. »Mama! Geak!«, flüstere ich ihnen zu. Ihre Gesichter treiben auf meinem Bewusstsein. Meine Gedanken fangen an zu rasen. Ich erinnere mich, wie ich Reis aus dem Behälter gestohlen habe, der für sie gedacht war. Geak hat nie erfahren, wie es ist, keinen Hunger zu haben. Meine Gedanken lassen mir keine Ruhe. Doch als sich mir die Frage stellt, wen von beiden die Soldaten zuerst getötet haben, fließt alle Energie aus meinem Körper heraus. In meinem Kopf spult sich ein Film von den beiden ab.

Ich sehe sie, wie sie langsam zusammen mit zwanzig anderen Leuten aus anderen Dörfern der Provinz marschieren. Fünf oder sechs Soldaten der Roten Khmer gehen an beiden Seiten. Die Soldaten halten die Gewehre im Anschlag. Vor drei Tagen hat es geregnet, das Feld ist nass und glitschig, man muss aufpassen. Soldaten und Zivilisten haben schwarze Arbeitsanzüge an, dazu die rotweiß karierten Tücher. Ihre Hosenboden und Knie sind matschverklebt. Die Männer gehen mit hinter den Köpfen verschränkten Fingern. Schweiß tropft ihnen von der Stirn und brennt in den Augen. Aber sie trauen sich nicht, die Finger zu lösen, um ihn wegzuwischen. Den Frauen, Kindern und den alten Leuten ist es erlaubt, mit den Armen zu rudern, um auf dem unebenen Boden das Gleichgewicht zu halten. Wie ihre Geschichte auch gewesen sein mag, was auch immer sie in der Vergangenheit getan haben mögen, jetzt marschieren sie hier, weil der Angkar sie als Verräter gebrandmarkt hat.

Ganz am Ende der Reihe kommt Mama, die Geak auf dem Rücken trägt. Mama weint vor sich hin, ihr Körper ist starr vor Angst, ihre Hände umklammern Geak. Sie spürt, wie Geak leicht auf dem Rücken hochhüpft, als sie stolpert. Sie beißt sich auf die Lippen, denkt an Papa und fragt sich, ob er auch so viel Angst hatte, als sie ihn abgeholt haben. Sie schüttelt den Kopf, sie erlaubt sich nicht, ihn sich tot vorzustellen. Ein Teil hält daran fest, dass er noch irgendwo lebt. Es sind fast zwei Jahre vergangen, und noch immer vermisst sie ihn in jeder wachen Minute. In ihren Träumen erscheint er ihr so wirklich, dann wacht sie noch trauriger auf, als sie eingeschlafen ist. Manchmal wenn sie im Garten Unkraut gejätet hat, ließ sie ihre Gedanken zu ihrem ersten Treffen am Fluss schweifen, als sie ihm das erste Mal in die Augen sah. Sie fand ihn so gut aussehend, aber sie wusste sofort, dass ihre Eltern ihre Wahl nicht billigen würden. Aber sie liebte ihn und brannte trotz der Einwände ihrer Eltern mit ihm durch, um ihn zu heiraten. Alles, was sie wollte, war, mit ihm zusammen zu sein. Vielleicht würde sie sehr bald mit ihm vereinigt werden.

Die Soldaten führten sie an den Reisfeldern vorbei, vorbei an den wiegenden Palmen bis zu einem Feld am Rande des Dorfes. Dort, außer Sichtweite, zwingen sie Mama, sich neben die anderen zu knien. Mama und Geak klammern sich aneinander, während sie in den kühlen Matsch einsinken. Mama hält Geak schützend vor die Brust, als wolle sie ihr Baby wieder in ihren Bauch schubsen, um ihm die Schmerzen zu ersparen. Sie hält Geaks Kopf mit einer Hand auf die Brust gedrückt, um sicherzugehen, dass sie das Massaker, das sich jetzt abspielen wird, nicht sehen kann. In ihren Armen klappert Geak mit den Zähnen. Ihr Körper bebt. Sie fühlt, wie Geaks kleine Hand sich fest um ihren Nacken legt, doch sie sagt nichts.

Die Soldaten stehen vor ihnen. Die Gewehre haben sie auf die Gruppe gerichtet, ihre Finger am Abzug. Dunkle Wolken ziehen über ihnen vorbei und werfen schwarze Schatten auf die Männer. Es geht ein lauer Wind, aber Mama zittert. Sie weiß, dass sie nicht gegen ihr Schicksal ankämpfen kann. Sie weiß, dass ihr alles Betteln keine Flucht ermöglichen wird. Sie umarmt Geak noch fester und drückt ihr die Augen zu, und als die anderen um Gnade bitten, betet sie. Papas Gesicht vor Augen, wartet sie. Diese Sekunde fühlt sich wie eine Ewigkeit an. Sie kämpft gegen den Impuls zu schreien, die Soldaten zu provozieren, damit es endlich vorbei ist. Sie weiß nicht, wie lange sie noch tapfer sein kann. Das Warten lässt Hoffnung in ihr aufkeimen. Vielleicht haben die Soldaten ihre Meinung geändert und lassen sie alle laufen? Sie merkt, wie sie bei diesem Gedanken schneller atmet. »Nein, ich muss für Geak stark sein. Sie darf diese Welt nicht in Schrecken verlassen.«

Dann hört Mama das gurgelnde Geräusch des Matsches, als ein Soldat sich bewegt. Ihr Herz schlägt, als wolle es ihr die Brust aufreißen. Ein Soldat hängt sich das Gewehr um und geht auf die Gruppe zu. Mama fühlt, wie sich der Matsch unter ihr erwärmt. Mit einem Seitenblick sieht sie, dass sich der Mann neben ihr in die Hosen gemacht hat. Der Soldat nähert sich der Gruppe. Er geht direkt auf Mama zu. Mamas Augen weiten sich voll Hoffnung. Ihr Herz droht vor Angst zu bersten. Der Soldat packt Geak an den Schultern. Beide schreien so schrill und so laut, dass der Schrei in der Luft widerhallt. Aber der Soldat lässt sich nicht beirren. Er zerrt Geak aus Mamas Griff. Die beiden klammern sich aneinander, sie rufen sich zu, sich nicht loszulassen. Der Soldat reißt sie auseinander, nur ihre Finger umklammern sich noch. Dann reißt auch diese Verbindung. Alle Dorfbewohner weinen und betteln und beginnen, sich von den Knien zu erheben. Plötzlich rattern die Gewehre los, die Kugeln bohren sich in ihre Körper und bringen ihre Schreie zum Schweigen.

Geak rennt hinüber zu Mamas zusammengesackter Gestalt. Mamas Gesicht liegt im Matsch. Geak ist erst sechs, zu jung, um zu verstehen, was passiert ist. Sie ruft Mama und rüttelt an ihrer Schulter. Sie berührt Mamas Wangen und Ohren und fasst ihr ins Haar, um ihr Gesicht aus dem Matsch zu heben, aber sie ist nicht kräftig genug. Sie wischt sich die Augen, und dabei verschmiert sie Mamas Blut in ihrem Gesicht. Sie hämmert mit den Fäusten auf Mamas Rücken, um sie aufzuwecken, aber Mama ist tot. Dann hält sie Mamas Kopf und schreit und schreit. Sie holt keine Luft mehr. Das Gesicht eines der Soldaten verdunkelt sich. Er hebt sein Gewehr. Sekunden später ist auch Geak still.

Ich gehe fort aus Ro Leap, betäubt von dem Dröhnen in meinen Ohren. Alle Geschichten, wie die Roten Khmer ihre Opfer umbringen, kommen mir in den Sinn. Geschichten, wie sie ihre Opfer in Kartoffelsäcke gebunden und in die Flüsse geworfen haben, und Geschichten von ihren Folterkammern kursierten oft unter den Dorfbewohnern. Man erzählte sich auch, dass die Soldaten oft Kinder im Angesicht ihrer Eltern umbringen, um ihnen Geständnisse und die Namen von Verrätern abzuringen. Das Dröhnen in meinen Ohren wird immer lauter, ich verliere die Orientierung. Mamas Gesicht steht mir vor Augen. Ich schlucke mit Mühe, als ich mir die Qualen vorzustellen versuche, die sie empfunden haben muss, als sie den Soldaten zusehen musste, wie sie Geak peinigten. Ich bin besessen von diesen Bildern, die von ihrem Tod in mir aufsteigen. Ich kann sie nicht gehen lassen. Mein Kopf ist schwer.

Tränenüberströmt schleppe ich mich aus dem Dorf. Jemand hat mir einmal gesagt, wenn man seinen Kopf ganz hart irgendwo dagegenschlägt, verliert man seine Erinnerungen. Ich will meinen Kopf ganz hart gegen eine Wand schlagen. Ich will mein Gedächtnis verlieren. Mein Schmerz ist so stark, dass er sich in meinen Körper drängt. Nacken, Schultern, Rücken und Arme fühlen sich an wie mit tausend glühenden Nadeln gestochen. Nur der Tod kann mich erlösen.

Dann kommt etwas über mich. Es ist, als würde ich an einen

anderen Ort getrieben, in den verborgensten Winkel meines Gemüts, wo ich mich vor dem Schmerz verkriechen kann. Die Welt verschwimmt im Nebel. Um mich herum Dunkelheit, tröstend und leer. Mein Schmerz und meine Trauer fühlen sich nicht mehr wirklich an – sie gehören nicht mehr zu mir –, als die Dunkelheit meine Umgebung und mich mit ihr verschluckt.

Als ich wieder etwas zu mir komme, befinde ich mich im Lager und stehe vor Met Bong. Meine Hand massiert meine brennende Wange, ich habe den Geschmack von Blut im Mund. Met Bong hat mich wachgeschlagen. »Wo warst du?«, will sie von mir wissen, als die Welt wieder in mein Blickfeld tritt. Die Mädchen stehen um uns herum und beobachten mich.

»Das weiß ich nicht«, gelingt es mir zu antworten. »Ich bin losgegangen, um einen Besuch bei ...«

»Und da bist du drei Tage geblieben? Weißt du denn nicht, dass die Youns überall lauern?«

Meine Augen weiten sich ungläubig. »Nein, ich weiß nicht mehr, wo ich war«, sage ich ehrlich zu ihr. Wieder schlägt sie mich kräftig ins Gesicht. Vor Schmerz wird mir schwindelig, nur mit Mühe halte ich mich aufrecht.

»Du willst es mir nicht sagen? Dann bekommst du heute Abend kein Essen. Und solange du es mir nicht sagst, bekommst du weniger zu essen«, brüllt sie mich an und geht weg. Nachdem sie gegangen ist, gehe ich zum Brunnen und ziehe einen Eimer Wasser hoch. Ich trinke etwas und schütte mir den Rest über die Füße. Dann reibe ich die Füße aneinander und entferne die Schichten roten Lehms, unter denen sich meine kleinen faltigen Zehen verstecken. »Mama ist tot«, sage ich mir immer wieder teilnahmslos auf. »Mama ist tot.« Ich habe keine Erinnerung an die drei Tage, seit ich das Dorf verlassen habe.

Am nächsten Tag falle ich die Youn-Attrappen schon vor Met Bongs Kommando an. Meine Haut bebt vor Hass. Ich hasse die Götter, die mir so wehgetan haben. Ich hasse Pol Pot dafür, dass er Papa, Mama, Keav und Geak ermordet hat. Ich ramme meinen Holzknüppel hoch in die Brust der Puppe, und ich spüre, wie er durch die Puppe durchgeht und im Baum stecken bleibt. In schneller Abfolge durchbohre ich ungestüm die Attrappe. Jedes Mal stelle ich mir vor, dass es nicht ein Youn ist, sondern Pol Pot. Jetzt ist es Wirklichkeit geworden. Jetzt muss ich nicht mehr vorgeben, eine Waise zu sein.

Invasion der Youns

Januar 1979

Das Gewehr fest gegen die Brust gedrückt, geht Met Bong beim abendlichen Treffen nervös vor uns auf und ab. »Die Youns sind in unser Land einmarschiert! Sie nehmen unsere Städte ein! Diese Monster vergewaltigen Khmerfrauen und töten Khmermänner. Sie werden euch umbringen, wenn sie euch kriegen. Ihr müsst euch auf jede nur denkbare Art verteidigen. Pol Pot ist allmächtig, und wir können die Youns besiegen!«

»Angkar! Angkar! Angkar!«, schreien wir einstimmig, obwohl ihre Worte uns unsinnig vorkommen. Während ich so tue, als hörte ich zu, frage ich mich, warum die Roten Khmer so eine Angst vor den Youns haben, wenn wir sie doch besiegen können. Wenn wir sie niederschlagen können, wie können sie dann unser Land einnehmen?

»Nachts wird nicht mehr ein Mädchen, sondern zwei werden Wache halten. Ihr müsst die Youns erschießen, wenn ihr welche seht.«

In dieser Nacht kann keine von uns schlafen. Wir hören die Explosionen von Granaten und Raketen in der Ferne. Obwohl wir Angst haben, erklärt uns Met Bong, dass die Soldaten der Roten Khmer sie von uns fern halten werden. Die Bombardierung dauert ein paar Stunden, dann ist alles wieder ruhig. Plötzlich explodiert eine Granate ohne jede Vorwarnung ganz in der Nähe unserer Basis und lässt den Himmel weiß auflodern wie durch einen Blitz. Angst beutelt mich. Als noch eine Granate heranpfeift und unsere Hütte trifft, schreie ich auf und halte mir die Ohren zu. Die Wände und das Dach aus Stroh brennen lichterloh. Schreiend und klagend versuchen die Mädchen, aus der Hütte zu entkommen, bevor sie völlig herunterbrennt. Die Mädchen rennen und kriechen zur Tür, ihre Gesichter sind schwarz vom Rauch, die Augen weiß vor Angst. Viele bluten aus Wunden, wo ein Schrapnell in ihre Haut eingedrungen ist.

Ich springe auf und renne zur Tür. Schon breitet sich das Feuer aus. »Lasst mich nicht allein! Ich bin getroffen worden! Helft mir!«, schreit eine schrille Stimme. Das Mädchen liegt in einer Blutlache. Sie hat sich auf die Ellbogen gestützt und fleht uns an, ihr zu helfen. Sie bebt und zittert. Die anderen Mädchen rennen weiter. Als sie sieht, dass ich sie ansehe, reicht sie mir eine blutige Hand: »Hilf mir!« Sie versucht, auf ihren Ellbogen zur Tür zu robben, aber nach ein paar Metern keucht sie frustriert. Tränen laufen ihr das Gesicht herunter. Das Feuer breitet sich schnell im Lager aus, überall stürzen Trümmer herab. »Der Rauch! Das Feuer! Helft mir!« Sie greift sich mit der Hand an die Brust und hustet Blut. Ich will ihr helfen, aber ich bin viel kleiner als sie. Ich schreie und halte mir die Ohren zu, als noch eine Granate in der Nähe explodiert. Panisch kehre ich ihr den Rücken zu und renne aus der Hütte. Als das Dach zusammenkracht und die Flammen die Hütte verschlingen, hört man noch immer die lang gezogenen schmerzverzerrten Schreie des Mädchens.

Die Mädchen rasen in dem verzweifelten Versuch, dem Lager zu entkommen, in alle Richtungen davon. Im Dunkeln lodern die Strohwände und -dächer gelb und orange. Der Widerschein erhellt die Gesichter der flüchtenden Mädchen. Auf der Straße finde ich mich zwischen Tausenden von Menschen wieder, die durch verlassene Dörfer und Städte laufen. Ich muss Chou finden. Ohne sie bin ich allein. Automatisch tragen mich meine Füße in die Richtung ihres Lagers. Es bleibt keine Zeit, um Angst zu haben.

Ihr Lager ist dunkel und leer, als ich dort ankomme. »Chou! Chou! Chou!«, rufe ich laut. Ich umrunde das Gelände ihres Lagers, aber sie ist nicht mehr da. Ich renne zurück zur Straße. Ich weiß nicht, was ich als Nächstes tun soll. Ich weiß nicht, wo ich nach meinen älteren Brüdern suchen soll. Um mich herum rennen die Menschen wie eine in Panik geratene Rinderherde, sie schreien und rufen die Namen von Angehörigen. »Bitte, lass sie am Leben sein«, flüstere ich vor mich hin, während Leute mich anrempeln und herumschubsen. Da ich nicht weiß, was ich machen soll, klettere ich auf einen großen Felsen neben der Straße. Die Knie an die Brust gezogen, sitze ich dort weinend. Unterdessen zieht der Strom der Menschen schnell weiter und lässt mich hinter sich. Es ist wie damals, als die Menschenmengen Phnom Penh verlassen haben, nur dass ich diesmal alleine bin. Keav hält ihre Arme nicht mehr schützend um mich, Papa, Mama und Geak sind nicht mehr an meiner Seite, und Khouy und Meng weisen uns nicht mehr den Weg.

Als ich dort so zusammengekauert sitze, fasst mich jemand an der Schulter. Es ist Kim! Er lebt! Chou ist bei ihm, sie hält ihn fest bei der Hand. »Chou!«, rufe ich glücklich. Nie bin ich so glücklich gewesen!

»Komm, wir müssen schnell verschwinden!«, ruft Kim und nimmt meine Hand. Wir fädeln uns wieder in die Menschenmenge ein.

Auch wenn wir nicht wissen, wohin wir gehen sollen, ist es unser Ziel, unsere Brüder wieder zu finden. Kim trägt jetzt wieder die Verantwortung für die Familie. Beim Weitergehen erzählt er uns, als er die Bombardierungen aus unserer Richtung kommen hörte, sei er aus seinem Lager geflüchtet und hierher gerannt, wo er auf Chou stieß. Sie hatten sich gerade auf den Weg gemacht, um nach mir zu suchen. Chou und ich folgen Kim, wir tun, was er uns sagt. Er scheint genau zu wissen, was er tut, sodass ich vergesse, dass er noch keine vierzehn Jahre alt ist. Die anderen Leute tragen Töpfe, Pfannen, Kleider, Essen und andere Habseligkeiten auf dem Rücken oder in Wagen. Kim hat einen Rucksack mit ein paar Anziehsachen drin, aber Chou und ich halten uns bei den Händen und haben nur das, was wir am Leib tragen. Wir gehen in dem Meer von Menschen durch die Nacht und folgen ihrer Route. Kim sagt, es ist sicherer, wenn wir mit der Menge gehen. Obwohl meine Füße eine Pause brauchen, stütze ich mich mit halb geschlossenen Augen auf Kim und stolpere weiter. Kurz darauf geht die Sonne auf. Die Welt um uns herum leuchtet purpurrot, goldgelb und feuerorange. Auf dem Elefantengras der Felder glitzert der Morgentau und von fernen Dörfern weht grauer Rauch gen Himmel. Die schmalen roten Kiespfade wimmeln von Menschen in schwarzen Oberteilen und Hosen. Der Strom reißt nicht ab, er bewegt sich unaufhaltsam weiter, nur dass alle ihre Füße langsamer hinter sich herschleppen. Wer nicht mehr weiterkann, setzt sich an den Wegesrand, einige rollen sich zusammen und schlafen ein. Andere lassen den Strom neben sich weiterziehen, während sie neben der Straße nach Früchten und Beeren Ausschau halten, doch dabei achten sie darauf, sich nicht zu weit zu entfernen. Wie eine Schlange windet sich die Menschenmenge, die starken unverletzten Männer bilden ihren Kopf und die Alten, die Jungen und die Schwachen hinken als Schwanzspitze hinterher. Sowie eine Schlange aus dem Blick ist, windet sich schon die nächste heran, in die sich die Zurückgebliebenen einreihen.

Als die Sonne höher steigt, fängt mein Magen an zu knurren. Kim entdeckt einen grasüberwucherten, von Büschen halb verdeckten Fußweg und steuert darauf zu. Chou und ich folgen stumm. Nach fünf Minuten sehen wir uns nervös an, denn wir haben Angst, uns so weit von der Menschenmenge zu entfernen, aber wir trauen uns nicht, Kim zu fragen, was wir hier tun. Weitere zehn Minuten gehen vorbei. Wir sind etwa einen Kilometer von der Menschenmenge entfernt, als wir auf ein verlassenes Dorf stoßen. Im Dorf ist alles still, nur das Grunzen der Schweine und das Gackern der Hühner sind zu hören. Die Dorfbewohner sind so schnell aufgebrochen, dass sie ihre Kleider, Sandalen, Tücher überall auf der Erde verstreut haben. In der Gemeinschaftsküche qualmt noch die Asche. Chou geht in eine Hütte und kommt mit ein paar Töpfen, Aluminiumschüsseln und kleinen Säckchen Reis und Salz wieder heraus. Ich schnappe mir drei Tücher, Arbeitskleidung und leichte Decken. Das lege ich in eine weitere Decke und binde die Enden zusammen. Dieses dicke Bündel kann ich auf dem Kopf balancieren.

In einem Haus laufen ein Schwein und zwei Hühner herum. Nachdem wir ein paar Minuten versucht haben, das Schwein einzufangen, werden wir müde und lassen davon ab. Selbst wenn wir es fangen würden, wüssten wir nicht, wie wir es schlachten sollten, denn wir haben kein Messer. Kim fängt die beiden Hühner und bindet ihre Flügel auf dem Rücken zusammen. Wir sehen uns nach etwas Scharfem um, womit wir ihnen die Gurgel durchschneiden können. Aber da wir nichts finden, geht Kim zu einem Brunnen hinüber. Er hält ein Huhn an den Beinen fest und schwingt es wie einen Schläger. So knallt er seinen Kopf gegen die Steinwand. Noch in einer Entfernung von drei Metern höre ich den Schädel des Vogels krachen. Das Blut spritzt in alle Richtungen, auch auf Kims Füße. Das Huhn zuckt und windet sich, es weigert sich zu sterben. Da donnert Kim es noch einmal gegen die Wand und zerschmettert seinen Kopf. Darauf wiederholt Kim das Ganze mit dem zweiten Huhn.

Chou holt Wasser aus dem Brunnen und gießt es Kim über die Füße, um das Blut abzuspülen. Den Rest des Wassers füllt sie in unseren neuen Topf, während Kim das Feuer mit Reisig wieder entfacht. Chou kocht beide Hühner in dem Topf, nach einer Stunde nehmen wir sie heraus und rupfen sie. Dann lässt sie sie noch eine Stunde kochen. Als sie fertig sind, salzt sie das ganze Fleisch, damit es nicht verdirbt. Unterdessen hat mein Magen zu knurren begonnen, und mir läuft das Wasser im Mund zusammen. Ich habe seit endloser Zeit kein Fleisch mehr gegessen. Schließlich verkündet Chou, dass die Hühner fertig sind. Kim bricht eine Keule ab, tut mir Reis in eine Schüssel und reicht sie mir herüber. Die andere Keule gibt er Chou. Die Brust nimmt er selbst und den Rest hebt er für später auf. Wir essen schweigend. Langsam ziehe ich die Haut ab, sie ist zäh und gummiartig. Den Rest meines Hühnerbeins esse ich mit Freude und Trauer, denn ich muss daran denken, wie Mama zusammengeschlagen wurde, als sie versucht hat, Hühnchenfleisch für Geak zu bekommen.

Nach der Mahlzeit nehmen wir unsere Bündel und reihen uns wieder in den Menschenstrom ein. Wir laufen den ganzen Tag, in der Nacht halten wir mit allen anderen an, um zu rasten. Während die anderen Feuer machen, Essen kochen und sich unterhalten, essen wir schweigend. Auf allen Seiten reden Männer laut über die Invasion der Youns und den Untergang der Armee Pol Pots. Sie spucken den bösen Namen Pol Pots aus und schwören, dass sie ihn und seine Offiziere stellen werden, um sich an ihnen für alles Erlittene zu rächen. Ihre Stimmen klingen wie im Fieberwahn, als sie von den Toten erzählen, die sie auf den Feldern bei ihren Dörfern gefunden haben.

Ich muss an Met Bong denken. Das ganze Jahr, in dem ich im Lager war, hat Met Bong uns jeden Tag erzählt, dass die Youns Kambodscha angreifen, aber dass die mächtige Armee der Roten Khmer sie niederschlagen würde. Sie hatte so viel Angst davor, dass die Youns unser Land einnehmen. Die Vorstellung, dass die Vietnamesen dann in Kambodscha leben würden und unser Land innerhalb von wenigen Jahren nichts weiter als eine Youn-Kolonie sein würde, verfolgte sie regelrecht. Wie viel Angst sie jetzt haben muss – falls sie noch lebt –, jetzt, wo die Youns, unsere Feinde, wirklich in Kambodscha einmarschiert sind, um zu verhindern, dass die Roten Khmer immer mehr Kambodschaner umbringen. Nacht für Nacht hat sie uns eingebläut, dass ein einziger Soldat der Roten Khmer zwanzig Youn-Soldaten töten kann, weil unsere Soldaten viel bessere und tapferere Kämpfer sind. Ich frage mich, was mit den mächtigen Soldaten der Roten Khmer geschehen ist. Vielleicht ist die Macht der Roten Khmer ja nur eine weitere von Pol Pots vielen Lügen.

Meine Beine und mein Rücken schmerzen vom Gehen, aber solche Schmerzen spielen keine Rolle mehr. Meine Gedanken schweifen zu Papa, Mama und Geak, ich höre den Unterhaltungen um mich herum gar nicht mehr zu. Papa hat sich für Politik interessiert. Ich bin zu jung, um Pol Pots Maßnahmen zur Schaffung einer klassenlosen und rein agrarischen Gesellschaft zu verstehen. Ich weiß nicht, warum Pol Pot das getan hat, was er getan hat. Ich weiß nicht, warum er uns gezwungen hat, Phnom Penh zu verlassen, warum er uns so wenig zu essen gegeben hat, warum er mir Papa weggenommen hat. Ich weiß nur eins: Wenn Papa, Mama, Keav und Geak durch den Einmarsch der Youns in Kambodscha gerettet worden wären, dann hätten sie doch früher einmarschieren sollen!

Nachdem wir wieder etwas von unseren Hühnchen gegessen haben, breitet Chou eine Decke auf dem Gras aus. Ich rolle die Tücher als Kopfkissen zusammen. Wir haben uns mitten auf einem offenen Feld niedergelassen, das an einen Wald angrenzt.

»Hier auf dem offenen Feld sind wir sicher vor dem alles zermalmenden Monster der Youns«, sagt ein Mann.

»Met Pou«, frage ich diesen Onkel und Kameraden neugierig, »was für ein zermalmendes Monster ist das?«

»Das weißt du nicht?«, fragt er mich ungläubig. Ich schüttele meinen Kopf. »Bisher hat keiner es gesehen. Aber man sagt, dass es ein wildes, unbesiegbares Monster ist. Halb ist es Maschine, halb ist es Mensch, aber ein niederträchtiger. Es ist größer als eine Hütte und speit Feuer und Granaten. Statt Beinen hat es viele Räder, es rollt laut donnernd über das Land und zerstört alles, was sich ihm in den Weg stellt. Es kann Bäume zerquetschen und Felsen, Metall, einfach alles. Nichts und niemand kann es zerstören!« Entsetzt erfahre ich alles über diese gefährliche Maschine und frage mich, ob sie im Wald lauert und auf uns wartet.

»Also ist es für uns sicherer auf dem freien Feld, damit wir es sehen, wenn es anrückt, und wir wegrennen können?«, frage ich. Mir werden die Knie weich, Bilder des alles zermalmenden Monsters spulen sich lebhaft ab, wie es uns hinterherjagt.

»Chou, komm, wir gehen in die Mitte der Menge«, bettele ich und ziehe sie an der Hand. Kim runzelt die Stirn, als wir unsere Bündel zusammenpacken und losgehen wollen.

»Es handelt sich nicht um ein Monster. Dieser Mann weiß gar nicht, wovon er redet. Das ist ein Bauer, der noch nie aus seinem Dorf gekommen ist und wahrscheinlich noch nicht mal ein Auto gesehen hat, wie sollte er also wissen, wie ein Panzer aussieht. Es ist eine riesige Maschine, die ein Mann wie ein Auto fährt.« Er versucht, uns zu beruhigen, aber das klappt nicht.

»Kann es wirklich Bäume, Häuser und Metallhindernisse überrollen? Zerstört es alles, was sich ihm in den Weg stellt?«, frage ich ihn.

»Ja, aber ...«

»Spuckt es Feuer und Granaten?«

»Ja, aber ..., in Ordnung, wir gehen woandershin.« Kim seufzt und nimmt die Bündel. Wir gehen hinein in die unüberschaubare Menschenmenge, in deren Mitte wir uns zur Nacht niederlassen.

»Jetzt sind wir jedenfalls nicht die Ersten, die vom Monster zerquetscht werden«, sage ich. Chou nickt zustimmend. Kim lächelt und schüttelt den Kopf, doch er lässt die Sachen fallen. Wieder breitet Chou die Decke aus und legt sich hin. Kim und ich kuscheln uns eng an sie. Kim steckt einen Arm durch die Riemen des Rucksacks und ich halte mein Bündel fest. Wir legen eine Decke über uns.

JANUAR 1979

Die Erde ist kalt, aber Chous Körper wärmt mich. Die Menschen um uns herum essen, schlafen oder verstauen ihre Sachen. Neben uns sitzt eine Familie beim Abendbrot. Sie sind zu fünft, die Eltern mit drei Söhnen. Der Vater tut Reis auf und reicht ihn zuerst seinem jüngsten Kind, danach verteilt er ihn an die anderen. Die Mutter beugt sich vor und wischt einem Kind die Nase mit der Hand ab. Beim Essen passt der Vater auf die Familie und ihre Sachen auf.

Ich drehe mich um und sehe in den Himmel. Tränen laufen mir das Gesicht herunter. »Oh, Papa, ich vermisse dich so«, sage ich stumm zu ihm. Im silbrig dunklen Himmel sind ein paar graue Schäfchenwolken und unendlich viele leuchtende Sterne zu sehen. Ich starre die Wolken an und stelle mir Papas Gesicht vor, das auf mich heruntersieht. »Wo sind die Engel, Papa?«, frage ich ihn. Plötzlich ballen sich die Wolken zu festen Kugeln zusammen, die sich in Totenköpfe verwandeln. Bedrohlich schweben sie dort über mir, diese Wolkenschädel, und starren mich aus ihren unsichtbaren Augen wütend an. Mein Atem geht schneller, meine Brust wird eng, ich zwinge mich wegzusehen. Doch als mein Blick auf meinen Arm fällt, wächst Gras aus meinem Fleisch. Wie die Härchen auf meinen Armen kommt das Gras aus meiner Haut. Es wächst immer höher. Dann schwindet mein Fleisch und meine Haut sackt zu Boden. Sie verwest im Zeitlupentempo, bis nichts mehr von ihr bleibt. Sie ist zu Erde geworden, zum Mutterboden der Roten Khmer. Ich halte den Atem an, schließe die Augen und zwicke mich in den verwesten Arm. Vor Schmerz reiße ich die Augen auf, und alles ist wieder normal. Ich lege die Arme auf die Brust und versuche einzuschlafen.

Als wir am nächsten Morgen aufwachen, geht es wieder weiter. Weil Kim und Chou nichts davon gesagt haben, dass wir nach Mama und Geak suchen wollen, nehme ich an, dass sie ihr Schicksal erfahren haben. Ich weiß nicht, wie sie es herausgefunden haben können. Ich traue mich nicht, darüber zu sprechen. Kim sagt, wir sollen versuchen, uns bis nach Pursat City durchzuschlagen. Da können wir auf unsere Brüder warten. Kim sagt nicht, wie lange wir dort auf Meng und Khouy warten werden. Er sagt uns auch nicht, wie lange wir dort bleiben müssen. Ich weiß nicht, aus welchem Grund Kim annimmt, dass Meng und Khouy noch am Leben sind. Seit unserer Trennung von Mama haben wir in verschiedenen Lagern gelebt und hatten keine Möglichkeit, in Kontakt zu unseren älteren Brüdern zu treten. Es ist jetzt schon länger als ein Jahr her, dass wir sie gesehen haben. Wir halten uns an unsere niemals formulierte Regel und sprechen nicht über unsere Familie. Ich befürchte, dass Kim und Chou noch trauriger werden, als sie es ohnehin schon sind, wenn ich mich nach unseren älteren Brüdern erkundige. Weil ich erst acht bin, kenne ich keine andere Möglichkeit, sie zu beschützen.

Tag für Tag gehen wir mit der Menge voran. Manchmal durchsuchen wir verlassene Dörfer nach Essen. Erst viele Tage später sehen wir ein erstes Zeichen eines möglichen Endpunktes. Mein Herz schlägt so laut, ich bin mir sicher, die anderen können es hören. Uns kommen drei grün gekleidete Männer mit komischen kegelförmigen Kopfbedeckungen entgegen. Sie haben einen lässigen Gang und schreiten weit aus, und ihre Gewehre baumeln lose an ihren Rücken.»Youns«, raunt und summt es aus der Menge. Ich fange an zu hecheln. Bilder von den Youns, wie sie ihre Opfer foltern und umbringen, steigen in mir hoch. Ich habe noch nie einen Youn gesehen, aber diese Männer hier sehen bemerkenswert menschlich aus. Sie sind so groß wie Khmermänner und ähnlich gebaut, nicht wie Barangs mit weißer Haut und dünnen Nasen, die ich in Phnom Penh gesehen habe. Die Youns sehen Mama ähnlicher als viele Khmer. Sie sehen jedenfalls nicht wie die Teufel aus, die Met Bong uns geschildert hat.

Die Youns kommen auf uns zu, die Hände zum Gruß erhoben. Ich sehe mich am Boden nach einer Waffe um – ein Stock, ein scharfer Stein, irgendetwas Brauchbares, womit ich sie bekämpfen kann. Alle Blicke richten sich auf sie, als sie näher kommen. Viele Leute schnappen nach Luft, aber dann lächelt einer der Youns und sagt in gebrochenem Khmer: »Chump reap suor«, was »hallo« bedeutet. »Etwas weiter, in Pursat City, gibt es ein Flüchtlingslager«, teilt er uns mit und geht weiter. Die Menschen lächeln dankbar. Ich kann es nicht fassen. Die Youns haben uns nicht erschossen. Sie haben den Kindern nicht die Bäuche aufgeschlitzt. Sie haben uns sogar gesagt, wo Pursat City ist. Schließlich, nach Tagen auf der Straße, haben wir ein Ziel!

Vor uns taucht das Lager wie ein kleines Dorf auf, es flimmert und bebt im Hitzedunst wie ein Wunder. Von weitem ähneln die grünen, blauen und schwarzen Plastikzelte Ameisenhügeln, zwischen denen schwarzhaarige Menschen herumwuseln. Während die meisten unter freiem Himmel schlafen, haben andere provisorische Zelte aufgestellt oder Bretterverschläge zusammengezimmert. Vor vielen Hütten und Zelten kochen Frauen, wenn der Wind den Rauch in ihre Richtung weht, pusten sie hustend in die Feuer. Über diesen Frauen hängen nasse Kleider an Leinen, die sich wie große Spinnennetze von den Bäumen zu den Zelten ziehen. Neben den Zelten faulen Abfallhäufchen in der heißen Sonne vor sich hin. Ab und an bückt sich ein spielendes Kind und steckt sich eine halb vergorene Mango, eine Apfelsine oder einen verdorbenen Fischkopf in den Mund.

Überall sind Youns. Sie patrouillieren das labyrinthische Gelände. Von den Schultern baumeln Gewehre und an den Gürteln tragen sie Handgranaten. Es sind sehr viele; sie lächeln oder unterhalten sich mit den Kindern, und manchmal streicht einer von ihnen den Kindern über das Haar. Ich beobachte einen Youn in einer grünen Tarnuniform, der sich ganz offen einer jungen Khmerfrau in einem schwarzen Arbeitsanzug nähert. Er flirtet mit ihr, deswegen finde ich ihn primitiv. Er holt eine kleine Schachtel aus seiner Tasche, die er ihr auf seiner offenen Hand hinhält. Sie lächelt schüchtern und macht Anstalten, sie anzunehmen, da greift er blitzschnell nach ihrem Handgelenk. Abrupt zieht sie ihre Hand weg. Nach der kurzen verstohlenen Berührung spricht der Soldat weiter mit ihr. Es fasziniert mich, wie die Youns den Mädchen in aller Öffentlichkeit den Hof machen, denn bei den Khmer geht so etwas nur heimlich.

Ich höre zwei Khmermännern zu, die sich über unseren Schutz durch die Youns unterhalten. Sie sagen, dass die Youns erst vor drei Wochen, am 25. Januar, in Kambodscha einmarschiert sind und die Roten Khmer auf Grund ihrer Artillerieübermacht besiegt haben. Pol Pot und seine Männer sind in den Dschungel geflohen. Während seiner ganzen Regierungszeit hat Pol Pot die Youns zum Angriff herausgefordert, indem seine Männer immer wieder die Grenzen überrannt und vietnamesische Dorfbewohner massakriert haben. Für Pol Pot waren die Youns der Erzfeind der Roten Khmer. Er hatte Angst, dass sie unser Land annektieren würden, wenn er sie nicht als Erster angriff. Aber Pol Pots kleine, schlecht ausgestattete Armee konnte nicht gegen die gut ausgebildeten und hochgerüsteten Youn-Soldaten gewinnen. Die Männer sagen, dass die Youns Kambodscha befreit und uns alle vor dem mörderischen Pol Pot gerettet haben.

Kim zerrt mich am Arm und macht mir Zeichen, mich zu beeilen. Unter den vielen Menschen suchen wir nach einem leeren Flecken, den wir zu unserem Heim machen können. Sehnsüchtig sehe ich mir die Erwachsenen an. Ich wünsche mir so sehr, dass sich auch um uns unser eigener Erwachsener kümmert, ein Haus baut oder ein Zelt aufstellt und Essen heranschafft. Mir fällt wieder ein, wie sich Papa, Meng und Khouy vor langer Zeit, als wir Phnom Penh verlassen mussten, um diese Dinge gekümmert haben. Obwohl ich auch damals Hunger hatte, hatte ich nicht so viel Angst wie jetzt, denn ich wusste, dass sie für mich sorgten. Als mein Blick über die Erwachsenen im Lager schweift, bete ich still, einer von ihnen möge uns in seine Familie aufnehmen. Aber wir sind Luft für sie. Die Erwachsenen sehen durch uns hindurch. Sie haben ihre eigenen Familien.

Da wir keine geeignete Stelle mitten in der Menge finden und weil wir auch kein Zelt haben, finden wir uns schließlich mit ein paar anderen Waisen am Rande des Lagers unter einem Baum wieder. Unsere Reisvorräte schwinden schnell, und inzwischen kann Kim ihn so gut wie Papa zuteilen. Jeden Morgen geht er mit Chou zu einem Fluss in der Nähe, um zu fischen, während ich auf unsere Sachen aufpasse. Manchmal kommt ein freudestrahlender Kim wieder, dann weiß ich, dass wir an diesem Abend etwas Gutes zu essen bekommen. Aber an anderen Tagen lässt er die Schultern hängen und macht ein mürrisches Gesicht. Die vielen Flüchtlinge haben den Fluss verunreinigt, und so gibt es kaum noch Fische. Es wird für Kim immer schwieriger, Fische in dem flachen Gewässer zu fangen. Heute Abend kochen Chou und ich Reissuppe aus Pilzen und wildem Gemüse, das wir in einem Feld gefunden haben. Aber an vielen anderen Abenden haben wir nichts zu essen und müssen hungrig ins Bett gehen. Nachdem wir gegessen haben, breitet Chou eine Decke aus und zieht die anderen beiden über uns.

Ich kuschele mich ganz eng an Chou und weine still vor mich hin, ich weine um meine Familie, meine Einsamkeit und meinen nagenden Hunger. Aber am meisten weine ich wegen Kim. Ich weine, weil ich weiß, wie er sich fühlt, wenn er abends zurückkommt und uns wieder sagen muss, dass es nichts zu essen gibt. Eine Woche halten wir es unter dem Baum aus, dann werden die Nächte so kalt und unser Hunger so groß, dass Kim eine Familie, die nebenan kampiert, bittet, uns bei sich aufzunehmen. Wir tauchen bei ihnen mit unseren Bündeln in der Hand auf, mit frisch gewaschenen Gesichtern und nassen, geglätteten Haaren. Wir nehmen eine höfliche und respektvolle Haltung ein.

»Es tut mir Leid, aber es geht nicht«, sagt der Vater zu uns. »Wir können kaum für uns selbst aufkommen.« Mir ist das so peinlich, dass ich rot werde. Ich verstehe ihre Weigerung, uns zu helfen, nicht. Sie sind erwachsen, und Erwachsene sollten doch in der Lage sein, sich um Kinder zu kümmern. Aber sie wollen uns nicht. Sie wollen mich nicht. Niemand will mich. Mit niedergeschlagenen Augen kehren wir geknickt zu unserem Baum zurück. Ich schwöre mir, ich werde mich mehr anstrengen, damit mich die Leute mögen.

Wenn er uns auch nicht bei sich aufnehmen kann, tun wir dem Mann doch Leid, und er sieht sich nach einer Familie um, die uns haben will. Er kommt mit ein paar interessierten Leuten zurück, aber niemand will uns alle drei aufnehmen, und wir trotzen lieber der Kälte, als uns trennen zu lassen.

Die erste Pflegefamilie

Januar 1979

»Ich habe eine Pflegefamilie für euch gefunden!«, erzählt uns der Mann ganz aufgeregt eine Woche später. »In der Familie gibt es kleine Kinder und eine alte Großmutter. Sie brauchen jemanden, der ihnen bei den Kindern und im Haushalt hilft, und sie wollen euch alle drei aufnehmen.« An diesem Nachmittag warte ich nervös darauf, meine neue Familie kennen zu lernen. Ich frage mich, wie sie wohl sind und wie es sich anfühlen wird, wieder zu einer Familie zu gehören. Eine neue Familie! Ein geborgenes Zuhause, Essen, jemand, der mich beschützt!

Als ich sie schließlich in der Ferne auftauchen sehe, traue ich meinen Augen kaum, aber sie sind es wirklich. Ich nehme Chou an der Hand und flüstere: »Sie sind es. Es ist der Palmenjunge mit seinem Vater. Dieselben Leute, die immer an meinem Trainingslager vorbeikamen, um Palmsaft zu zapfen.« Chou nickt und bedeutet mir, still zu sein.

Auch wenn ich äußerlich ruhig wirke, fahren meine Gedanken Karussell. »Wie kann so etwas passieren?«, frage ich mich, »dass ich ausgerechnet diese Leute in dieser unendlich großen Menge kenne?« Der Palmenjunge und sein Vater lächeln mich freundlich an, als sie mich erkennen. »Das muss Schicksal sein, ein gutes Omen! Vielleicht wird doch alles wieder gut!« Ich kann mein Glück kaum fassen.

»Das ist doch kein Zufall«, ruft der Mann. »Ich kenne dieses kleine Mädchen.« Er lacht und wuschelt mir durchs Haar. Bei dieser Berührung strahle ich vor Freude.

»Ich bin Kim, das ist Chou und dies ist Loung«, stellt Kim uns vor.

»Wollt ihr mit uns kommen und bei uns wohnen?«, fragt der Vater des Palmenjungen.

Wir nicken.

»In Ordnung, dann lasst uns gehen.« Ich sehe zu ihm hoch, und er lächelt mich an.

»Komm, gib mir dein Bündel«, sagt er und nimmt es mir ab. Ich strahle ihn an und schwebe in allen Wolken. »Vater!«, flüstere ich glücklich. Chou und Kim bedanken sich bei unserem Nachbarn, als wir mit unserer neuen Familie losziehen.

»Ich habe schon eine große Familie«, sagt der Vater. »Ich habe drei kleine Mädchen im Alter von einem, drei und vier Jahren. Und mein Ältester, Paof, ist vierzehn. Meine Frau braucht Hilfe bei den Kleinen. Meine Mutter ist alt und braucht auch Hilfe. Ihr Mädchen sollt auf sie aufpassen, ihr helft beim Kochen, Holzsammeln und im Garten. Kim geht mit mir fischen und jagen.« Auf einmal spricht er so unpersönlich, dabei war er vor ein paar Minuten noch lieb und freundlich. Als mir unser Arbeitsverhältnis deutlich wird, läuft es mir kalt den Rücken runter.

Er ist nicht Papa. Ich muss aufhören, von unserer Familie zu träumen, und mich damit abfinden, einer Zweckfamilie anzugehören.

Als wir an ihrem Haus ankommen, kommt der Rest der Familie heraus, um uns zu begrüßen. Aber sie lächeln nicht, sie starren uns kalt an. »Klein, aber wahrscheinlich sind sie stark genug, um uns im Haus zu helfen«, sagt die Mutter zum Vater. Mein Gesicht rötet sich vor Ärger, aber ich halte an mich. Sie winkt uns, ihr in die Hütte zu folgen. Ihre Hütte ist zwar größer als die meisten, die wir gesehen haben, aber genauso gebaut. »Meine Familie lebt auf dieser Seite, also schlaft ihr in der Ecke da.« Sie zeigt in die entgegengesetzte Ecke der Hütte. »Stellt eure Sachen da ab.« Eines Spätnachmittags kommen Chou und ich vom Holzsammeln im Wald zurück. Kim steht in unserer Ecke und sieht der Mutter zu, wie sie sich unsere Sachen ansieht. Ich setze mich neben ihn und schlucke meine Wut herunter. »Das glaube ich nicht!«, zetert die Mutter, als sie Mamas Bluse hochhebt. Das war Mamas Lieblingsbluse. Sie hat sie in Phnom Penh oft getragen. Als die Soldaten unsere Kleider verbrannt haben, trug Mama ihre Bluse unter einem schlichten schwarzen Oberteil. So konnte sie sie vor ihnen verstecken. Als habe sie ihr bevorstehendes Schicksal geahnt, hatte Mama Kim den Rucksack mit dem in die Träger eingenähten Schmuck bei seinem letzten Besuch mitgegeben. Ihre Lieblingsbluse war auch in dem Rucksack.

»Sie ist so weich!«, ruft die Mutter freudig und zieht sich die Bluse über den Kopf. Sie fällt glatt herab, und die blaue Seide hat einen wunderschönen Schimmer. Kim beißt die Zähne aufeinander und schiebt das Kinn vor. Chou wendet die Augen ab. Wir werden immer wütender, aber wir sagen nichts. Als sie unsere grimmigen Gesichter schließlich wahrnimmt, zieht sie die Bluse aus und wirft sie achtlos in den Rucksack. »Ich mag sie sowieso nicht. Wenn man sie genauer ansieht, ist sie eigentlich ziemlich hässlich. Wie kann man so eine Farbe überhaupt tragen?«, sagt sie und geht weg. Kim nimmt die Bluse heraus und legt sie sorgfältig zusammen, bevor er sie wieder weglegt.

Das einzig Gute an der Familie ist Paof, der vierzehn Jahre alte Bruder, der sehr nett zu mir ist. Er nimmt mich oft mit zum Fischen und Schwimmen und stellt mich allen als seine neue Schwester vor. Ich mag ihn; es tut mir gut, freundlich behandelt zu werden. Und ich weiß, dass er mich mag, weil er es mir gesagt hat. Aber manchmal hat er etwas Unheimliches an sich. Manchmal ertappe ich ihn, wie er mich so komisch ansieht – mit so einem intensiven Blick von oben bis unten – und dann wird mir ganz mulmig.

Als ich eines Tages im Wald bin und Holz sammele, fasst mich jemand von hinten um die Taille. Ich schwinge herum, zum Angriff bereit, aber es ist nur Paof. Über uns verdunkelt sich der Himmel. Paofs Hand gleitet über meine flache Brust, dann legt er sie fest auf meinen Rücken. Mit einem starken Griff zieht er mich an sich heran. Er atmet schwer und drückt mir seine nassen Lippen auf die Wangen. Da kriege ich einen Wutausbruch, schlage ihm ins Gesicht und stoße ihn weg.

»Lass mich in Ruhe! Mach, dass du wegkommst!«, schreie ich ihm ins Gesicht.

»Was hast du denn bloß? Bin ich vielleicht nicht nett zu dir? Du magst mich, das weiß ich.« Er grinst und kommt wieder auf mich zu. Ich will ihm die Lippen aus dem Gesicht fetzen! »Mach, dass du wegkommst, oder ich sag es!«

»Na und«, sagt er hitzig, »wer wird dir schon glauben? Es ist sowieso deine Schuld, weil du mir immer nachläufst und überall mit mir hingehst.« Ich spucke ihm vor die Füße, drehe mich um und renne weg. Paof hat Recht: Ich kann mich gar nicht mit ihm anlegen. Ich kann es auch niemandem sagen, nicht einmal Kim oder Chou. Ich kann nichts tun, außer mich von ihm fern zu halten. Ich will in unserer neuen Familie keine Probleme schaffen. Ich will nicht wieder auf der Straße leben.

Danach gehe ich Paof aus dem Weg. Wo er ist, bin ich nicht. Wenn er in eine Richtung geht, gehe ich in die entgegengesetzte, und mit jedem Tag wächst mein Hass auf ihn. Aber ich verberge meine Gefühle, auch wenn Paof lacht und mit Kim fischen geht.

Die Übereinkunft mit der Familie ist für mich eigentlich in Ordnung, weil ich an lange Arbeitszeiten gewöhnt bin. Doch sosehr wir uns auch anstrengen, immer lassen sie uns wissen, dass wir nicht fleißig genug sind. Zu allem Überfluss fragt sich die

Mutter oft laut, ob wir unseren Unterhalt überhaupt wert sind. Wir wissen nur sehr wenig von der Familie und trauen uns nicht, Fragen zu stellen. Obwohl wir jetzt in der seit kurzem befreiten Zone leben, ist es für uns schwer, uns nach vier Jahren Geheimniskrämerei zu ändern. Wir wissen nicht, ob sie die Roten Khmer unterstützt haben oder Basisleute waren. Doch selbst wenn uns die Familie nicht lieb hat, wir bekommen genug zu essen: Reis, Fisch, den die Jungen im Fluss fangen, und Gemüse aus dem Garten. In einer Ecke der Hütte hat die Familie viele Beutel Reis versteckt. Ich weiß nicht, wie sie an diese Vorräte gekommen ist.

Jeden Morgen machen wir uns zu dritt auf den Weg: Chou, unsere Freundin Pithy und ich. Pithy ist so alt und so sanft wie Chou und sagt nicht viel. Auch ihren Vater haben die Soldaten abgeholt, sodass sie jetzt mit ihrer Mama und ihrem älteren Bruder zusammenlebt. Wir haben Pithy beim Wasserholen am Fluss kennen gelernt. Wir haben ihr dabei zugesehen, wie sie ihr Tuch zusammengefaltet und auf ihrem Kopf zurechtgelegt hat. Sie ist etwa so groß wie wir, mit hübschen braunen Augen und einer braunen Haut. Sie trug zwar immer noch die schwarzen Arbeitssachen der Roten Khmer, aber ihr Haar wuchs schon aus dem schlichten Einheitsschnitt heraus. Sie mühte sich damit ab, ihren Tonkrug auf den Kopf zu bekommen. Chou ging hinüber, um ihr zu helfen. Von da an war sie unsere Freundin. Obwohl sie auf der anderen Seite des Dorfes lebt, treffen wir uns oft, um Feuerholz zu sammeln.

Ich habe nichts gegen diese Aufgabe, aber ich laufe nicht gerne barfuß durch die Wälder. Ich bin wegen der Schlangen lieber vorsichtig. Auf der Erde liegen Laub und Äste, deswegen kann man nicht sehen, ob darunter etwas entlanggleitet. Einmal bin ich auf etwas getreten, was ich zuerst für einen braunen Stock gehalten habe, aber dann hat sich der Stock gewunden und ist schließlich weggeglitten. Meine Fußsohle hat gekribbelt, und noch lange danach musste ich mich immer wieder schütteln.

In aller Frühe treffen Chou und ich uns mit Pithy an der verabredeten Stelle an der Straße. Heute ist der Dunst rosa. Ich reibe mir die Augen, gähne und werfe mir die Stricke über die Schulter, mit denen wir das Holz zusammenbinden wollen. Chou hat sich eine Axt unter den Arm geklemmt. Sie ist mir böse, weil ich unsere Wasserflasche vergessen habe. Seite an Seite streifen wir durch die Wälder, weit entfernt vom Flüchtlingslager. Ich sammle faustdicke, trockene Äste, von denen Chou mit der Axt Zweige abschlägt. Als die Sonne in den wolkenlosen Himmel steigt, machen wir eine Pause und ruhen uns unter einem Baum aus. Im Februar ist es schwül, sogar im Schatten der Bäume ist es heiß. Es kühlt sich nur in der Nacht ab.

»Ich brauche Wasser. Meine Kehle ist ganz ausgetrocknet«, jammere ich lauthals.

»Ich auch«, sagt Pithy. »Aber wir können noch nicht aufhören. Wir kriegen Ärger, wenn wir nicht genug Feuerholz finden.«

»Schschsch ...«, unterbreche ich Pithy, weil ich etwas im Unterholz rascheln höre. »Da kommt jemand.«

Wir sind überrascht, einen Youn-Soldaten in unsere Richtung kommen zu sehen. Er ist schlank und groß, etwa drei Kopf größer als wir, und er trägt die übliche Uniform, nur ohne Gewehr und Granaten. Er trinkt aus seiner Feldflasche.

»Vielleicht gibt er uns Wasser ab«, sage ich zu den beiden. »Kommt, wir fragen ihn.«

Die Mädchen nicken. Wir gehen auf ihn zu. Er lächelt uns fragend an. »Wasser, Durst, trinken.« Ich spreche laut und deutlich. Er runzelt die Stirn und schüttelt den Kopf. Ich deute auf seine Feldflasche und mache die Handbewegung des Trinkens. Schließlich nickt er und lächelt. Er hat mich verstanden. Er schraubt den Deckel ab und stülpt die Flasche um, aber es kommt nichts heraus. Dann zeigt er auf die Flasche, dann auf mich und macht eine Geste, dass wir ihm folgen sollen.

»Er will, dass wir ihm zum Wasser folgen«, erkläre ich stolz. Wir machen alle drei einen Schritt vorwärts. Da dreht er sich plötzlich um und stoppt uns mit erhobener Hand. Er zeigt auf mich, ich soll ihm folgen. »Macht euch keine Sorgen, ich bringe genug Wasser für uns alle mit«, sage ich und folge ihm in den Wald. Chou und Pithy bleiben zurück. Der Soldat führt mich immer weiter fort vom Lager, immer weiter in den Wald hinein. Mein Herz fängt an zu rasen. Ich drehe mich nach Chou und Pithy um, aber ich kann sie im dichten Unterholz nicht mehr ausmachen. Der Youn zeigt auf eine Stelle, wo die Büsche hoch und dicht stehen. Er winkt mir, zu ihm zu kommen. Ich stehe ein paar Meter weiter und frage ihn: »Wo Wasser?« Meine Handflächen sind feucht vor Angst. Er zeigt auf die Büsche und macht eine Geste, dass ich ihm folgen soll. »Nein!«, sage ich bestimmt. Ich drehe mich um, um wegzulaufen, aber er packt mich am Arm. Er wirft mich grob auf den Boden. Beim Fallen ratsche ich mir Hände und Knie auf. Erschrocken versuche ich aufzustehen, doch wieder sind seine Hände da, diesmal drücken sie meine Schultern herunter. Ich lande hart auf dem Hintern, und Schmerz schießt durch meinen Körper. Vor Schreck reiße ich die Augen weit auf.

»Nam soong! Nam soong!« Er befiehlt mir auf Vietnamesisch, mich hinzulegen. Ich kann nicht verstehen, was er sagt, und starre ihn von unten an. In unserer Kultur findet eine Braut in der Hochzeitsnacht heraus, was es zwischen Mann und Frau zu wissen gibt. Ich weiß nicht genau, was er vorhat, aber ich weiß, das es etwas Schlechtes ist. Ich versuche wieder aufzustehen. Wieder schubst er mich runter. »Nam soong! Nam soong!«, brüllt er mich an, und jetzt ist sein weißes Gesicht dunkel und gemein, wie die Gesichter der Roten Khmer. Gelähmt und stumm bleibe ich sitzen. Der Schrei kommt nicht raus aus meiner Kehle, mein Herz rast, und mit meinen Blicken flehe ich ihn an, mich laufen zu lassen.

Die Zeit scheint stillzustehen, als er seine Hose aufknöpft und auf die Knöchel fallen lässt. Ich atme stoßweise und weiche entsetzt zurück. Seine grellrote Unterhose hebt sich von seiner weißen Haut ab. Sie ist ihm zu eng, sie hängt ihm unter seiner Wampe. Dann zieht er sie runter. Ein Schrei zerreißt mir die Kehle, aber er kommt nur als Wimmern heraus. Schnell hockt er sich vor mich. Mit einer Hand packt er mich im Nacken, mit der anderen hält er mir den Mund zu. Sie bedeckt fast mein ganzes Gesicht. Seine Nägel graben sich in meine Wangen. Ich sehe auf seinen Penis unter seinem Bauch. Er ist groß und bebt, als würde er leben. Mir wird vom Hyperventilieren schwindelig. Ich schließe die Augen. Ich habe noch nie einen Männerpenis gesehen. Von Babys, ja, aber ich hätte nie gedacht, dass er bei einem Mann so anders ist. Und dann der runzelige Sack. Ich finde das unheimlich eklig und abstoßend.

Er drückt meinen Kopf auf den Boden, und während seine Hand noch immer meinen Mund bedeckt, sehe ich mich in seinen Augen. »Schschsch ...«, flüstert er und weicht leicht zurück. Er nimmt seine Hand von meinem Mund und zieht mir die Hose runter. Ein lauter Schrei explodiert in meiner Kehle. Erschrocken hält er inne, dann dreht er sich schnell um. Ich ziehe meine Hose hoch und winde mich aus seinem Griff. Aber mit seinen langen Fingern kann er mich am Knöchel packen. Jetzt legt er eine Hand auf meinen Oberschenkel. Ich werde auf meinem Hintern zu ihm gezogen und kann mich nicht befreien. Ich schreie durchdringend, reiße mich los und trete ihn, um wegzukommen.

»Hilfe! Ein Monster! So helft mir doch! Hier ist ein Monster!«, brülle ich heulend und schniefend. Ein großer, dunkler und donnernder Hass steigt in mir hoch, als ich brülle und ihn beschimpfe. Diese Wut brandet auf, ich drehe mich noch einmal und winde mein Fußgelenk aus seinem Griff. »Ich hasse dich!«, brülle ich in sein verwirrtes Gesicht und trete ihn mit voller Wucht gegen die Brust. Sein Gesicht verzieht sich vor Schmerzen. Er schnappt nach Luft und lässt auch mein anderes Bein los.

»Stirb! Stirb!« Ich schreie, so laut ich kann, und trete mit meinem ganzen Hass zu, diesmal voll in die Leiste. Er sackt zusammen und brüllt wie ein verwundetes Tier. Irgendwie rappele ich mich auf und renne weg, so schnell ich kann.

Ich flüchte zu der Stelle, an der ich Chou und Pithy verlassen habe, und sehe sie schon auf mich zurennen, die Äxte geschultert, die Gesichter voller Angst.

»Loung! Was ist los? Ich habe dich schreien hören!«, fragt Chou mich entsetzt.

Ich nicke zitternd.

»Wir hatten so eine Angst um dich! Wir fanden es komisch, dass er dich in den Wald geführt hat, weg vom Lager. Erst konnten wir dich noch sehen, aber dann warst du verschwunden!« Chou weint. Sie lässt ihre Axt sinken.

»Nie wieder bin ich so blöd! Ich will ihn bei seinen Vorgesetzten anzeigen!«, sage ich zu ihr.

»Nein, nein. Kommt, lasst uns von hier verschwinden. Wir sollten irgendwohin gehen, wo mehr Leute sind«, wendet Pithy ein und zerrt mich am Arm.

Ich lasse mich nur widerwillig wegzerren. Pithy hilft Chou, die Stricke um das Holz zu wickeln und festzuzurren. Schließlich sind unsere Bündel geschnürt, sie sind so groß wie wir, und wir tragen sie waagerecht auf dem Rücken. Als wir uns dem Lager nähern, sehe ich mir jeden einzelnen Soldaten gut an. Ich will das Monster sehen und ihn anzeigen, auch wenn ich nicht weiß, wo oder bei wem ich ihn anzeigen sollte. Mit ihren merkwürdigen runden Hüten und ihren Uniformen sehen sich die Soldaten alle so ähnlich. Ich bin mir nicht sicher, wem ich meine Geschichte erzählen kann. Ich dachte, sie seien hier, um uns vor den Misshandlungen durch Pol Pot zu schützen, und nicht, um uns wehzutun. »Komm, wir müssen weiter«, drängt mich Pithy nach ein paar Minuten.

Dann, aus dem Augenwinkel und in großer Entfernung, meine ich plötzlich, ihn zu erkennen. Vor Rachedurst wird mir schwindelig. Mein Herz macht einen Satz, ich brülle laut: »Monster!« Und stelle ihm nach. Chou und Pithy rufen mir nach, dass ich anhalten und umkehren soll, aber ich höre nicht auf sie. Ich bin so voller Hass, dass ich nicht darauf achte, wohin ich trete. Plötzlich kracht es unter meinem Fuß, und ein heller Schmerz fährt mir in die Fußsohle. Mir bricht der Schweiß aus, aber ich halte nicht an. Ich konzentriere mich nur auf ihn und humpele weiter in seine Richtung. Mein Fuß pocht vor Schmerzen, und ich hinterlasse eine Blutspur. Ich bücke mich und sehe eine Glasscherbe in meinem Fuß stecken. Ich reiße sie raus, und ein Schwall von Blut ergießt sich auf den Boden. Als ich mich wieder aufrichte, ist der Soldat verschwunden.

»Er ist weg!«, brülle ich, als Chou und Pithy mich eingeholt haben. Jetzt ist der Schmerz so stark, dass ich mich setzen muss.

Chou sagt nichts, sie nimmt ihr Tuch und wickelt es um meinen Fuß, um das Bluten zu stoppen.

»Komm, wir müssen gehen«, sagt sie mitfühlend.

»Er ist weg ...«

»Laß ihn. Wir müssen gehen.«

Ich stehe auf und humpele ein paar Minuten auf der Suche nach dem Youn herum, aber er lässt sich nicht mehr blicken.

Ich humpele hinter Chou und Pithy her. Auf dem Rückweg sprechen wir nicht darüber, und sie wollen nichts über seinen Penis wissen. Ich frage mich, ob Chou es Kim gegenüber erwähnen wird oder ob Pithy es in ihrer Familie erzählt. Für mich sind die Demütigung und der Schrecken zu wirklich, um es beim Erzählen noch einmal durchleben zu können. Ich bin fest entschlossen, mein Geheimnis mit ins Grab zu nehmen.

An unserem Treffpunkt angekommen, trennen sich unsere Wege. Chou und ich gehen schweigend weiter.

»Ihr wart den ganzen Morgen unterwegs, und diese paar Zweiglein sind alles, was ihr mitbringt?«, keift die Mutter, als wir nach Hause kommen. Chou und ich nicken. »Und was ist mit dir?«

»Ich bin in eine Scherbe getreten«, erkläre ich.

»Du gedankenloses, faules Mädchen! Du bist so dumm, aus dir wird nie was!«

»Nein, das stimmt nicht. Ich werde es einmal zu etwas bringen«, murmele ich.

»Was? Du gibst mir Widerworte?« Sie kommt auf mich zu, drückt meine Stirn mit dem Zeigefinger zurück und spuckt mir vor die Füße.

»Du wirst es nie zu etwas bringen. Wie kommst du nur darauf? Du bist ein Nichts. Du bist eine Waise. Nur als Nutte wirst du es zu etwas bringen.« Ihre Worte dröhnen mir in den Ohren, und Hass durchflutet mich.

»Niemals werde ich eine Nutte!«, antworte ich betreten, drehe mich um und humpele davon. Später verkrieche ich mich hinter einem Busch, ziehe meine Knie an die Brust und gebe meiner Verzweiflung nach. Die Worte der Mutter klingen in meinen Ohren nach. Sie hat ja Recht. Ich bin eine Waise ohne Zukunft. Was soll bloß aus mir werden? Und wie ich dort in dem Wald sitze und mich vor einem Krieg verstecke, den ich nicht verstehe, höre ich Papas Stimme.

»Niemand weiß, wie kostbar du bist. Du bist ein ungeschliffener Diamant, und wenn du nur ein wenig poliert wirst, fängst du an zu leuchten«, flüstert Papa sanft. Bei diesen lieben Worten muss ich lächeln. Wenn mir die Mutter nicht die Liebe gibt, nach der ich mich sehne, so weiß ich doch, wie es sich anfühlt, geliebt zu werden. Papa hat mich geliebt und an mich geglaubt. Nach dieser kleinen Erinnerung von ihm weiß ich wieder, dass die Pflegemutter sich in mir täuscht. Ich habe nämlich genau, was ich brauche, um eines Tages etwas aus mir zu machen: Ich habe alles, was mir mein Papa gegeben hat.

Unter Beschuss

Februar 1979

Ich lebe jetzt seit einem Monat bei der Familie. Je länger ich hier bin, desto mehr verabscheue ich sie. Ich weiß aber auch, dass es egal ist, wie ich sie finde, denn in ihrem Heim sind wir sicherer, als wenn wir zu dritt zusammenlebten. Obwohl Pursat City von den Youns beschützt wird, leben die Menschen dort in Angst. Hier im Dorf wurde auch viel darüber diskutiert, ob die Roten Khmer uns langsam umzingeln. Die Männer sagen, dass die Roten Khmer überall sind, dass sich manche sogar im Dorf oder in den angrenzenden Wäldern verstecken. Man kann die Soldaten auch kaum von den Zivilisten unterscheiden, da sie alle einem Volk angehören, dieselbe Sprache sprechen und die gleichen schwarzen Sachen tragen. Wenn sie ihre Gewehre verstecken, könnten die Soldaten mühelos das Flüchtlingslager unterwandern und unsere Aktivitäten ausspionieren. Es passiert immer wieder, dass eine Gruppe von Soldaten der Roten Khmer irgendein Dorf angreift, ein paar Häuser überfällt, ein paar Leute umbringt und sich dann wieder in die Wälder zurückzieht. Weil sie ohne Warnung angreifen und weil niemand weiß, wann oder wo sie angreifen werden, müssen wir im Hinterkopf Augen haben. Das Flüchtlingsdorf ist so groß, dass die Youns bei diesen Überraschungsüberfällen nicht rechtzeitig zur Stelle sein können, um uns zu beschützen. Die Roten Khmer schaffen es immer, vorher noch ein paar Menschen zu töten.

Eines Nachmittags, als die Großmutter und ich am Brunnen Töpfe und Pfannen schrubben, höre ich das unverkennbare Sirren von Kugeln um mich herum. »Sie schießen!«, schreie ich und schmeiße mich hin. Ich drücke mich so flach wie möglich in das schmutzige Abwaschwasser, das in meine Kleider sickert. In meinen Ohren dröhnt mein Herzschlag, und dabei starre ich eine kleine Ameise an, die sich genau vor meinem Gesicht in einer kleinen Pfütze im Kreis dreht. Als noch mehr Kugeln an mir vorbeisurren, halte ich mir die Ohren zu. Sie explodieren wie chinesische Knaller, eine nach der anderen in fieberhafter Abfolge.

Ein paar Sekunden später hört es wieder auf. Meine Wange liegt flach am Boden, ich beobachte dieselbe Ameise, die wie wild mit ihren vier Beinchen in der zentimeterhohen Lache strampelt. Je mehr sie sich abmüht, desto schneller wirbelt sie herum. Ein paar Sekunden vergehen, immer noch keine Kugeln. Ich hebe den Kopf, schnelle aus dem Dreckwasser und krieche auf allen vieren hinter einen Baum.

Plötzlich stößt die Großmutter einen schrillen Schrei aus. Die Sonne versteckt sich hinter einer Wolke. Ich gebe meine Deckung nicht auf, sondern linse nur vorsichtig dahinter vor. Sie liegt zusammengerollt auf einer Seite und hält mit beiden Händen ihr Bein fest, aus dem ein dünnes rotes Rinnsal über ihr Fußgelenk tropft. Das Blut läuft in einer Lache um ihre Füße zusammen und mischt sich mit dem Abwaschwasser, das langsam in der Erde versickert. Sie schreit und weint um Hilfe, aber ich verkrieche mich in meinem Versteck. In der Hütte versucht die Mutter, ihre schreienden Kinder zu beruhigen. Sekunden später springt der Vater wie ein Wilder aus der Hütte hervor, hebt seine Mutter auf und trägt sie ins Lagerkrankenhaus. Sein Sohn folgt ihm.

Ich komme nicht aus meinem Versteck hervor, da ich Angst habe, dass sie mich beschuldigen, der Großmutter nicht geholfen zu haben. Noch lange nachdem sie gegangen sind und nachdem die Mutter die Kinder beruhigt hat, kauere ich hinter dem Baum. Dort sitze ich rum, kratze an dem Matsch zwischen meinen Zehen, sehe in den Himmel hoch und frage mich, wann wieder Kugeln auf uns niederregnen werden. Obwohl mein Herz noch stark klopft, fühle ich nichts. In meinem Kopf sind Bilder und Gedanken, aber ich nehme keinen Anteil an ihnen. Es tut mir Leid, dass sie angeschossen worden ist, aber sie ist gemein und hat mich schon oft ins Gesicht geschlagen oder an den Ohren gezogen. Jetzt werde ich ihr runzeliges Gesicht eine Weile nicht mehr sehen müssen und brauche ihrem giftigen Geschwätz nicht mehr zuzuhören. Ich bleibe hinter dem Baum, in meine eigene Welt versunken, bis Chou und Kim vom Holzsammeln aus dem Wald kommen.

Drei Tage später schickt mich die Mutter ins Krankenhaus, damit ich der Großmutter Essen bringe. Ich nehme das in Bananenblätter gewickelte Päckchen und mache mich auf den Weg. Ich brauche eine Stunde für die drei Kilometer. Der schmale rote Lehmpfad geht quer durchs Dorf und ist meistens belebt und relativ sicher. An diesem Tag ist alles ruhig, und doch setze ich nervös einen Fuß vor den anderen. Meine Augen tasten die Bäume und Büsche nach Soldaten der Roten Khmer ab. Weil ich nicht nach unten sehe, trete ich mit dem Fuß gegen irgendwas, das wegrollt. Es ist grün mit rostigen Stellen, wie ein Ei geformt und hat kleine quadratische Ausbuchtungen. Wie angewurzelt bleibe ich stehen. Meine Knie drohen nachzugeben, und mein Fuß brennt, als hätte er einen Schlag abbekommen. Es ist eine Granate. »Dummes Mädchen! Du musst vorsichtiger sein!«, verfluche ich mich selbst.

Zur Mittagszeit komme ich im Krankenhaus an. Ich mache

kleine Schritte, ich will nicht hineingehen. Das provisorische Krankenhaus sieht kränker aus als seine Patienten. Es war einmal ein Warenhaus, das jetzt grau geworden ist und unter den Zerstörungen vom Krieg zusammenzukrachen droht. Dunkelgrüner Schimmel frisst sich an den Rissen in den Wänden hoch, wo sich junge Triebe und Wein einnisten. Ich komme aus dem hellen Sonnenlicht ins dunkle Gebäude und kann kurze Zeit gar nichts sehen. Drinnen ist es sehr heiß, die Luft steht unbewegt und schwer. Das hohe Geschrei der Babys, das Stöhnen und Wimmern der älteren Kranken, der Widerhall flacher mühsamer Atemzüge lassen den großen Raum erbeben. Der durchdringende Gestank menschlicher Exkremente, von Urin, eitrigen Wundsekreten und reinem Alkohol setzt sich in meinen Kleidern, meiner Haut und meinen Haaren fest. Meine Kehle zieht sich zusammen, ich muss würgen. Ich will raus dem Gebäude, bloß weg. Ich blinzele, möchte meine Augen schließen, ich möchte die Menschen, die hier auf dem Boden liegen, nicht sehen. In der Zeit der Roten Khmer habe ich viele Leichen gesehen. Wenn die Menschen all ihre Hoffnung aufgegeben hatten, den Roten Khmer zu entkommen, gingen viele in die Krankenstationen, um zu sterben. Sie hatten keine Angehörigen mehr, die ihre Hand gehalten oder die Fliegen verscheucht hätten, wenn sie selber zu schwach dafür wurden. Man lässt sie verrecken wie Keav, in ihrem Kot und Urin, ganz allein. In einem Krankenhaus der Roten Khmer wimmerten und stöhnten die Menschen, aber sie schrien nicht. Hier, in der erst kürzlich befreiten Zone, schreien die Patienten ihre Schmerzen heraus, denn jetzt kämpfen sie um ihr Leben.

Mit vorsichtigen kleinen Schritten gehe ich an den aufgereihten Menschen entlang, die auf Feldbetten und Matten auf dem Boden liegen. Im Augenwinkel sehe ich etwas Kleines weghuschen. Ich mache einen Satz, dann beruhige ich mich. Nur eine Maus. Ich gehe weiter und sehe mir alle Patienten an, denn ich suche nach der Großmutter. Nach irgendeiner alten Frau, die mir ganz egal ist. Essen zu bringen macht mir überhaupt keinen Spaß. Wenn sie Mama wäre, wäre das etwas anderes. Bei dem Gedanken wird mir schwer ums Herz und Traurigkeit überkommt mich. Wenn sie Mama wäre, würde ich sie pflegen, und das würde mich von allen meinen Verfehlungen erlösen.

Vor mir knien zwei Krankenschwestern neben einem kleinen Jungen. Eine alte Frau sitzt im Schneidersitz neben ihm und macht ein entsetzlich trauriges Gesicht. Die Schwestern sind damit beschäftigt, Edelstahltabletts mit Instrumenten, Verbandsmaterial und Alkohol bereitzustellen. Ich beuge mich über sie und sehe auf einen kleinen Jungen hinunter, der bewegungslos auf einer Matte liegt. Er ist vielleicht fünf oder sechs, aber ich kann mich auch irren. Seine Augen sind leicht geöffnet, seine Lippen sind grau und blutleer. Ich bebe vor Schmerz, als ich sehe, dass sein Oberkörper stark verbrannt ist. Die Haut sieht aus, als pelle sich eine obere poröse Schicht ab. Ihm fehlt ein Bein, und das andere ist mit Bandagen umwickelt. Die alte Frau weint still vor sich hin und greift nach seiner kleinen Hand. Mit dem Daumen massiert sie seinen Handrücken. Mit der anderen Hand fächelt sie ihm Luft zu und verscheucht die schwarzgrünen Schmeißfliegen, die nur darauf warten, sich auf sein versengtes Fleisch zu setzen.

»Bong Srei, was ist mit dem Jungen?«, frage ich die Krankenschwester, die ihn gerade säubern will.

»Er wollte hier jemand besuchen ...« Da fängt der Junge an zu schreien. Die alte Frau weint lauter. Meine Zehen und Füße kribbeln, als ich die Krankenschwester sagen höre, dass der Junge entweder gegen eine Granate getreten hat oder über eine Landmine gelaufen ist. Ich gehe schnell weiter und lasse sie mit dem schreienden Jungen zurück, der so lange schreit, bis er bewusstlos ist.

Als ich die Großmutter finde, soll sie gerade ihren Verband von einer Krankenschwester gewechselt bekommen. Die Krankenschwester ist jung und hübsch und trägt eine angegraute Uniform. Sie kniet sich neben die Großmutter und fasst sie am Arm. Die Großmutter schlägt ihre Hand zur Seite und protestiert lauthals. Eine weitere Krankenschwester eilt herbei, hält die Großmutter an den Schultern fest und drückt sie wieder runter auf die Liege. Mit ihrem Gewicht zwingt sie die Großmutter, sich hinzulegen.

»Gehörst du zu ihr?«, fragt sie mich, als sie bemerkt, wie ich ihnen zusehe.

»Ja.«

»Na, dann hilfst du uns besser. Sie ist wirklich eine harte Nuss. Halt ihr anderes Bein fest, damit sie mich nicht tritt. Ich muss ihren Verband wechseln.« Schnell gehorche ich.

Jetzt, wo eine Krankenschwester sie an der Schulter runterdrückt und meine Arme ihr Bein festhalten, kann die andere Krankenschwester die vielen Lagen ihres blutigen Verbands vom Bein abwickeln. Die Großmutter windet sich und versucht, uns abzuschütteln. Die Binde ringelt sich auf dem Boden wie eine rot gefleckte Albino-Kornnatter, und nun liegt der Knöchel frei. Er ist rot, und auf der Wunde hat sich Schorf gebildet. Direkt über ihrem Knöchel ist ein kleiner schwarzer Kreis von der Größe der Brandwunde, die eine Zigarette hinterlassen würde. »Zum Glück ist es nur eine Fleischwunde, nur etwas tiefer wäre der Knöchel zerschmettert.« Statt einer Antwort schreit die Großmutter. »Die Wunde sieht gut aus«, sagt eine der beiden Schwestern, »aber wir müssen sie trotzdem säubern.« Die Krankenschwester nimmt das Tablett mit den Instrumenten und gießt Alkohol in eine kleine Plastikschüssel. Mit einer Pinzette hält sie einen Stofflappen in die Schüssel. »Okay, jetzt müsst ihr sie wirklich festhalten.« Ich umklammere das andere Bein, bis sich meine Nägel in ihr Fleisch graben, als die Krankenschwester die Wunde mit dem alkoholgetränkten Stoffrest betupft. Die Großmutter schreit und verwünscht uns, aber die Krankenschwester lässt sich nicht beirren. Erst als sie sich ganz sicher ist, dass die Wunde sauber ist, verbindet sie das Bein erneut.

»Bitte«, fleht die Großmutter, während ihre knochigen Finger den Rotz auf ihrer Wange verteilen, »bitte geben Sie mir Medizin. Es tut sehr weh.« In diesem kurzen Moment sieht die Großmutter verwundbar, verzweifelt und menschlich aus. Ich habe Mitleid mit ihr. Die Krankenschwester sieht sie an und schüttelt langsam den Kopf. »Es tut mir Leid, Großmutter. Wenn wir welche hätten, würde ich ihnen gerne welche geben, aber wir haben keine.« Die Großmutter weint und hält sich mit beiden Händen den Knöchel. Sie sieht so zerbrechlich und traurig aus, dass sogar ich gerührt bin.

Als die Krankenschwestern gehen, verdunkelt sich ihr Gesichtsausdruck, und sie wendet sich mir zu. »Was stehst du da so doof herum? Gib mir mein Essen!«, brüllt sie mich an und wickelt die Bananenblätter auseinander, in denen Reis und gesalzenes Schweinefleisch liegen. »Du dummes Mädchen! Ich weiß genau, dass du unterwegs etwas davon gegessen hast. Ich bin alt und brauche dies mehr als du.« Ich sage nichts, sondern bleibe einfach nur stehen. »Du bist eine kleine Diebin – ich weiß es ganz genau. Du bist noch nicht einmal dankbar, dass wir euch aufgenommen haben. Du dumme kleine Diebin!« Als ich mir ihre gehässigen Worte anhören muss, verfliegt mein Mitleid, und ich lasse sie dort zurück. Soll sie doch in diesem Gestank des allgegenwärtigen Todes zetern und stöhnen.

Am nächsten Tag holt der Vater die Großmutter aus dem Krankenhaus ab. In der Hütte lacht sie und spielt mit ihren Enkeln. Chou und mir, die vor der Hütte stehen, schenkt sie nicht einen Blick. Ein paar Stunden später, als Chou und ich gerade die Kinder füttern, sehen wir den Vater auf Kim zugehen, der den Garten wässert. Er steht direkt vor ihm und sagt etwas zu Kim. Kim verzieht das Gesicht. Er setzt seinen Eimer ab und kommt zu uns herüber.

»Wir müssen in ein paar Stunden gehen, die Familie kann es sich nicht mehr leisten, uns mit durchzuziehen. Er sagt, dass uns eine andere Familie übernimmt und dass er uns bald dahin bringt.« Kims Stimme ist fest, aber er lässt die Schultern hängen. Kim und Chou sind von der abrupten Ankündigung des Vaters überrascht, wohingegen ich schon lange darauf gewartet habe. Ich frage mich, ob mein Verhalten ausschlaggebend für diese Entscheidung war. Wir haben jetzt fast zwei Monate bei ihnen verbracht und uns hier eingelebt. Ich bin dem Vater dankbar, dass er eine Familie gefunden hat, die uns alle drei aufnimmt. Und erleichtert, dass wir uns nicht wieder alleine durchschlagen müssen.

Chou und ich füttern die Kinder weiter und Kim geht in den Garten zurück. Als sie fertig gegessen haben, wische ich den Kindern Münder und Hände ab. Chou legt unsere zweite Garnitur schwarzer Oberteile und Hosen zusammen und steckt sie in Kims Rucksack.

Am Nachmittag kommt der Vater zurück und fragt Kim, ob wir fertig sind. Kim nickt. Er schnallt sich den Rucksack um, in dem alles Platz hat, was wir besitzen, und Chou und ich folgen ihm. Wir halten uns fest bei den Händen. Wir sehen nach vorne, wir gehen fort, ohne der Mutter oder den Kindern auf Wiedersehen zu sagen. Der Vater führt uns zu einer Hütte, die einen Kilometer entfernt ist, und stellt uns der neuen Familie vor. Er sagt, wir seien gute Arbeitskräfte. Kim bedankt sich bei dem Vater für seine freundlichen Worte und auch dafür, dass er eine neue Familie für uns gefunden hat. Als wir das hören, beugen Chou und ich unsere Köpfe vor ihm und bedanken uns ebenfalls. Er dreht sich unvermittelt um und geht weg. Ohne ein Wort des Zuspruchs und ohne uns Glück zu wünschen.

Die neue Familie besteht aus der Mutter, dem Vater und ihren drei kleinen Kindern im Alter zwischen einem und fünf Jahren. Sie leben in einer größeren Hütte als die erste Familie, aber trotzdem bekommen wir wieder eine Ecke zugewiesen. Hinter der Hütte liegt ein großer üppiger Garten. Vor der Hütte steht ein hoher Mangobaum, der schwer an seinen Früchten trägt.

Chou und ich sollen ihnen bei den Kindern, im Garten und bei der Hausarbeit helfen, während Kim mit dem Vater fischen und Holz sammeln soll. Als wir unsere Bündel abgestellt haben, setzt mir die Mutter das Baby auf den Arm, weist mich an, auf die anderen Kinder aufzupassen, und geht mit Chou in den Garten. Ich stehe mit dem Baby auf dem Arm vor der Hütte und sehe zu, wie die Mutter sich zwischen die Gemüsereihen hockt und Unkraut jätet. Gehorsam macht Chou es ihr nach. Die ausgeblichene schwarze Arbeitskleidung hängt ihr lose am abgemagerten Körper, wie sie sich so über das Gemüse beugt. Chou ist elf und nur drei Jahre älter als ich, aber manchmal komme ich mir viel älter vor. Es verwundert mich immer noch, wie sie es schafft zu überleben, indem sie sich in ihr Schicksal fügt und sich nicht wehrt.

Obwohl wir als Helfer bei der Familie leben, behandeln sie uns freundlich. Oft gibt es bei ihnen etwas Besonderes zu essen, Kokoskuchen oder süße Reisbällchen. So gerne wir sie auch essen, es gehört sich nicht, dass wir drei uns selbst nehmen. Die Mutter und die Kinder können sich nehmen, was sie wollen, aber wir müssen darauf warten, aufgetan zu bekommen. Selbst wenn seine Kinder nach mehr verlangen, legt der Vater immer etwas von allem auf unsere Teller. Ab und an werden sie etwas lauter mit uns, aber sie verfluchen uns nie und sie erheben nie die Hand gegen uns. Obwohl es unter den Roten Khmer verboten war, haben sie heimlich an ihrem buddhistischen Glauben festgehalten. Ein wichtiger buddhistischer Leitsatz hat die Freundlichkeit gegen den Nächsten zum Inhalt. Wer sich nicht daran hält, wird als Schnecke reinkarniert und läuft jederzeit Gefahr, totgetreten zu werden. Weil sie vom Land stammen, sind die Leute sehr abergläubisch – vor allem die Mutter. Wenn irgendetwas passiert, was sie sich nicht erklären kann, schiebt sie es übernatürlichen Kräften zu. Jeden Tag bittet sie die Erdgöttin um eine reiche Ernte, den Flussgott um Fisch, den Windgott um Regen und den Sonnengott um Leben.

Es gehört zu meinen täglichen Aufgaben, die Wäsche der Familie zu waschen. Jetzt tragen wieder viele Dorfbewohner bunte Kleider, unsere neue Familie auch. Mit Wehmut sehe ich den orangen Sarong der Mutter und ihre himmelblaue Bluse. Ich muss an die Kleider denken, die Mama für Chou, Geak und mich genäht hat. An unsere ersten roten Kleider.

Eines Neujahrsmorgens hat mir Keav die Haare gekämmt und viele kleine Zöpfe gemacht. Ihre eigenen Haare standen ihr vom Kopf wie die Stacheln eines Stachelschweins, sie waren in große grellbunte Plastiklockenwickler gelegt, die von tausend kleinen schwarzen Haarclips gehalten wurden. Chou mühte sich ab, Geak anzuziehen. Nachdem Keav mir die Haare frisiert hatte, legte sie Chou Lippenstift und Rouge auf. Dann zogen Chou und ich unsere neuen Kleider an und betrachteten unsere ungewohnte Schönheit ehrfürchtig. Fröhlich hüpften wir auf unserem Bett auf und ab, bis unsere Matratzen ächzten und Keav uns anschrie. Auf der anderen Seite des Flurs suchte Mama aus ihrer Sammlung goldene Ketten und Armbänder für uns heraus. Für Keav legte sie ein Paar rubinroter Ohrringe zurecht, weil sie als Einzige von uns Mädchen durchstochene Ohrläppchen hatte. In der Küche tranchierten unsere Helferinnen geröstete braune Enten und legten halbmondförmige Kuchen auf eine große blaue Vorlegeplatte. Im Wohnzimmer zündeten Papa, Meng, Khouy und Kim, in ihre besten Anziehsachen gekleidet, orange Räucherstäbchen an. Nachdem sie sich dreimal vor dem roten, mit chinesischen Glücksbringern in Gold und Silber dekorierten Altar verneigt hatten, steckten sie die Räucherstäbchen in eine Lehmschüssel mit Reis.

Das Baby zieht mir an den Haaren und bringt meine Träumereien zum Ende. Als ich die Mutter ansehe, denke ich mir, dass sie froh sein muss, so schöne bunte Kleider tragen zu können. Und mit einem Blick auf meine Sachen frage ich mich, wann es bei mir so weit sein wird, dass ich diese Uniform der Roten Khmer ablegen und farbenfrohe Kleider anziehen kann. Ich träume davon, eines Tages das rote Kleid zu ersetzen, das der Soldat verbrannt hat.

Die Mutter unterbricht mich in meinem Tagtraum, sie nimmt mir das Baby ab und bittet mich, die Wäsche zu waschen. Die Kinder haben zu viele grüne Mangos gegessen, und die Bettlaken sind mit Durchfall verdreckt. Ich lege die Laken und die andere Wäsche in einen Weidenkorb und gehe zum Fluss hinunter. Den Korb trage ich auf der Hüfte, so wate ich bis zu den Knien ins Wasser, dann nehme ich die Laken heraus und breite sie auf der Wasseroberfläche aus. Sie sinken langsam hinab, während die Kotkrümel auf der Oberfläche schwimmen. Kleine Fische kommen an und schnappen nach der Sauerei. Ein paar von ihnen zwicken mich in die Beine. Da ich weder Waschpulver noch Seife habe, muss ich versuchen, die Laken sauber zu bekommen, indem ich sie gegen die Felsen schlage. Diese Aufgabe ekelt mich an, aber ich erledige sie, ohne mich zu beklagen, weil ich Angst davor habe, dass uns die neue Familie sonst wegschickt.

Manchmal schickt mich die Mutter in den Wald, um Feuerholz zu sammeln. Dann treffe ich mich auf dem Weg mit Pithy und wir gehen zusammen weiter, dabei passen wir auf, dass wir nicht zu nah an die Youn-Basis kommen. Eines Tages komme ich an einer Stelle vorbei, wo es so entsetzlich stinkt, dass ich husten muss. Es riecht wie ein totes Huhn, dass schon lange in der heißen Sonne gelegen hat. Der Pfad führt auf eine Lichtung, und ich weiß schon, woher der Geruch kommt, bevor ich die Leiche sehe. Sie liegt in der Sonne und ist stark verwest. Ich halte den Atem an und gehe darauf zu.

»Komm, lass uns lieber umkehren«, drängt Pithy mich. Sie ist ganz blass geworden. Aber ich winke ab, halte mir die Nase zu und gehe zu der Leiche. Das Gesicht sieht aus, als sei es geschmolzen, wodurch die Wangenknochen, der Nasenknorpel und die Zähne in dem lippenlosen Mund hervorstehen. Unter den verwesenden Augenlidern sind die Augen tief in den Schädel gesunken. Lider und Mund sind übersät mit kleinen weißen

Eiern, aus einigen schlüpfen schon Maden, die herauskrabbeln und in der Haut verschwinden. Das lange schwarze Haar liegt auf dem Gras und ist kaum noch von der Erde zu unterscheiden. Unter den schwarzen Sachen ist der Brustkorb eingefallen, eine Herberge für Hunderte von schwarzgrünen Schmeißfliegen, die sich an dem Toten satt fressen. Ich muss mir den Mund zuhalten und meinen Mageninhalt wieder runterschlucken. Ich traue mich nicht mehr hinzusehen. Schnell wende ich mich ab und gehe weg, aber der Geruch des Todes haftet an meinen Kleidern.

»Es war ein Soldat der Roten Khmer. Er hat den Tod verdient. Schade, dass sie nicht alle tot sind«, sage ich gereizt zu Pithy. Sie sagt nichts. Ich weiß natürlich gar nicht, ob es die Leiche eines Soldaten oder Zivilisten ist. Aber wenn ich mir den Toten als Zivilist vorstelle, muss ich an Papa denken. Es ist leichter, für die Toten kein Mitleid zu haben, wenn ich sie mir alle als Rote Khmer vorstelle. Ich hasse sie alle.

Wenn ich mich an meinen Hass für die Roten Khmer klammere, kann ich mit den irdischen Einzelheiten meines alltäglichen Lebens besser zurechtkommen. Zu meinen Pflichten gehört es, zum Fluss hinunterzugehen und Wasser für die Familie zu holen. Jeden Morgen balanciere ich zwei Wassereimer auf einem langen Brett auf meinen Schultern. Der Weg zum Fluss dauert zwar nur zehn Minuten, aber in der Februarsonne kommt er mir immer viel länger vor. Wegen der Reflexionen im Wasser muss ich die Augen zusammenkneifen, dann kann ich am Ufer die Gestalt eines Mädchens ausmachen. Sie ist nicht viel größer als ich. Sie hat eine Hand in die Seite gestemmt und sieht frustriert ins Wasser. Dann nimmt sie die Eimer von ihrem Brett und schlägt damit gegen irgendetwas in der Uferböschung.

»Was machst du denn da?«, frage ich sie.

»Ich versuche, diesen Leichnam loszumachen, damit er weitertreibt«, stößt sie mit angehaltenem Atem aus. Ein paar Meter von uns schwimmt eine Leiche in einem schwarzen Arbeitsanzug. Der Mann war größer als die meisten aus dem Dorf, und auf jeden Fall viel dicker. Er schnellt im Wasser auf und nieder, seine geschwollenen Hände und Füße schimmern, als seien sie aus weißem Gummi. Sein Oberkörper bewegt sich mit der Strömung, aber sein Hosenbein hat sich in den Ästen der Uferböschung verfangen. Jedes Mal, wenn ihn das Mädchen mit dem Brett anstößt, taucht sein Kopf unter Wasser.

»Ich will ihn losmachen, damit er den Fluss hinuntertreibt, denn er verdreckt das Wasser. Vielleicht fließen seine Säfte in meinen Eimer.« Das kann ich gut verstehen. Ich setze meine Eimer ab und helfe ihr mit dem Brett, den Leichnam vom Ufer zu lösen. Jetzt, wo wir ihn zu zweit bearbeiten, schnellt er nur noch mehr auf und nieder. Schließlich gelingt es uns, ihn loszumachen, und er treibt ein paar Meter weiter, bevor er wieder festhängt, nur ein paar Zentimeter von unserer Wasserstelle entfernt.

»Das Wasser ist zu flach. Ich zähle bis drei, dann schubst du den Körper und ich den Kopf«, kommandiere ich. Nach dieser gemeinsamen Anstrengung treibt der Körper schließlich den Fluss herunter, er zieht sein langes Haar hinter sich her. Dieser Anblick rührt mich. Es knotet mir den Magen zusammen. Für den Bruchteil einer Sekunde denke ich an Geak. Ich hoffe, dass die Soldaten sie nicht in einen Sack gelegt und in einen Fluss geworfen haben. Fast muss ich weinen, als ich mir vorstelle, wie jemand ihren Körper weiterschubst, aber ich unterdrücke die Tränen. »Noch ein verdammter Roter Khmer«, murmele ich halblaut vor mich hin. »Ich hasse sie. Ich will, dass sie alle sterben.« Wir warten ein paar Minuten ab, bis wir glauben, dass die Körpersäfte weitergetrieben sind, bevor wir unser Wasser schöpfen.

Der Wasserbehälter in der Hütte geht mir bis zur Brust. Ich muss oft hin- und hergehen, um ihn aufzufüllen, und trotzdem ist der Wasserspiegel am Ende des Tages stark gesunken. Dann gehen Kim, Chou und ich wieder zum Fluss. Wir halten den Wasserbehälter immer gefüllt, damit wir gut rankommen, weil wir Angst haben reinzufallen, wenn wir uns zu weit runterbeugen.

Kim, Chou und ich haben seit drei Tagen rote und verklebte Augen. Ich mache mir Vorwürfe, sie angesteckt zu haben, weil ich die Leichen angesehen habe. Irgendwie muss die Krankheit von ihren Körpern in meine Augen geflogen sein. Sie sind so rot wie das Blut in dem Körper, den ich mit meinem Brett weitergeschubst habe. Wenn ich morgens aufwache, kann ich meine Augen nicht öffnen, weil die Lider so verklebt sind. Sosehr ich daran pule und die Schicht von den Lidern abzukratzen versuche, es tut nur weh, aber ich habe kaum Erfolg, weil sie zu fest zusammenkleben.

»Kim, bist du noch da?«, rufe ich. Im Dunklen spüre ich, wie eine Hand nach mir tastet und schließlich meinen Arm findet.

»Ich bin's«, flüstert Chou. »Bist du so weit? Ich halte Kim an der andern Hand.«

»Ja.«

Ich greife nach Chous Hand. Kim rutscht auf seinem Hintern zur Tür. Dann springt er hinunter und hilft Chou und mir. Wir tasten uns vorsichtig zum Wasserbehälter vor. Kim schöpft eine Schüssel Wasser und stellt sie auf dem Boden ab. Wir hocken uns davor und benetzen unsere Augen mit dem Wasser.

Inzwischen ist die Mutter aufgewacht und sieht uns argwöhnisch zu. »Ihr müsst den Hunden beim Paaren zugesehen haben«, meint sie. »Es ist eine Sünde, sich dreckige Sachen anzusehen. Die Götter haben euch bestraft, sie werden euch blind machen.«

Der Angriff der Roten Khmer

Februar 1979

Der Himmel ist pechschwarz. Nichts regt sich. Nur das rhythmische Zirpen der Grillen ist zu hören. Plötzlich weckt uns eine laute Explosion. Ich sitze kerzengerade, in meinen Ohren klingt die Detonation noch nach. Mein Herz und Bauch vibrieren von dem Schock. Dann hören wir ein schrilles Pfeifen, bevor noch eine Granate neben uns einschlägt. Die Strohwände der Hütte rascheln. Die Kinder schreien, so laut sie können, und klammern sich an ihrer Mutter fest. Der Vater springt aus der Hütte, um sich draußen umzusehen. Chou, Kim und ich folgen ihm. Die Hütte unserer Nachbarn wird von laut prasselnden gelben, orangen und roten Flammen verschlungen. Grauer Rauch steigt in den Himmel und fällt als weiße Asche wie feiner Puder auf uns nieder.

»Chou! Kim!«, schreie ich.

»Folgt mir, bleibt beieinander«, brüllt der Vater zu seiner Familie. Er nimmt zwei Kinder auf den Arm und springt wieder aus der Hütte. Die Mutter hält das Baby im Arm und folgt ihnen. Kim macht einen Satz in die Hütte und holt den Rucksack.

Chou und ich warten auf ihn. Um uns herum schreien die Leute nach Hilfe. Viele weinen. Überall schlagen weitere Granaten ein. In der nächtlichen Dunkelheit leuchtet der Feuerschein der vielen Hütten. Die Dorfbewohner sehen zu, dass sie fortkommen. Wir folgen dem Vater, wir ducken uns, wenn er sich duckt, und rennen weiter, wenn er weiterrennt. Wir kommen an den Fluss und waten Hand in Hand hindurch. Von den Tausenden, die auf einmal versuchen, zur anderen Seite zu kommen, ist das Wasser aufgewühlt. Mit Bündeln auf den Köpfen und Kindern auf den Rücken durchqueren die Leute den brusttiefen Fluss in dem verzweifelten Versuch, die Sicherheit des anderen Ufers zu erreichen. Als wir drüben angekommen sind, spüren wir ein verlassenes Lagerhaus auf. Das flache Betondach ruht auf den drei noch erhaltenen Mauern.

»Hier bleiben wir heute Nacht«, bestimmt der Vater. »Es wird von den Youns bewacht und ist sicher.« Schnell füllt sich der Unterschlupf mit Menschen. Unter ihnen ist auch Pithy. »Pithy! Hier sind wir!«, überbrülle ich das Wimmern und Stöhnen um uns. Sie winkt uns zu und kommt mit ihrer Mutter und ihrem Bruder zu uns gerannt. Sie setzen sich neben uns.

Den Rest der Nacht verbringen wir im Dunklen, weil wir Angst haben, die Roten Khmer durch Licht auf uns aufmerksam zu machen. Alle sind still, manche versuchen sogar zu schlafen. Mein Herz schlägt laut, bei jedem Geräusch macht es einen Satz. Ich kauere zwischen Pithy und Chou und bete zu Papa, er möge uns beschützen. Chou hält Kims Hand ganz fest. Ich beiße die Zähne aufeinander und versuche, ruhig zu bleiben. In der Ferne hört man noch immer die Explosionen von Granaten.

Die Stunden vergehen langsam. Ich tappe mit dem Fuß auf den Boden wie zum Takt eines Liedes, weil es mir so vorkommt, als verginge die Zeit so schneller. Chou sitzt im Schneidersitz und hält die Hände gefaltet. Kim hat sich neben ihr hingelegt, den Rucksack benutzt er als Kopfkissen. Der Vater und die Mutter strecken ihre Beine aus, die Kinder sind auf ihrem Schoß eingeschlafen. Überall liegen Familien auf dem blanken Boden, ohne Matten oder Decken als Unterlage. Sie ruhen mit an die Brust gezogenen Knien, einen Arm als Kissenersatz unter den Kopf gelegt.

Am frühen Morgen ist es noch immer ruhig. Den Seufzer der Erleichterung, der von den vielen Menschen kommt, kann man fast körperlich spüren. Dann plötzlich, ohne jede Warnung, das Pfeifen einer Rakete, die in unseren Unterstand einschlägt. Die Explosion droht, mir die Luft aus den Lungen zu reißen. Ich fasse nach Pithys Arm, aber ich zucke ganz schnell zurück, weil ich an irgendetwas Nasses und Klebriges gekommen bin. Mein Magen zieht sich zusammen. Als ich mich umdrehe, liegt Pithy mit dem Gesicht auf der Erde, still und bewegungslos. Ihre Schädeldecke ist zerborsten. Aus ihrem Kopf sickert Blut in eine Lache auf dem Boden. Ihr schwarzes Haar ist nass und von kleinen Bröckchen einer tofuähnlichen Masse bedeckt. Ihr Blut und Teile ihrer Hirnsubstanz kleben an meiner Hand. Pithys Mama schreit ihren Namen heraus und nimmt sie in den Arm. Ich wische ihr Blut und ihr Hirn an meiner Hose ab. Von Panik ergriffen, stehe ich auf und renne hinter Kim und Chou her, weg von Pithy. Weg von ihrer schreienden Mutter. Weg von der Trauer, die von meinem Herzen Besitz zu ergreifen droht.

Vor dem Unterstand laufen die Leute wild durcheinander, sie weinen und schreien und rempeln sich an. Kim und Chou rennen Hand in Hand vor mir her. Sie brüllen mir zu, mich zu beeilen. Wir wissen nicht, wohin wir rennen, wir rennen einfach nur. Plötzlich bleibt Kim stehen und sieht sich nach dem Lagerhaus um.

»Ich habe den Rucksack liegen lassen«, schreit er.

»Lauft weiter ... Ich bringe ihn wieder und hole euch gleich ein«, schreie ich ihm zu. Bevor er antworten kann, bin ich schon losgerannt. Ich weiß, dass er sich um Chou kümmern muss. Als ich das zerstörte Lagerhaus betrete, fällt mich der Geruch versengten Fleisches an. Durch den schwarzen Rauch kann ich kaum etwas sehen, er brennt mir in den Augen. Über die Betontrümmer klettere ich zu der Stelle, wo wir gesessen haben. Mir sinkt das Herz, als ich Pithys Mama sehe, die den Leichnam ihrer Tochter weinend an ihre Brust presst. Pithy hängt schlaff in ihren Armen, ihr Blut tränkt die Bluse ihrer Mutter. Überall ist so viel Blut. Erst dann erkenne ich, dass auch Pithys Mama verletzt ist. Sie blutet am Bauch und an beiden Armen. Pithys Bruder hockt neben ihnen, er drängt seine Mutter aufzubrechen. Mit zitternder Stimme erzählt er ihr, dass die Soldaten der Roten Khmer schon den Fluss durchqueren und jede Minute hier sein werden.

Ich schnappe mir den Rucksack. Ich überhöre all die Hilferufe. Ich sehe nur nach vorne, springe über die Getöteten und renne hinter meinen Geschwistern her. Sie warten auf mich, ich rufe ihnen zu weiterzurennen. Es schlagen keine Raketen mehr ein, aber die Roten Khmer kommen schnell näher. Ich höre Kugeln an mir vorbeipfeifen. Ich traue mich nicht, mich umzusehen. Ich weiß, dass sie da sind. Ich renne um mein Leben. Vor mir fällt ein Mann getroffen auf die Erde. Mitten im Laufen hält er an, seine Brust schnellt nach vorne, bevor er zu Boden geht. Jetzt werden immer mehr Leute getroffen. Überall um mich herum fallen sie hin. Einige bleiben still liegen, andere versuchen, sich auf den Ellenbogen in Sicherheit zu robben.

Sowie ich Chou und Kim eingeholt habe, rennen wir weiter, ohne uns umzusehen. Wir sehen einen Rest einer alten Zementmauer. Er ragt etwa einen Meter aus dem Boden auf und ist vielleicht anderthalb Meter breit. Wir kauern uns dahinter. Chou hält sich Ohren und Augen zu. Kim setzt sich kalkweiß gegen die Wand. Eine Ewigkeit vergeht, bis endlich alles still ist. Und jetzt, wo mich der Lärm der Detonationen nicht mehr betäubt, kann ich etwas anderes über meinem Kopf brummen hören. Dann bemerke ich, wie meine Haut an vielen Stellen brennt.

»Hornissen!«, schreie ich. Wir stehen auf und bemerken, dass wir in ein Hornissennest getreten sind. Große rote

Schwellungen bedecken unsere Arme und Beine. Wir hatten so viel Angst, dass wir den Schmerz gar nicht gefühlt haben, als wir gestochen wurden. Als wir glauben, dass es nicht mehr so gefährlich ist, machen wir uns auf die Suche nach unserer Pflegefamilie. Wir entdecken sie schließlich in der Nähe des Youn-Lagers.

»Ihr Frauen und Kinder bleibt hier«, sagt der Vater zu uns. »Bleibt hier, bis wir euch holen kommen. Die Männer müssen erst die Leichen aus dem Dorf schaffen.« Er erklärt uns, dass die Youns vor ein paar Stunden das Dorf von den Roten Khmer zurückerobert haben.

»Es ist schlimmer, als man sich das jemals vorstellen kann«, sagt der Vater bei seiner Rückkehr aus dem Dorf zur Mutter. »Ein Paar hat in einem Bombenschutz Zuflucht gesucht, der nicht mehr als ein Loch im Boden war. Die Soldaten haben einfach eine Granate reingeworfen und sie beide getötet. Wir haben auch viele Köpfe von Opfern gefunden, die an den Haaren an ihre Türen gehängt oder auf den Straßen langgekugelt wurden. Die Soldaten der Roten Khmer haben sich von den Leuten verraten gefühlt, weil sie bei den Youns geblieben sind.«

Geschichten über die Opfer des Überfalls der Roten Khmer verbreiten sich wie ein Lauffeuer. Es gab Geschichten über ein Baby, das in die Luft geworfen und mit dem Bajonett aufgespießt worden ist; über den Körper eines verstümmelten Mannes, der nackt auf den eines anderen gelegt worden war; über den Torso eines Mannes, der vor seinem Haus gefunden und dessen untere Hälfte vor einer anderen Tür lag. Bei vielen Männerleichen waren die Bäuche aufgeschlitzt und die Leber fehlte. Die Roten Khmer glauben, wenn sie die Leber ihrer Feinde essen, überträgt sich deren Stärke und Macht auf sie. Solche Bilder des Massakers jagen sich in meinem Kopf, als ich vorsichtig in die Richtung des Dorfes gehe. Ich zweifle nicht an der Wahrheit dieser Geschichten. Ich weiß, dass Pol Pots Männer dazu fähig sind. Ich gehe hinter dem Vater und seiner Familie her. Chou und Kim laufen mit gesenkten Köpfen vor mir. Aus den noch glimmenden Lagerfeuern verbreitet sich der Gestank verbrannten Fleisches im ganzen Dorf. Blutspuren und Blutlachen sind auf den Stufen und um die Hütten zu sehen. Ich sehe die ganze Zeit nach unten, um alles zu umgehen, was wie eine Granate aussieht. Ich habe auch Angst, auf eine Landmine zu treten, die Dorfbewohner sagen nämlich, dass die Soldaten der Roten Khmer nach jedem Angriff welche hinterlassen. Sie töten und verstümmeln immer noch Menschen, lange nachdem die Soldaten sich zurückgezogen haben.

Ein paar Tage nach dem Angriff treffe ich zufällig beim Holzsammeln auf Pithys Bruder. Er ist etwa so alt wie Kim und seine Augen sehen genauso traurig aus wie Kims. Er ist drahtig und gewandt und klettert mit Leichtigkeit auf die Palmen, deren Früchte er ernten will. Ich sehe ihm voller Bewunderung zu, ich finde es toll, wie schnell er den Baumstamm hoch- und runterklettert. »Chum reap suor«, rufe ich ihm zu. Er nickt zu mir herüber. »Was machst du denn so?« Ich frage ihn nicht nach Pithy.

»Ich gehe jeden Tag fischen und pflücke Palmfrüchte für Mama. Sie ist im Krankenhaus. Ich bringe ihr das Essen und über Nacht bleibe ich bei ihr. Es geht ihr schon besser.« Ich bin überrascht, dass er mir so bereitwillig antwortet. Er schält eine Frucht und reicht mir ein Stück davon.

»Aw koon«, danke ich ihm, aber er hört mich nicht mehr. Er ist schon ganz weit weg. Er nimmt seine Früchte und macht sich auf den Weg ins Krankenhaus.

Am nächsten Tag sehe ich ihn am selben Ort wieder, wo er gerade eine Frucht schält. Ich gehe auf ihn zu und frage ihn: »Wie geht es deiner Mama heute?« Er sieht hoch. Seine Augen sind rot, und er guckt mich wütend an.

»Lass mich in Ruhe. Komm mir nicht zu nah!«, brüllt er mich an und rennt mit einer großen verrosteten Axt auf mich zu. Mit zitternden Knien fliehe ich. »Hau ab! Ich hasse euch alle!«, brüllt er mir hinterher, als ich mich im Gebüsch verstecke. Plötzlich hält er mitten im Lauf inne, lässt die Axt fallen und steht wie angegossen. Er lässt die Schultern hängen und setzt sich langsam hin. Er stützt die Ellenbogen auf die Knie und hält sich die Hände vors Gesicht. Er schluchzt laut, seine Schultern zittern unwillkürlich. Ich habe großes Mitleid mit ihm. Ich will ihn berühren, aber ich wende mich ab und gehe weg. Jetzt ist auch er alleine.

Es ist April 1979. Unsere Zukunft sieht immer düsterer aus. Ich habe Angst, wieder in eine andere Familie zu kommen, aber ich weiß, dass es trotzdem bald so weit ist. Kim hofft noch immer, dass unsere Brüder Khouy und Meng leben und uns bald ausfindig machen. Wir wissen nicht, wie wir nach ihnen oder unseren Onkeln in Bat Deng suchen sollen.

Wenn Kim abends alle Pflichten erfüllt hat, macht er sich auf den Weg ins Lager der Youns. Es gibt dort eine Stelle, wo sich die eben angekommenen Flüchtlinge sammeln und wo man hingeht, wenn man nach jemandem sucht. Wenn neue Leute in der Basis ankommen, fragt Kim sie, ob sie unsere Brüder kennen oder etwas von ihnen gehört haben. Er bekommt immer dieselbe traurige Antwort. Jede Nacht schleppt er sich zurück, um uns die schlechte Nachricht zu überbringen, aber das Herz ist mir schon schwer geworden, bevor er irgendetwas sagen kann. Meine Welt verdunkelt sich bei dem Gedanken, dass sie tot sein könnten. Ich zwinge mich, diesen Gedanken nicht nachzugehen. Khouy und Meng müssen noch irgendwo leben.

Ich bin gerade dabei, das Baby zu füttern, als eins der Kinder zu mir rennt, um mir zu erzählen, dass Kim mit einem Mann zurückkommt. Ich wage nicht zu hoffen. Chou und ich sehen uns ängstlich an. Wir beten, dass es einer unserer Brüder ist. Dann sehe ich Kim, wie er auf uns zukommt. Meng geht neben ihm. Ich weiß nicht, ob ich weinen oder zu ihm hinrennen soll. Ich bin so wahnsinnig froh. Er lebt. Wir sind eine Familie. Ich merke, wie schüchtern und steif ich bin, wie ungelenk ich herumstehe. Meng lächelt und fährt mir durchs Haar. Bei der Berührung seiner Finger schwebe ich im siebten Himmel. Er ist wirklich da, es ist kein Hirngespinst.

»Ihr kommt mit zu uns«, sagt Meng und geht auf den Vater zu. Als Meng zurückkommt, gehen wir zusammen mit ihm fort. Während sich Kim und Meng unterhalten, sind Chou und ich still. Wenn ich meinen ältesten Bruder ansehe, wird mir das Herz schwer, weil er mich an Mama erinnert. Er hat ihre mandelförmigen Augen, das lange Gesicht, die hohen Wangenknochen und schmalen Lippen. In Phnom Penh trug er blaue Schlaghosen, Jeansjacken und dünne Koteletten, wie sie damals in Mode waren. Er war freundlich zu allen. Die Mädchen fanden ihn gut aussehend. Jetzt ist er zweiundzwanzig und schon ein alter Mann. Doch selbst in seiner abgetragenen Arbeitskleidung, mit seinem wettergegerbten Gesicht und den traurigen Augen sehe ich den Bruder, den ich einst in Phnom Penh kannte.

Meng führt uns zu der Stelle, wo die Neuen wohnen. Ihre dunkelgrünen Zelte stehen zwischen einer Baumgruppe. Davor schaukeln zwei schwarze Hängematten zwischen den Bäumen. Die Zelte und die Hängematten sind dreckig, aber für mich ist es viel mehr ein Zuhause als die allergrößte Hütte. Meng erklärt uns, dass Khouy und er mit drei Freundinnen zusammenleben. Khouys Frau ist irgendwie aus dem Lager geflohen, als die Youns es angegriffen haben. Er meint, dass sie wahrscheinlich zum Dorf ihrer Familie zurückgekehrt ist, um nach überlebenden Familienmitgliedern zu suchen. Die Frauen, mit denen sie zusammenleben, sind Freundinnen. Weil es für Frauen gefährlich ist, alleine zu leben, haben sie meine Brüder gefragt, ob sie mit ihnen zusammenleben könnten.

Kurz nachdem wir bei den Zelten angekommen sind, kommt auch Khouy. Ich beobachte ihn, als er langsam in unsere Richtung schlendert. Er bewegt sich anmutig, sein Schritt ist fest und sicher. Er erinnert mich immer an einen Tiger, er ist stark, schnell, elastisch und bösartig, wenn er seine Zähne bleckt. Er hat die Ärmel und Hosenbeine hochgerollt, sodass man seine muskulösen Unterarme und Unterschenkel sehen kann. Seine Augen sind dunkel, sein Gesicht ist hager und sein Kinn markant. Obwohl er erst zwanzig ist, bekommt man sofort einen Eindruck von Härte. Sein Gesichtsausdruck wird weicher und er lächelt breit, als er uns sieht. Er begrüßt Kim, Chou und mich. Als er sich mit Meng unterhält, lässt er die Hand auf meinem Kopf liegen, wie Papa es oft getan hat.

Am Abend sitzt unsere Familie ums Feuer. Meng erzählt, was ihnen zugestoßen ist. Khouy und er waren zusammen in dem Arbeitslager, als die Youns Ende Dezember in Kampuchea einmarschiert sind. In einer Nacht schlugen Raketen ganz in der Nähe ihres Lagers ein, und in der Verwirrung flohen viele Menschen aus dem Lager, unter ihnen auch Khouys Frau. Aber Meng und Khouy hatten Pech, kurz vor dem Lager wurden sie von Soldaten der Roten Khmer umstellt. Die Soldaten verschonten sie, weil sie noch Träger brauchten. Als die Youns näher kamen, zogen sich die Roten Khmer immer weiter in den Dschungel zurück. In der Nacht, wenn die Soldaten rasteten, schlug Khouy Feuerholz und Meng kochte für alle. Eines Nachts sagte Khouy zu Meng, dass sie fliehen müssten. Die Soldaten führten sie immer weiter in die Berge, wo sie schließlich unter der völligen Kontrolle der Roten Khmer wären, isoliert von aller Welt und ohne Fluchtmöglichkeit. Wenn sie es jetzt nicht versuchten, käme die Chance vielleicht nie wieder.

Als die Soldaten schliefen, taten Meng und Khouy, als müssten sie in die Büsche gehen, um zu pinkeln. Jeder schnappte sich einen Reissack von zwanzig Pfund, dann trafen sie sich im Wald. Erst folgten sie dem Pfad, aber sie hatten Angst, von den Soldaten aufgespürt zu werden, und deswegen gingen sie quer durch den Wald durchs Unterholz, weg vom Pfad. Sie folgten dem Geräusch eines Flusses, und als sie dort ankamen, banden sie ein paar Baumstämme zu einem Floß aneinander und ließen sich zusammen mit dem Reis den Fluss hinuntertreiben. Das kalte

Wasser war wild, sie mussten dauernd Angst um das Floß haben, doch es gelang ihnen, sich zitternd und zähneklappernd die Nacht über auf dem Floß zu halten. Am Morgen kamen sie im Basislager von Pursat City an, wo wir jetzt alle sind.

Wir sind wieder vereint. Als er sieht, wie mir langsam die Augen zufallen, trägt mich Meng zu seiner Hängematte. Ich klettere hinein und bin plötzlich unheimlich müde. Chou kuschelt sich neben mich. Unsere Körper liegen dicht beieinander, und die Hängematte beschützt uns wie eine Schote die Erbsen. Im Halbschlaf denke ich an Mama und Papa, ich vermisse sie so sehr. Ich höre, wie Kims Stimme zittert, als er ihnen von Papa, Mama und Geak erzählt. Sie flüstern jetzt, als wollten sie Chou und mich vor dem bewahren, was wir schon wissen. Ich schließe meine Augen, ich will Mengs und Kims Gesichter nicht sehen, wenn sie die schrecklichen Neuigkeiten hören. Der Rest unserer Familie ist wieder vereint. In der Anwesenheit meiner Brüder fühle ich mich wieder geborgen und kann mich entspannen. Als ich schon fast eingeschlafen bin, höre ich, wie Meng sagt, dass wir als Nächstes nach unseren Onkeln und Tanten in Bat Deng suchen werden. Bat Deng ist Mamas Geburtsort. Dort haben wir Onkel Leang und den ältesten Bruder Onkel Heang zurückgelassen. Dort werden wir hingehen und auf weitere überlebende Familienmitglieder warten. Doch Bat Deng ist weit entfernt, deswegen müssen wir hier bleiben, bis wir genug Vorräte gesammelt haben. Auch wenn es riskant ist, weil die Roten Khmer vielleicht noch Abschnitte unserer Wegstrecke kontrollieren, werden wir wieder weiterziehen. Wir machen uns Hoffnungen, unsere Verwandten dort wieder zu finden.

Die Hinrichtung

April 1979

Ein paar Tage später kommt Meng erhitzt und atemlos zu unseren Zelten. Er erzählt uns, dass er gerade von einem Youn-Gefängnis wiedergekommen ist. Irgendwie ist es den Youns gelungen, einen Roten Khmer zu fangen, und jetzt halten sie ihn dort fest. Als die Dorfbewohner das gehört haben, sind sie zu Tausenden zum Gefängnis gelaufen und haben gefordert, dass ihnen der Soldat übergeben wird. Männer, Frauen und Kinder haben den Eingang blockiert und mit einem Aufstand gedroht, wenn ihrer Forderung nicht stattgegeben würde. Sie trugen Stahlstangen, Äxte, Messer, Holzpfähle und Hämmer bei sich – alles Waffen, die die Roten Khmer benutzt haben, um ihre Opfer zu töten.

Meng sagt, die Dorfbewohner vor dem Gefängnis haben nur eins im Sinn: Rache und Vergeltung. Sie wollen eine öffentliche Hinrichtung des Gefangenen. Sie haben die Youn-Soldaten bedroht und gefragt, warum der Gefangene Schutz verdient. Sie sind sogar dazu bereit, das Gefängnis niederzureißen, um zu dem Gefangenen zu gelangen. Am Ende haben die Youns die Türen aufgeschlossen und den Leuten den Gefangenen übergeben.

Die Leute haben ihre Waffen zum Himmel gehoben und begeistert gebrüllt. Endlich können sie sich für das Erlittene rächen.

Er beschreibt uns, wie zwei Khmermänner Anfang dreißig vorgetreten sind und den Gefangenen entgegengenommen haben. Das Volk brüllte immer noch. Die Khmermänner haben den Gefangenen aus der aufgebrachten Menge sich schubsender und anrempelnder Leute weggezerrt und auf ein Feld am Stadtrand geführt. Jemand hat einen Stuhl geholt, auf den er heruntergedrückt wurde. Dann haben sie ihm die Arme und die Beine gefesselt.

Als ich das höre, fängt mein Herz vor Aufregung zu rasen an. Endlich eine Chance, für Papa, Mama, Keav und Geak zu töten. »Komm, Chou! Lass uns hingehen und zusehen!«

»O nein, bitte geh nicht!«, antwortet Chou.

»Ich muss gehen. Einmal müssen wir einen von denen töten.«

»Meng und Khouy wird es gar nicht gefallen, wenn sie davon erfahren.«

»Dann sag es ihnen nicht. Willst du die Hinrichtung denn nicht mit eigenen Augen sehen?«

»Nein.« Wenn Chou sich einmal entschieden hat, ändert sie ihre Meinung nicht mehr.

Da ich sie nicht überzeugen kann, gehe ich alleine. Um zu dem Feld zu kommen, muss ich durch einen Fluss waten, über einen ziemlich hohen Hügel und eine beschädigte Brücke gehen und eine weitere halbe Stunde in der sengenden Sonne laufen. Als ich ankomme, sind Hunderte von Menschen da, die einen Kreis um den Gefangenen gebildet haben. Sie versperren mir die Sicht. Ich trete von einem Bein auf das andere und suche nach einem Durchlass zwischen ihnen, aber ich kann keinen finden. Frustriert arbeite ich mich mit meinem kleinen Körper durch die Menschenmenge hindurch, wobei ich laut rufe: »Entschuldigung, ich kann nichts sehen!« Ich wiederhole meine Bitte, trete ihnen auf die Zehen und arbeite mich nach vorne. Schließlich sehe ich, dass es vorne, zwischen den Beinen der

Leute, eine freie Stelle gibt. Ich versuche, mich durchzudrängeln, aber sie sind so vertieft in das Geschehen vor ihnen, dass sie sich nicht bewegen. Entschlossen krabbele ich auf Händen und Füßen durch den braunen Wald der Beine nach vorne. Da ist er. Ich stehe ihm direkt gegenüber, keine fünf Meter von ihm entfernt. Automatisch verberge ich Gesicht und Kopf unter meinem Tuch. Mein Herz schlägt wie wild. Angst beutelt mich. Er sieht mich an. Was ist, wenn er sich losreißt und mich tötet? Ich gehe einen Schritt zurück und lehne mich Schutz suchend gegen die Menge. Die Menge vibriert vor Spannung und Entschlossenheit, sie rückt immer weiter gegen den Gefangenen vor und starrt ihn aus vielen tausend Augen böse an. Ich habe noch nie eine Exekution gesehen. Die Wut heizt mich auf. Es langt mir nicht, nur einen von ihnen sterben zu sehen!

Sein Gesicht verrät nichts. Seine Lippen bitten nicht um Gnade. Er sitzt in einem hochlehnigen Stuhl auf einem Kieshügel, der als Bühne fungiert. Er ist dunkel und trägt die schwarzen Sachen der Roten Khmer – die schwarzen Sachen, die auch ich immer noch trage. Seine verfilzten Haare sind feucht vor Schweiß, er lässt den Kopf hängen. Der grobe Strick, mit denen seine Beine gefesselt sind, ist so fest angezogen worden, dass Blut hervorsickert. Mit einem weiteren Strick wurde er an die Stuhllehne gebunden.

»Mörder! Du verdienst es, einen langsamen, qualvollen Tod zu sterben!«, brüllt jemand aus der Menge.

Das haben wir für ihn vorgesehen. Ich hoffe, er weiß, dass sein Leben gleich enden wird. Ich hoffe, er weiß, dass wir hier sind, weil wir sein Blut sehen wollen. Dass wir ihn zerreißen werden. Die Menschen sprechen laut über die beste Art, ihn zu töten. Sie diskutieren darüber, wie man die Hinrichtung so lang und schmerzhaft wie möglich gestalten kann. Sie besprechen, mit welchem Werkzeug man ihm den Schädel einschlagen und die Kehle aufschlitzen sollte. Einer schlägt vor, wir sollten ihn in der Sonne sitzen lassen, ihm nach und nach die Haut abziehen und

Salz in die Wunden reiben. Ein anderer will ihn mit seinen bloßen Händen erwürgen. Die Diskussion geht lange so weiter, aber die Leute können sich auf nichts einigen.

Schließlich treten zwei Männer im mittleren Alter vor. Die Menge wird still. Der Gefangene sieht hoch. Jetzt hat er einen beklommenen Blick. Er kneift die Augen zusammen, seine Lippen bewegen sich, als wolle er etwas sagen, aber er entscheidet sich dagegen und presst sie fest aufeinander. Schweiß läuft ihm das Gesicht herab, über seinen Adamsapfel und in sein Oberteil. Er senkt den Kopf und sieht wieder auf seine Füße, denn er weiß, dass es keinen Ausweg gibt. Seine Regierung hat ein rachgieriges, blutdürstiges Volk geschaffen. Pol Pot hat aus mir ein kleines Mädchen gemacht, das töten will.

»Brüder und Schwestern, Onkel und Tanten!«, ruft einer der Männer. »Wir haben entschieden, dass dieser Rote Khmer für seine Verbrechen hingerichtet wird. Sein Blut wird die unschuldigen Menschen rächen, die er massakriert hat. Jetzt brauchen wir Freiwillige, die die Hinrichtung durchführen wollen.« Die Menge brüllt. Alle sehen sich um und fragen sich, wer der erste Freiwillige sein wird. Aber zunächst meldet sich niemand. Trotz ihrer großen Sprüche bleiben sie alle stehen. Dann gehen ein paar Hände hoch und Bewegung kommt in die Menge.

Eine laut schreiende Frau bahnt sich einen Weg nach vorne. Sie ist jung, vielleicht Mitte zwanzig. Ihr schwarzes Haar trägt sie fest zurückgebunden, wodurch man ihr hartes dünnes Gesicht gut sieht. Sie trägt die Khmersachen so wie ich. Auch wenn ihr Tränen aus den Augen treten, ist ihr Gesicht dunkel und wütend.

»Ich kenne diesen Soldaten!«, schreit sie. In ihrer Linken hält sie ein fünfundzwanzig Zentimeter langes Messer. Es ist kupferfarben, rostig und schartig. »Er war Soldat in meinem Dorf. Er hat meinen Mann und mein Baby umgebracht! Ich werde sie rächen!«

Noch eine Frau drängt sich durch die Menge nach vorne. »Ich kenne ihn auch! Er hat meine Kinder und Enkel ermordet! Jetzt bin ich alleine auf der Welt!« Die zweite Frau ist älter, vielleicht sechzig oder siebzig. Sie ist dünn und trägt schwarze Sachen. In ihrer Hand hält sie einen Hammer, dessen Holzgriff abgenutzt und zersplittert ist. Ein Mann nimmt die Frauen beiseite, während der andere wieder mit den Zuschauern spricht. Ich höre ihm nicht mehr zu. Ich bin auf den Gefangenen fixiert. Er hat nur kurz hochgesehen, als die beiden Frauen vorgetreten sind, jetzt hat er seine bisherige Haltung wieder eingenommen, den Kopf lässt er hängen, die Augen sehen zu Boden.

Ohne jedes Gefühl beobachte ich, wie die alte Frau langsam auf ihn zutritt, den Hammer in der Hand. Die schwarzen Wolken über uns bewegen sich mit ihr, sie werfen Schatten, wohin sie geht. Dann steht sie vor ihm und starrt auf seinen Kopf. Ich will mir die Hand vor die Augen halten, um nicht zu sehen, was gleich passiert, aber ich kann es nicht. Die Hand der alten Frau zittert, als sie den Hammer hoch in die Luft führt. Dann kracht er herunter und zerschmettert dem Gefangenen den Schädel. Er schreit laut und schrill, und der Schrei bohrt sich in mein Herz wie ein Pfahl. Ich stelle mir vor, dass Papa vielleicht so gestorben ist. Der Kopf des Gefangenen hängt jetzt locker, er wippt auf und nieder, wie der eines Huhns. Blut spritzt aus der Wunde und fließt ihm über die Stirn, in die Ohren und tropft von seinem Kinn. Wieder hebt die Frau den Hammer. Fast habe ich Mitleid mit ihm. Aber es ist zu spät, ihn laufen zu lassen, zu spät, um zurückzugehen. Es ist zu spät für meine Eltern, zu spät für mein Land.

Gesicht und Körper der alten Frau sind blutverschmiert. Sie schreit und schwingt den Hammer noch einmal über ihren Kopf. Blutstropfen landen auf meinem Gesicht und meiner Hose. Ich wische sie weg. Rote Schlieren bleiben auf meinen Handflächen. Wieder ein Schrei von der Frau, diesmal zertrümmert sie ihm ein Bein. Seine Beine schnellen vorwärts, aber sie werden von dem Seil festgehalten. Immer wieder landet der Hammer auf ihm, auf seinen Armen, seinen Schultern und Knien, bevor die junge Frau auf ihn zugeht. Sie nimmt das Messer und sticht ihm damit in den Bauch. Noch mehr Blut quillt heraus und fließt auf den Stuhl. Sie sticht wieder auf ihn ein, diesmal in die Brust. Der Körper des Roten Khmer biegt sich durch und erbebt, als würden Elektrostöße durch seine Beine, Arme und Finger geschossen. Allmählich verebben die Bewegungen und er sackt in seinem Stuhl in sich zusammen.

Schließlich stehen die Frauen still. Von ihren Waffen tropft das Blut. Als sie sich umdrehen, sehe ich, dass sie selber aussehen wie der Tod. Von ihren Haaren tropfen Blut und Schweiß, ihre Kleider sind nass, ihre Gesichter starr und gerötet. Nur ihre Augen sehen nach Leben aus, sie blitzen vor Wut und Hass. Die Frauen sagen nichts, als die Menge zur Seite weicht, um sie durchzulassen. Während der Hinrichtung hat die Menge nicht gejubelt, sondern stumm zugesehen, gefühllos, als handele es sich um das Schlachten eines Tieres. Nachdem die beiden Frauen gegangen sind, fängt es in der Menge an zu summen.

»Habt ihr gesehen, wie dunkel sein Blut war? Wie viel er davon hatte? Es hatte die Farbe von Teufelsblut!«

»Er hatte so viel Blut, weil er sich mit dem Essen voll gestopft hat, das wir angebaut haben, während meine Familie verhungert ist.«

»Sein Blut war so dunkel, weil es nicht menschlich war. Menschen haben kein schwarzes Blut!«

»Warum haben sie ihn nicht langsamer sterben lassen?«

Nach und nach gehen alle wieder nach Hause. Ich bleibe zurück und starre den Getöteten an. In meinem Kopf spulen sich Bilder vom Mord an meinen Eltern und meiner Schwester ab. Mir zerreißt es das Herz, als ich dort stehe und mich wieder frage, wie sie wohl gestorben sind. Schnell schiebe ich die Traurigkeit zur Seite. Der zusammengesackte Leichnam erinnert mich an Pithy in den Armen ihrer Mutter. Pithys Kopf hat auch so geblutet. Aber sein Tod bringt keinen von ihnen zurück.

Die Menge hat sich aufgelöst, übrig ist nur noch ein Häufchen

Kinder. Sie sind neugierig, was die Erwachsenen mit dem Leichnam machen. Nach einer Weile kommen drei Männer, die ihn losschneiden. Als sie den Strick um die Brust durchschneiden, fällt der Tote vom Stuhl in den Dreck. Ein Mann wickelt ein Seil fest um den Brustkorb. Sie schleifen den Mann daran weg und hinterlassen eine Blutspur auf der staubigen Straße. Ich folge ihnen mit den anderen Kindern. Vor einem Brunnen halten die Männer an. Er hat einen Durchmesser von etwa anderthalb Metern und ist weniger als einen Meter hoch. Die einst weißen Zementmauern sind grau vom Schimmel, das kurze Gras um den Brunnen ist braun und vertrocknet.

Sie drehen sich nach uns um und schreien: »Warum kommt ihr uns nach? Geht nach Hause! Das ist nichts für Kinder! Hier gibt es nichts zu sehen.«

Ich glaube ihnen nicht. Zusammen mit den anderen Kindern bleibe ich stehen. Sie wenden uns den Rücken zu, heben den staubigen Leichnam vom Boden und schmeißen ihn in den Brunnen. Ich höre es platschen, als der tote Körper unten aufschlägt. Die Männer wischen sich die blutverschmierten Hände am Gras ab. Schließlich gehen sie weg. Die anderen Kinder und ich sehen einander an.

Der Geruch, der aus der Richtung des Brunnens kommt, ist entsetzlich. Ich halte mir Mund und Nase zu und gehe hin, um in den Brunnen zu gucken. Es stinkt so sehr nach Verwesung, dass mir die Augen tränen. Ich brauche ein paar Sekunden, bis sich meine Augen an das Dämmerlicht des Brunnens gewöhnen, dann erkenne ich allmählich etwa zehn Meter unter mir menschliche Körper auf dem Wasser treiben. Was ich nicht erkennen kann, male ich mir umso deutlicher aus, ich stelle mir vor, wie mich dunkle tote Gesichter von unten anstarren. Mir stehen die Haare zu Berge. Ich renne weg.

»Fallt bloß nicht rein, den Geruch werdet ihr nie wieder los!«, brülle ich den anderen Kindern zu.

Zurück nach Krang Truop

April 1979

In der Zeit, die wir im Flüchtlingslager verbringen, gehen Meng, Khouy und Kim jeden Tag fischen. Meine Aufgabe ist es, nach wilden Pilzen und Gemüse zu suchen, während Chou auf unsere Zelte aufpasst. Gewöhnlich essen wir die Hälfte von dem, was die Jungen jeden Tag mitbringen. Den Rest salzen, grillen oder trocknen wir. In diesen Tagen gehen wir immer mit vollem Magen schlafen. Wir haben Fisch, wildes Gemüse und den Reis, den Meng und Khouy von den Roten Khmer gestohlen haben. Wir haben Glück. Ein großer Teil der alten Leute und kleinen Kinder liegt schwach an den Ausläufern des Geländes, wo sich die Flüchtlinge sammeln, oder sie sterben im Lager an Hunger und Krankheiten.

Ende April beschließen Khouy und Meng, dass wir aus Pursat City aufbrechen sollten. Sie glauben, dass wir genügend Vorräte für die lange Reise nach Bat Deng gesammelt haben. Wir geben unsere Zelte auf, packen unsere paar Töpfe und Pfannen, unsere Kleider und alle Vorräte. Wir gehen zusammen mit zwei von den Freundinnen von Meng und Khouy, die dritte bleibt allein zurück, weil sie nach überlebenden Familienmitgliedern suchen will. Khouy und Meng tragen jeder einen fünfzehn Pfund schweren Sack Reis auf den Schultern, wir anderen tragen die Kleiderbündel, Decken und das restliche Essen.

Ich balanciere den Reistopf auf dem Kopf und drehe mich ein letztes Mal nach Pursat City um. Mein Blick bleibt an den Bergen hängen, ich denke an Papa, Mama, Keav und Geak. Die Bergwipfel ragen majestätisch in den Himmel, von Wolken beschattet. Es sieht alles so ruhig und normal aus, als sei die Hölle, die wir in den letzten vier Jahren durchlebt haben, nie gewesen. Vor vier Jahren, am 17. April 1975, haben die Roten Khmer Phnom Penh eingenommen, und der Lauf der Ereignisse hat uns schließlich hier nach Pursat geführt. Dort oben in den Bergen sind Papa, Mama, Keav und Geak immer noch irgendwo eingesperrt und können nicht mit uns nach Hause gehen. »Papa, Mama, Keav, Geak«, rufe ich ihnen zu. »Ich nehme euch jetzt mit nach Hause. Ich sage nicht ›Auf Wiedersehen‹, ich werde nie ›Auf Wiedersehen‹ sagen.«

Wir laufen Tag um Tag und rasten nur nachts. Unsere schwarzen Sachen ziehen die Sonnenstrahlen in der trockenen Aprilhitze an. Wir spüren die Hitze körperlich auf unserer Haut. Unsere Knochen werden müde, die Rücken tun uns weh, die Füße sind voller Blasen, und trotzdem marschieren wir weiter. Fast genau vor vier Jahren wurden wir aus Phnom Penh vertrieben. Ich erinnere mich noch daran, wie ich über die heiße Sonne geweint und gejammert habe und wie mich Papas Hand auf meinem Haar beruhigt hat. Damals war ich nicht an die Hitze und an die Sonne gewöhnt und nicht an den harten Boden, weil Papa uns ein behütetes Mittelschicht-Leben geboten hat. Inzwischen hat sich mein Körper an extreme Umstände gewöhnt, aber mein Herz wird sich nie mit der Abwesenheit derjenigen, die wir verloren haben, abfinden. Jetzt lassen wir sie zurück. Ich hoffe, dass uns ihr Geist nach Bat Deng folgt, wo immer sie auch sein mögen.

Eines Nachts kommen wir in einem verlassenen Haus unter. In dieser einsamen Gegend wären wir einem Angriff der Roten Khmer vollkommen ausgeliefert. Die provisorische Unterkunft muss uns und einer weiteren Familie, die vor uns angekommen ist, als Schutz für die Nacht dienen. Die andere Familie ist zu dritt: Vater, Mutter und ein Baby. Sie sind krank, ihre Gesichter und Füße sind geschwollen. Zuerst habe ich gedacht, die Mutter sei Mama. Die Frau sieht ihr so ähnlich, wie aus dem Gesicht geschnitten! Ich wollte auf sie zurennen, mit ihr reden und sie in den Arm nehmen, aber dann habe ich ihren Mann neben ihr liegen sehen. Er ist in etwa so alt wie Papa, aber das ist auch schon alles. Die Frau kann nicht Mama sein, denn Mama würde nie mit jemand anderem als mit Papa zusammen sein. Ich traue mich nicht, meine Geschwister zu fragen, ob sie die Ähnlichkeit auch sehen. Aber ich sehe, dass sie beim Anblick der Mutter nicht so ins Stocken geraten wie ich.

Die Familie bleibt im Erdgeschoss, und wir gehen nach oben. Bevor sie sich schlafen legen, springen meine Brüder noch ein paarmal aus dem Fenster, damit sie bei einem Angriff der Roten Khmer schnell fliehen können. Sie üben das Runterspringen und räumen unter den Fenstern alles weg, was uns verletzen könnte. Als Nächstes testen sie, wie stabil die Treppe ist, und üben das Hoch- und Runterrennen. Chou und ich sitzen herum und machen uns Sorgen, was dann wohl aus uns werden soll, weil wir nicht glauben, dass wir aus dem Fenster springen können, ohne uns die Beine zu brechen. Seit wir wieder zusammen sind, habe ich ständig Angst, dass wir durch irgendeinen Vorfall wieder auseinander gerissen werden. Ich fürchte, bei einem Angriff zurückgelassen zu werden. Wenn wir nicht alle überleben können, dann doch hoffentlich ein paar von uns. Ich weiß, dass Papa das so gewollt hätte. Und doch ängstigt mich der Gedanke. Nachdem meine Brüder eingeschlafen sind, lege ich mich auf mein Tuch am Fuß der Treppe schlafen.

Bevor wir am nächsten Morgen aufbrechen, nehme ich heimlich etwas von unserem gekochten Reis, den ich in ein Bananenblatt wickele. Die Frau ist schon wach und stillt ihr Baby. Ich habe nicht den Mut, sie anzusehen oder mit ihr zu sprechen. Stattdessen lege ich den Reis neben sie und gehe weg, bevor sie etwas sagen kann. Ich drehe mich nach der Hütte um. Was soll aus ihnen werden? Es sieht nicht danach aus, als könnten sie heute aufbrechen, wo der Mann so krank ist. Wahrscheinlich müssen sie noch eine Nacht dort bleiben.

Tag um Tag gehen wir weiter. Wir laufen den ganzen Tag und halten nur nachts an. Auf der gesamten Strecke denke ich an Papa, Mama, Keav und Geak. Ich führe stumme Gespräche mit ihnen. Bei Papa beschwere ich mich über die Blasen an den Füßen und meine schmerzenden Gelenke. Mama beschreibe ich all die schönen Blumen, die ich am Wegesrand sehe. Mit Keav tratsche ich über die Schäkereien zwischen Khouy und Meng und ihren Freundinnen. Aber was ich zu Geak sagen soll, weiß ich nicht. Deswegen sage ich nichts zu ihr.

»Wir sind ganz in der Nähe von Bat Deng«, unterbricht Meng meine Gedanken. »Wenn unsere Tanten und Onkel noch leben, werden wir bald bei ihnen sein.« Wir sind jetzt seit achtzehn Tagen unterwegs, und unser Proviant schwindet.

Auf den letzten Stunden unseres Weges nach Bat Deng fragen Meng und Khouy viele Leute auf Fahrrädern oder Wagen, ob sie auch in den Ort wollen. Wenn sie ja sagen, bitten meine Brüder sie darum, unsere Onkel zu benachrichtigen, dass wir bald ankommen. Schon bald sehen wir einen Radfahrer auf uns zukommen. Es ist Onkel Leang! Onkel Leang ähnelt den Strichmännchen, die ich in Phnom Penh gemalt habe, nur hat sich sein Rücken in der Zeit seit unserem letzten Besuch mehr gebeugt. Meine Brüder eilen ihm entgegen, und sie umarmen einander weinend. Onkel Leang holt süße Reisküchlein aus seiner Tasche. Bei dem Anblick des gerösteten Sesams, der über den süßen Reis gesprenkelt ist, läuft mir das Wasser im Mund zusammen.

»Hier ist einer für dich, Chou, und hier ist einer für Kim.« Schüchtern trete ich vor und strecke meine Hand aus. »Es tut mir Leid, kleines Mädchen. Ich habe nur genug für meine Familie. Ich habe keins für dich übrig.« Das ist mir so peinlich, dass ich am liebsten im Boden versinken würde. Mein eigener Onkel erkennt mich nicht mehr! Er denkt, ich sei ein bettelndes Straßenmädchen.

»Onkel«, sagt Meng lachend, »das ist Loung.«

»Oh, na dann ist das hier für dich«, sagt Onkel Leang lächelnd.

Chou, Kim und ich sitzen aneinander gequetscht hinten auf dem Fahrrad und klammern uns an Onkel Leang fest. Wir kehren ohne Mama in ihren Heimatort zurück. In Bat Deng sind alle froh, uns wieder zu sehen. Onkel Leang und seine Familie leben immer noch in derselben Hütte wie damals, als wir bei ihnen wohnten. Als Erstes zieht uns Tante Keang die dreckigen schwarzen Sachen aus und gibt uns neue. Meine neue Hose und mein Hemd sind himmelblau. Die Sachen schimmern und liegen weich auf meiner Haut. Ich fühle mich gut und so leicht – völlig verwandelt! Ich sehe, wie Tante Keav unsere dreckigen Anzüge in einem Aluminiumbottich einweicht. Dann schüttet sie eine Handvoll weißes Waschpulver drüber und beginnt sie zu schrubben. Fasziniert sehe ich zu, wie das klare Wasser erst grau und dann schwarz wird.

Als Khouy und Meng zwei Stunden später zu Fuß ankommen, erzählen sie unsere Geschichte. Tante Keang muss beim Zuhören weinen. Sie fragen dauernd nach und wollen alles, was uns zugestoßen ist, immer wieder hören. Hier in Krang Truop wird Onkel Leangs Familie als Basisfamilie angesehen, weil sie schon vor der Revolution in diesem Dorf gelebt haben. Als meine Brüder vom Krieg erzählen, tue ich so, als erinnerte ich mich nicht mehr daran. In unserer Kultur genügt es, wenn das älteste Kind die Geschichte der Familie erzählt. Kinder werden nicht nach ihren Meinungen und Gefühlen gefragt und auch nicht danach, was sie individuell ertragen mussten. Also erzähle ich nichts davon, wie ich als Soldatin indoktriniert wurde, wie ich einer Vergewaltigung nur knapp entkommen konnte oder dass mir drei Tage meines Lebens fehlen, als ich das mit Mama herausgefunden habe. Lange musste ich mich an diese Erinnerungen klammern, weil sie mich wütend gemacht haben. Mein Zorn hat dafür gesorgt, dass ich stark war und nicht unterzukriegen. Aber jetzt ist es unerträglich geworden, diese Erinnerungen in meinem Herzen zu verschließen.

Wenn sie sich unterhalten, gehe ich oft weg. Manchmal bleibe ich aber auch. Durch ihre Gespräche erfahre ich, dass Bat Deng, das Dorf meiner Onkel in der Kompong-Speu-Provinz von den Youns schon Monate vor der Pursat-Provinz eingenommen wurde. Außerdem waren die Kader der Roten Khmer in jeder Provinz anders. In den östlichen Provinzen waren sie gemäßigter und menschlicher: Die Arbeitszeiten waren kürzer, die Rationen größer, und die Dorfbewohner wurden nicht wahllos umgebracht. In Bat Deng durften Onkel Leangs und Onkel Heangs Familie weiterhin zusammenwohnen. Und auch wenn viele von den neuen Leuten, die sich in ihrem Dorf niedergelassen hatten, abgeholt wurden und man nie wieder etwas von ihnen hörte, schützte sie ihr Status als Basisfamilien. In der Pursat-Provinz, in der wir gelebt haben, waren die Kader am grausamsten. »Und eurer Mutter«, sagt Onkel Leang und schüttelt den Kopf, »fehlten nur zwei Monate, zwei lächerliche Monate, und sie hätte es geschafft.«

Als ich das höre, stehe ich schnell auf und gehe weg. Ich gehe zum neuen Markt im Ort, der entstanden ist, nachdem die Youns einmarschiert sind. Da keine Währung mehr im Umlauf ist, wird mit Reis bezahlt. Wenn man einkaufen geht, bringt man einen Sack Reis mit, den man gegen die Sachen, die man haben möchte, tauscht. Ich habe keinen Reis, mit dem ich etwas kaufen könnte, aber ich schlängele mich gerne durch den Markt und denke an Phnom Penh. Allerdings findet dieser Markt auf einem Feld statt. Es gibt keine Zeltplanen, unter denen Achtspur-Tonbänder, importierte Kunstfaserhosen oder Creme zum Färben der Haare verkauft werden. Auch die aufwendigen Buden mit den glitzernd herabbaumelnden Ketten und Armbändern fehlen. Hier, auf dem Markt von Bat Deng, werden auf langen, selbst gezimmerten Tischen getrocknete Fische, Schweinefleisch in Scheiben, nackte gelbe Hühner, grüne Bohnen, weißer Mais, rote Tomaten, orange Mangos, reife Guaven und Papayas und ein paar Imbisse verkauft. Wer viel ›Geld‹ hat, kann von den Lebensmitteln dahin gehen, wo Bücher verkauft werden. Alte Lexika und Romane in Khmer, Chinesisch, Französisch und Englisch kosten mehrere Kilogramm Reis.

Der Markt boomt, weil die meisten Menschen in dieser Gegend ihre Heimat nicht verlassen mussten. Unsere Familie ist arm und lebt von einem kleinen Stück Land. Schweren Herzens laufe ich über den Markt und nehme die Gerüche all dieser köstlichen Gerichte auf. An einer Bude, wo Schweinefleischknödel verkauft werden, halte ich an. Dieser Imbiss wird mich immer an Mama erinnern. Das war ihr Lieblingsessen. »Nur noch zwei Monate, und sie hätte es geschafft!«, brüllt es in meinem Kopf. Warum konnte sie diese beiden Monate nicht auch noch durchhalten? Hat sie eine Dummheit begangen, bei der sie erwischt wurde? Hat sie sich über ihre Arbeit beschwert? Hat Geak zu laut und zu oft nach Papa gerufen? Sie müssen sich eine Blöße gegeben haben. Was haben sie getan? Meine Augen bohren sich in die Klöße. In mir steigt eine Wut hoch, ich mache meiner Mutter Vorwürfe, weil sie an den letzten zwei Monaten gescheitert ist. Nur acht Wochen oder sechzig Tage oder eintausendvierhundert Stunden – und sie hätte es geschafft.

Ein paar Wochen später arrangiert mein Onkel eine Ehe für Meng. Der Name seiner Braut ist Eang, und sie ist Anfang zwanzig. Eang war gerade in der Schule, als Phnom Penh evakuiert wurde, deswegen wurde sie von ihrer Familie getrennt. Sie weiß nicht, wo sie sind oder ob sie überhaupt noch leben. Tante Keang sagt, dass Eang nicht nur Chinesin ist, sondern auch sehr schlau und apart. Sie glaube aufrichtig, dass sie die richtige Frau für Meng sei. Tante Keang sagt zu Meng, dass er jetzt der Kopf der Familie ist und eine Frau braucht, die auf uns aufpasst, während er bei der Arbeit ist. Eine Woche nachdem sie sich kennen gelernt haben, werden sie getraut. Es gibt nur eine kleine Feier, und alles spielt sich an einem Tag ab. Dann geht der Alltag weiter.

Jeden Morgen bearbeiten Meng, Kim und die Cousins mit Onkel Leang das kleine Stück Land hinter der Hütte. Sie bauen Kartoffeln, Zwiebeln, Lauch, Bohnen und Tomaten an. Aber der Boden ist ausgelaugt, weil er unter dem Regime der Roten Khmer vernachlässigt worden ist, und bringt nur wenig Ertrag. Khouy verdingt sich gegen ein geringes Entgelt manchmal als Arbeiter und hilft den Leuten, schwere Säcke mit Stoffen, Obst und Reis auf ihre Wagen zu laden. Eang bleibt mit den Cousinen zu Hause und bäckt Crêpes, süße Kuchen und Kekse aus Mais und Weizen, die wir gegen Reis tauschen.

Chou, die jüngeren Cousinen und Cousins und ich verkaufen diese Produkte auf dem Markt. Wir haben keine Bude, keine Imbisskarre, keine Stühle oder Tische. Wir tragen Weidenkörbe auf den Hüften und gehen in unseren neuen blauen Kleidern über den Markt, wobei wir unsere Waren anpreisen. Meistens kaufen uns die anderen Verkäufer etwas ab. Fünf süße Küchlein oder zehn Kekse kosten zwölf Unzen Reis. Als ich einmal eine gut angezogene Frau den Markt betreten sehe, renne ich auf sie zu. Ich lächele freundlich und halte meinen Korb auf Brusthöhe, in der Hoffnung, ihre Aufmerksamkeit zu erregen. Da bleibt mein Blick an ihren Rubinohrringen hängen, und ich fürchte, den Boden unter den Füßen zu verlieren. »Mama«, flüstere ich still, und ich gehe näher auf sie zu. Die Frau hebt ihre Hand und winkt mich zur Seite. Sie sieht mich gar nicht an, als sie vorübergeht. Meine Wimpern werden feucht, mein Lächeln gefriert.

Drei Monate leben wir so in Bat Deng. Eines Tages kommt eine Dame auf der Suche nach Eang in den Ort. Sie ist eine etwa dreißig Jahre alte Chinesin. Sie sagt, dass sie aus Vietnam gekommen ist, um nach Eang zu suchen. Als Eang die Frau sieht, bricht sie in Tränen aus. Es ist eine ihrer Schwestern! Sie fallen sich um den Hals und halten sich lange in den Armen. Weinend stehen sie dort und finden keine Worte.

»Mutter und Vater geht es gut. Wir sind in Vietnam«, erzählt sie Eang. »Auch unsere älteste Schwester ist da, aber unser Bruder wird vermisst. Wahrscheinlich ist er tot. Wir sind nach der Evakuierung nach Vietnam geflohen und dort auch geblieben. Wir dachten, du seist tot!« Am nächsten Tag machen sich Meng und Eang auf den Weg nach Vietnam. Die wirtschaftliche Lage in Kambodscha ist schlecht, und Meng meint, es gibt in Vietnam vielleicht Arbeit. Er wird auf jeden Fall in ein paar Tagen wieder da sein, mit oder ohne Eang.

Die Tage, in denen wir auf Meng warten, gehen langsam vorbei. Wir leben so wie vorher, die Männer arbeiten auf dem Feld und die Mädchen verkaufen die Produkte der Frauen auf dem Markt. Nachts sitzen Chou und ich vor der Hütte, bis es dämmert und unsere Tante uns zum Schlafen hereinruft. Von Tag zu Tag wächst meine Unruhe, bis ich mich zu fragen beginne, ob er überhaupt zurückkommt. Als er meine Angst bemerkt, erzählt mir Kim, dass der Weg nach Vietnam sicher ist und nicht durch Gebiete der Roten Khmer führt. Trotzdem mache ich mir Sorgen. Aber Meng hält Wort und kommt vier Tage später wieder zurück. Er erzählt uns aufgeregt von Vietnam, Saigon und Eangs Familie. Am meisten spricht er davon, Kambodscha zu verlassen und nach Amerika zu gehen.

Meng erzählt unseren Onkeln, dass viele Kambodschaner auswandern. Auf der Suche nach einem neuen Leben und um dem Krieg zu entkommen, gehen sie nach Thailand. Sie haben nämlich auch Angst, die Roten Khmer könnten wieder an die Macht kommen und alle Leute umbringen, bis keiner mehr am Leben ist. Viele Kambodschaner gehen zu Fuß nach Norden, überqueren die gefährlichen Minenfelder und die von den Roten Khmer kontrollierten Gegenden auf dem Weg nach Thailand. Sie haben nur wenig zu essen und zu trinken. Viele sterben durch Minen, und viele werden von den Roten Khmer gefangen genommen.

Er sagt, der sichere Weg nach Thailand führt über Vietnam, obwohl es dort verboten ist, Menschen zu schleusen. Man darf das Land auch nicht ohne Papiere verlassen. Wenn man geschnappt wird, sei es als Schleuser oder als Flüchtling, kann einem alles Geld abgenommen werden und man kann für fünf Jahre im Gefängnis landen.

»Es wird sehr teuer«, erklärt er uns.»Wir können nicht alle gehen. Ein Platz in einem Boot, das uns von Vietnam zu einem thailändischen Flüchtlingslager bringt, kostet zehn Unzen Gold. Eangs Familie kennt einen Schleuser. Mit dem Geld vom Rest der Familie und aus dem Verkauf von Mamas Schmuck haben wir nur genug für zwei von uns.«

Onkel Leang legt Meng die Hand auf die Schulter:»Euer Papa ist verstorben, Meng, also bist du nun der Kopf der Familie. Dein Leben gehört dir nicht mehr allein. Du hast eine Familie, um die du dich kümmern musst«, sagt er leise.

»Onkel, ich tue das für die Familie! Ich werde Loung mitnehmen. Sie ist noch jung genug, um dort zur Schule zu gehen, eine ordentliche Ausbildung zu bekommen und etwas aus sich zu machen.« Auch wenn die jüngeren Kinder in Phnom Penh Französisch gelernt haben, hat Papa Meng und Khouy angehalten, Englisch zu lernen. Deswegen spricht Meng schon fließend Englisch. Wenn er in Amerika ist, will Meng fleißig arbeiten und der Familie Geld schicken. Er wird sparen und ein Haus bauen, und in fünf Jahren kann der Rest der Familie nachkommen. Obwohl Onkel Leang immer noch Zweifel hat, wird entschieden, dass Meng und ich Ende der Woche abreisen.

Beim ersten Schrei des Hahns versammelt sich unsere Familie vor der Hütte, um uns zu verabschieden. Während Meng allen Verwandten auf Wiedersehen sagt, stehe ich mit Chou Händchen haltend beisammen. Einer nach dem anderen kommen meine Onkel, Tanten, Cousins und Cousinen zu mir und berühren mein Haar, meine Arme, meinen Rücken. Meng schnallt unsere Taschen auf den Gepäckträger seines Fahrrads und setzt mich obenauf. Ich sitze hoch auf den Taschen und bin endlich einmal so groß wie die Erwachsenen. Ich sehe auf Chou herunter. Sie starrt mich an und weint, ihre Lippen zittern, ihr Gesicht ist ganz verkrumpelt. Wir halten uns noch ein paar Sekunden an den Händen. Weil ich nicht weiß, wie ich auf Wiedersehen sagen soll, sage ich gar nichts mehr. Egal was passiert, ich bin entschlossen, nicht zu weinen. Chou kann sich diesen Luxus leisten, die Leute erwarten es regelrecht von ihr. Ich bin stark, deswegen kann ich nicht weinen. Es wird mir immer ein Rätsel bleiben, wie Chou den Krieg überhaupt überstanden hat.

Meng steigt auf sein Rad und fährt langsam an; jetzt muss Chou meine Hand loslassen. Nun winken und weinen sie alle. Ich drehe mich nicht um. Ich weiß, dass sie nicht eher in die Hütte gehen, als bis wir aus ihrem Gesichtsfeld verschwunden sind. Ich beiße die Zähne zusammen und kämpfe mit den Tränen. »Fünf Jahre«, denke ich beim Wegfahren, »in fünf Jahren werde ich sie wieder sehen.«

Von Kambodscha nach Vietnam

Oktober 1979

Auf dem Gepäckträger von Mengs Rad kehre ich zurück nach Phnom Penh, mit klopfendem Herzen nehme ich den Anblick und die Geräusche der Stadt auf. Alles sieht ganz anders aus als in meiner Erinnerung. Die Gebäude sind verkohlt, die Mauern voller Einschusslöcher. Auf den Straßen liegt Abfall und die Fahrbahnen sind voller Schlaglöcher. Es gibt viele Fahrräder und Cyclos, aber nur wenige Laster. Die großen belaubten Bäume, die einst die breiten Boulevards beschattet haben, sind verschwunden. Die braunen Palmen, die an ihre Stelle getreten sind, spenden der trockenen zerbröckelnden Stadt dagegen nur wenig Schatten. Obwohl die Palmen voller Früchte hängen, klettert niemand hoch, um sie zu ernten. Die Leute sagen, dass die Roten Khmer Leichen unter den Kokospalmen begraben haben und dass ihre Milch rosa ist wie dünnes Blut, ihr Fleisch aber wie das von Menschen schmeckt. Notdürftige Zeltunterkünfte stehen in der ganzen Stadt und sind nicht mehr den Armenvierteln vorbehalten. Überall leben Menschen, auf den Boulevards und auf den kleinen Straßen, in baufälligen Gebäuden und in Zelten. Viele von ihnen sind Bauern, die auf der Suche nach Arbeit in die Stadt gekommen sind, weil ihr Land von Minen bedeckt ist. Oder sie sind auf der Flucht vor den Roten Khmer nach Phnom Penh gekommen, die immer noch ihre Gegend kontrollieren. In der Stadt angekommen, ziehen sie in die verlassenen Häuser ein. Erinnerungen an unser Leben in dieser Stadt überfluten mich.

»Ältester Bruder«, rufe ich Meng zu. In der chinesischen Kultur nennen die jüngeren Kinder die älteren nie bei ihrem Namen, denn das wäre respektlos. »Ältester Bruder, zeigst du mir unser altes Haus?«

»Es sieht nicht mehr so aus wie früher. Es ist baufällig und voller Einschusslöcher, aber ich fahre dich hin«, antwortet er und radelt weiter. Er erzählt mir, dass er es sich angesehen hat, als er mit Eang und ihrer Schwester auf dem Weg nach Vietnam durch Phnom Penh gekommen ist. In unserer früheren Wohnung lebt jetzt jemand. Unterlagen wie beispielsweise Grundbücher aus der Zeit vor der Machtübernahme von 1975 sind verschwunden. Wer also als Erster hier ankam und sich in einem Haus oder in einer Wohnung niederlässt, kann es als sein Eigentum beanspruchen. Meng sagt, es sei nicht mehr unser Heim. Trotzdem möchte ich den Ort sehen, an dem ich glücklich gewesen bin. Ich will ihn noch mehr über unser ehemaliges Zuhause fragen, aber Meng geht jetzt seinen eigenen Gedanken nach. Vom Gestank der Stadt und ihrer Abfälle wird mir schlecht, am liebsten würde ich mir die Nase zuhalten. Doch ich muss mich an Meng klammern, der immer wieder abrupte Schlenker macht, um den Schlaglöchern auszuweichen.

Am späten Nachmittag kommen wir am Hafen an, aber die Sonne ist immer noch sehr heiß. Meng hält das Rad fest, damit ich abspringen kann, und sagt zu mir, ich soll bleiben, wo ich bin, dann verschwindet er mit dem Rad in der Menge. Verkäufer rufen ihre Produkte aus. Im Widerschein der Sonne funkeln und blitzen Schuppen auf den Armen und Gesichtern der Fischverkäufer. Auf langen Tischen liegen viele verschiedene Fische auf Eisblöcken und schlagen mit den Schwanzflossen. Jetzt im Oktober endet die Regenzeit. Meng sagt, wenn es so heiß ist, zieht sich das Wasser des Meeres weiter zurück und mit ihm die Fische. Sie sind dann schwerer zu fangen, deswegen sind die hier ausgelegten Fische teurer als sonst.

Meng kommt ein paar Minuten später mit einem Youn-Fischer zurück, und sie winken mir, zu seinem Boot zu kommen. Sowie wir im Boot sind, gibt er dem Fischer die kleinen Goldklümpchen vom Verkauf seines Fahrrades, und wir fahren los. Das Boot ist vielleicht fünf Meter lang und zwei Meter breit. Die Planken sehen alt aus. Langsam tuckert das kleine Boot den Mekong runter. So weit mein Auge reicht, bedeckt Wasser das Land. Die grelle Sonne verwandelt die Landschaft, die sonst üppig und grün ist, in einen silbrig schimmernden See. Die langen schwarzen Kanus gleiten wie Alligatoren auf dem Wasser, sie bewegen sich mit müheloser Anmut. Auf der anderen Seite des Mekong sind die spitzen orangen und gelben Tempeldächer zu sehen. Der Fischer lenkt das Boot, neben ihm ein Häufchen Fische. Ich sitze mit wehenden Haaren in der Mitte, und der Wind kühlt meine Haut. Meine Blicke kehren immer wieder zum Hafen mit seinem Stimmengewirr zurück. Ich verlasse Kambodscha mit einem Youn-Fischer, ich gehe nach Vietnam. Meng hat vergessen, mir unser früheres Haus zu zeigen. Plötzlich habe ich ein Bild von Met Bong vor Augen, wie sie die Kehle des Fischers mit einer Sichel aufschlitzt. Schnell schüttele ich meinen Kopf und befreie mich von dieser Vorstellung. Ich lasse das alles zurück.

Viele Stunden später nähern wir uns Vietnam, und der Fischer erklärt uns in gebrochenem Khmer, dass wir uns auf den Boden legen sollen. Er entrollt eine blaue Plastikplane und bedeckt uns damit, dann legt er die Fische auf die Plane und bedeutet uns mit einer Handbewegung, die Köpfe unten zu behalten. Unter einer mit Fischen bedeckten Plastikplane komme ich in Vietnam an. Ich atme schwer, vom Gestank der Fische muss ich mich fast übergeben. Als wir den Hafen Chou Doc anlaufen, schlägt der Fischer die Plane zurück, und wir können wieder die frische Luft des Meeres atmen. An Land sucht Meng die Bushaltestelle, wo er mit dem vietnamesischen Geld von seiner letzten Reise die Fahrkarten kauft. Wir sind unterwegs nach Saigon!

Nach dem Eindruck durch die Busfenster scheint Saigon eine geschäftige und aufblühende Stadt zu sein. Die Straßen sind voller Menschen mit kegelförmigen Strohhüten. Die Frauen tragen roten Lippenstift und bunte, eng anliegende lange Kleider mit einem seitlichen Schlitz. Darunter tragen sie weit geschnittene Hosen. Sie sprechen auf der Straße miteinander und lachen, ohne sich die Hände vor den Mund zu halten. Sie schlagen ihre Augen nicht nieder, und sie werfen auch keine verstohlenen Blicke. Sie lassen ihre Schultern nicht hängen und halten die Arme nicht eng an die Seiten gepresst. Sie gehen mit langen, weit ausholenden Schritten ohne Angst, wie damals in Kambodscha vor den Roten Khmer. Überall gibt es Läden, in denen man Armbanduhren mit geblümten Armbändern kaufen kann, aus schwarzen Radios dröhnen vietnamesische Lieder, und in den Fernsehern sind Fingerpuppen zu sehen, die für glückliche kleine Kinder tanzen. Kopflose Schaufensterpuppen tragen traditionelle rote Kostüme. Auf den Straßen fahren viel mehr Fahrräder, Motorräder und Kleinwagen als in Phnom Penh. Die Imbisskarren und Buden sehen größer und sauberer aus und sind mit bunteren Farben bemalt, als sie es in Kambodscha je waren. Wie früher in Phnom Penh sitzen Menschen in den Gassen, schlürfen Nudelsuppen oder essen kross gebratene Frühlingsrollen. Ich wünsche mir, dass Phnom Penh eines Tages wieder so reich und glücklich sein wird wie Saigon.

Wir bleiben zwei Monate in der Ein-Zimmer-Wohnung von Eangs Mutter und Vater in Saigon. Meng, Eang und ich schlafen auf dem Dachboden. Eangs Schwestern haben eigene Wohnungen in Saigon. Da Meng keinen Job hat, leben wir hier von der Großzügigkeit der Familie Eangs. Eang und ihre Eltern sprechen fließend Vietnamesisch, weil sie in einer vietnamesischen Nachbarschaft in Phnom Penh gelebt haben. Deswegen kennen sie hier Leute, können einkaufen gehen und haben sich überhaupt gut eingelebt. Eangs Familie ist sehr freundlich zu uns. Im Gegensatz zu Meng und mir lachen sie laut beim Essen und benehmen sich überhaupt ziemlich wüst, vor allem wenn sie Alkohol trinken. Meng und ich sprechen kein Vietnamesisch, deswegen sehen wir den Leuten zu und versuchen, die Sprache zu lernen.

Eine Woche nach unserer Ankunft sagt Eang, dass sie mich mit zum Friseur nehmen will, um eine Dauerwelle machen zu lassen. Es ist schon viele Monate her, seit mir Tante Keang in Bat Deng die Haare geschnitten hat. Wir nehmen uns ein Cyclo und lassen uns durch die Stadt fahren. Ich lache und mache Eang auf Neonreklamen und Filmplakate aufmerksam. Ich freue mich unheimlich, seit vielen Jahren zum erstenmal wieder zum Friseur gehen zu dürfen.

Schließlich hält das Cyclo vor einem Salon. Während Eang bezahlt, starre ich auf die Plakate von wunderschönen Frauen und Männern. Sie haben alle andere Frisuren, gelockte braune Haare, pechschwarze glatte, kurz gelockte und oben auf dem Kopf in einen Knoten geflochtene. Die Wände des Salons sind verspiegelt und es gibt noch mehr Bilder von schönen Menschen. Aus dem Radio kommt vietnamesische Musik. Frauen schneiden, legen und föhnen die Haare der Kundinnen. Eine Frau führt mich zu einem Stuhl und dreht meine Haare auf kleine Wickler. Dann verteilt sie eine nach Säure riechende Lotion auf meinem Kopf. Nach zwanzig Minuten nimmt sie die Wickler wieder heraus. Jetzt habe ich einen Kopf voll kleiner Löckchen und nicht mehr mein altes glattes Haar. Ich starre mich im Spiegel an, lache und ziehe an meinen Löckchen. Ich finde sie umwerfend. In dieser Nacht schlafe ich auf dem Bauch, weil ich Angst habe, die Locken zu zerdrücken, und ich träume von Keav.

Abends sitze ich bei Meng auf dem Schoß, und er liest mir aus einem englischen Buch über Amerika vor, und dann übersetzt er mir das Vorgelesene. Er beschreibt mir, wie weiche weiße Schneeflocken das Land bedecken. Ich kann mir Schnee nicht vorstellen, denn die einzigen beiden Eissorten, die ich kenne, sind die Blöcke, mit denen wir früher unser Fleisch gekühlt haben, und das zerstoßene Eis, das wir gelutscht haben. Er sagt, es sei eher wie das Eis, das wir gelutscht hätten, nur weicher. Ich stelle mir vor, wie ich solches Eis mache und an amerikanische Kinder verkaufe. Dann kann ich auch helfen und Geld nach Hause schicken. Meng sagt, ich soll von den Youns mit ihrem richtigen Namen, Vietnamesen, sprechen. Er sagt, Youns sei ein Schimpfwort und da wir in Vietnam leben, sollten wir es nicht gebrauchen. In Saigon wird Mengs Gesicht von Tag zu Tag voller von all den Frühlingsrollen und Suppen, die Eang kocht. Meine Kleider schlottern nicht mehr an mir, auch wenn mein Bauch immer noch dicker ist als meine Hüften.

Im Dezember erzählt mir Meng, dass wir nach Long Deang umziehen, um bei der Familie von Eangs Schwester auf einem Hausboot im Mekongdelta zu leben. Als wir am Hafen ankommen, holt uns Eangs Schwester in einem kleinen Boot ab und bringt uns zu unserem neuen Zuhause. Auf dem Wasser scheint es eine ganze Stadt aus Hausbooten zu geben, viele hundert Boote sind aneinander gedockt. Manche sind zwölf Meter lang und zweigeschossig, haben starke Holzwände und bunt bemalte Dächer. Farbenfrohe Perlenketten hängen vor den Türen. Andere sehen mehr wie provisorische Zelte aus oder wie kleine strohgedeckte Hütten, die auf dem Wasser treiben. Auf den Decks kochen Frauen in Lehmöfen und unterhalten sich laut mit ihren Nachbarinnen. Kleine Kinder lassen ihre Füße ins Wasser baumeln. Lachend spritzt ein kleines Mädchen Wasser in die Gesichter ihrer Geschwister, die im Wasser neben dem Boot auf- und abtauchen.

Ich sehe den Mädchen neidisch zu und denke daran, dass ich fünf Jahre warten muss, bis ich Chou wieder sehen kann. Das kleine Boot verlangsamt seine Fahrt, wir nähern uns dem Ziel.

OKTOBER 1979

Unsere beiden Hausboote sind sieben Meter lang und drei Meter breit und Seite an Seite festgemacht. Die Holzwände sind alt und vom Regen und der Sonne grau geworden, aber sie sind noch stabil. Eangs Schwester wohnt mit ihren fünf Söhnen in einem Boot. Meng, Eang und ich leben zusammen mit einem Vietnamesen, der zu der Organisation gehört. Es ist sein Job, auf uns aufzupassen und uns zu beschützen. Er ist für unsere Tarnung zuständig und antwortet, wenn unsere Nachbarn fragen, woher wir kommen, wer wir sind und an welchem Teil des Flusses wir vorher gelebt haben. Er ist Anfang zwanzig und macht einen netten Eindruck, aber ich traue ihm nicht so recht.

Wenn wir eines Nachts in Richtung Thailand verschwinden, wird das keinen Argwohn erregen, weil die Leute oft mit ihren Hausbooten weiterziehen. Wir dürfen kein Khmer oder Chinesisch sprechen, wenn wir an Deck sind, sondern nur Vietnamesisch, und wir dürfen uns mit niemandem außerhalb der Familie anfreunden. Meng schärft mir noch einmal ein, dass es hier verboten ist, Menschen zu schleusen oder das Land ohne Papiere zu verlassen.

Da ich nichts zu tun habe, lerne ich, Origami zu falten und Vietnamesisch zu sprechen. Ich sitze auf dem kleinen Deck bei den Jungen und falze Papierdrachen, die ich im Wind segeln lasse. Wenn es heiß wird, springe ich vom Hausboot ins brackige Wasser, wobei ich aufpasse, nichts davon zu schlucken. Das Wasser ist gelblich und oft muss ich schnell von Kadavern, Abfall und Exkrementen, die vorbeitreiben, wegschwimmen.

Drei Monate vergehen ereignislos. Unsere Boote bleiben während der Zeit am selben Platz angedockt. Dann stößt im Februar 1980 ein weiterer Vietnamese zu uns. Eines Nachts weist uns die vietnamesische Mannschaft an, unter Deck zu gehen. Wir sitzen nervös im Dunkeln, unser Boot fährt nur langsam. Plötzlich hören wir laute Stimmen, die uns zum Anhalten auffordern. Mir rutscht das Herz in die Hose.

»Wir sind Fischer«, sagt unser Frontmann.

»Dann zeigt uns eure Fische mal!«, kommt die Antwort prompt. Nach ein paar Minuten gelingt es unserem Mann, den anderen mit seiner goldenen Uhr zu bestechen, und alles ist wieder ruhig. Unser Boot fährt stetig weiter, und ich schlafe ein. Stunden müssen vergangen sein, denn als ich wieder erwache, sind wir mitten auf dem Meer. Um mich herum sehe ich nichts als Wasser. Bald darauf werde ich von verschiedenen Händen hochgehoben und zu einer Strickleiter geführt, die von einem größeren Schiff hängt, das an unserem festgemacht hat. Schnell klettere ich hoch. An Deck des zehn Meter langen Bootes sind sieben Männer von der Besatzung damit beschäftigt, Leute auf das Boot zu ziehen und schnell unter Deck zu scheuchen. Den ganzen Morgen über kommen kleine Boote an, die Passagiere absetzen. Am späten Nachmittag sind schließlich achtundneunzig Leute an Bord, jeder von ihnen hat fünf oder zehn Unzen reines Gold für die Flucht bezahlt. Sie kauern alle unter Deck, bereit für ihren Weg in die Freiheit.

Drei Tage und zwei Nächte fahren wir durch den Golf von Thailand. Einer aus der Mannschaft sitzt an der kleinen Tür, die zum Deck führt, damit die Leute unten bleiben. »Der Schwerpunkt vom Boot muss unten liegen«, sagt er, »sonst kippt es um.« Unter Deck sitzen die Glücklichen an die Seitenwände angelehnt und die Unglücklichen in der Mitte, mit den Köpfen zwischen den Knien. Die Luft ist verbraucht, es stinkt nach Erbrochenem und Schweiß. Zwischen Meng und Eang eingeklemmt, fällt mir das Atmen schwer. Dauernd übergeben sich Leute. Bald wird es dunkel und durch die Öffnung kann ich die hellen Sterne sehen, die mir froh zuzwinkern. Ich krabbele zur Öffnung hinüber und bade im Mondschein.

»Bitte, Sir, darf ich hochkommen?«, flüstere ich der Wache zu. Er sieht zu mir runter, dann nickt er. Langsam klettere ich die Leiter hoch und setze mich neben ihn. Die kühle Brise weht mir frische Luft zu. Der Mann lächelt mich an und zeigt mit dem Finger nach oben. Der Himmel ist schön, schwarz und unendlich, erleuchtet von einer Million Sterne. Es nimmt mir den Atem, ich wünsche, ich könnte die Zeit anhalten und immer in diesem Traumland verweilen. Überall um uns herum trifft der Himmel auf das Meer. Irgendwo da oben, hoffe ich, wachen Papa, Mama, Keav und Geak über mir.

Am Morgen wecken mich die lauten Rufe der Matrosen. »Haie!«, schreien sie. »Wenn sie gegen das Boot schwimmen, wenn sie ein Loch reinbohren, sind wir alle verloren!« Ich gehe zur Reling und sehe eine Gruppe dunkelhäutiger Haie, die so groß wie ich sind. Sie kommen direkt auf unser Boot zu. In letzter Sekunde weichen sie aus. Ich bete still zu Papa, dass er sie verscheucht. Nach ein paar Minuten wird es den Haien zu langweilig, und sie schwimmen weg. Als die Gefahr vorüber ist, erlauben die Männer einer kleinen Gruppe, an Deck zu kommen und Luft zu schöpfen. Nach einer Weile müssen sie wieder nach unten gehen, und andere dürfen hochkommen, bis alle einmal oben waren. Weil der Matrose mich mag, darf ich den ganzen Tag oben bleiben.

Am nächsten Tag ist der Himmel schwarz. Aus grollenden Wolken gehen Regengüsse nieder, Blitz und Donner krachen auf das Meer. Die Wellen sind so hoch, dass sie unser Boot zu verschlucken drohen. Der Kapitän schickt alle außer der Mannschaft unter Deck und schließt die Luke. Die Passagiere kauern sich eng aneinander und beten stumm. Doch die See wird noch rauer, das Boot rollt sich von einer Seite auf die andere und die Wellen schlagen schwer gegen den Rumpf. Die Leute erbrechen sich und jammern laut; sie haben Angst, dass der nächste Moment ihr letzter sein wird. Die Schreie hallen in der Dunkelheit wider. Ich lehne mich gegen die Wand, stecke mir die Zeigefinger in die Ohren und versuche, die Geräusche auszublenden. Jetzt höre ich nur noch das gedämpfte Geräusch meines Atems.

Es müssen Stunden vergangen sein, als das Boot allmählich weniger schaukelt und alles wieder ruhig wird. Nachdem der Sturm vorbeigezogen ist, öffnet die Wache die Luke und frische

Luft weht unter Deck. Ich klettere über die herumliegenden Kranken, bevor mich irgendwer aufhalten kann. Gerade reißen die Wolken auf und die Sonne kommt zum Vorschein. Das Deck ist nass und meine Hose wird feucht, weil ich mich auf die Planken setze und die frische Luft des Meeres einatme. Während die Mannschaft das Essen zuteilt – zwei Bällchen Reis und sechs Unzen Wasser –, sehe ich mir den Sonnenaufgang über dem Meer an. Der klare blaue Himmel ist der vollkommene Hintergrund für die orangen, roten und goldenen Schattierungen auf der göttlichen Palette. Die Farben schimmern majestätisch. Ich halte mir die Augen zu; ich kann nicht verstehen, warum mich so viel Schönheit mit Schmerz und Traurigkeit erfüllt.

Am dritten Tag entdeckt der Kapitän ein anderes Schiff. Er hat schon viele solche Touren gemacht und erkennt gleich, dass es Piraten sind. Auf früheren Reisen haben die Piraten Wertsachen gestohlen, Menschen umgebracht, Mädchen entführt und vergewaltigt. Sie kennen die Route der Boatpeople genau und fahren an ihr entlang, um ihnen alles zu stehlen. Wir haben von den Piraten gehört, und wir sind auf sie vorbereitet. Eangs Schwester hat Goldklümpchen in Süßigkeiten gebacken. Manche haben Gold in ihre BHs, Hosenbündchen, in die Ärmel, hinter Knöpfe oder in die Unterhosen eingenäht. Andere tragen ihr Gold in den Zähnen bei sich, und manche schlucken Diamanten und andere Edelsteine. Später übergeben sie sich oder sie nehmen ein Mittel, von dem sie Durchfall bekommen.

Der Kapitän lässt das Boot schneller fahren und versucht, den Piraten zu entkommen, aber vergeblich. Das andere Schiff ist viel größer und schneller als unseres und holt uns in Windeseile ein. In der Zwischenzeit sind die Frauen fieberhaft damit beschäftigt, sich hässlich zu machen, indem sie sich mit Kohle die Gesichter und Körper schwärzen. Aschfahl fassen die hübschen jungen Mädchen in die Beutel, in die die Passagiere erbrochen haben, und schmieren sich das Erbrochene auf Haare und Kleider. Ich mache es wie Eang und schwärze mich mit Kohle. Als das Piratenschiff näher kommt, schickt der Kapitän uns alle unter Deck.

Ich kauere zwischen Eang und Meng, mir droht sich der Magen von dem ekelhaften Geruch umzudrehen. Ich weiß nicht, was uns erwartet, ich kenne Piraten nur von den Bildern in Büchern. Mir fallen hässliche Flaggen mit Totenschädeln und Skeletten ein, Schwerter, die uns die Kehlen aufschlitzen, und lange Messer, die sich in unsere Herzen bohren. Unser Boot wird immer langsamer, und mein Herz macht einen Satz, als man schwere Tritte auf dem Deck hört. Sekunden später wird die Luke aufgerissen.

»Kommt hoch, es ist in Ordnung«, ruft der Kapitän herunter. »Es sind nur freundliche Thai-Fischer.« Seine Stimme klingt nicht gerade so, als hätte man ihm die Kehle durchgeschnitten. Aber die Leute weigern sich hochzukommen, und bleiben unter Deck. »Sie wollen euch nur helfen. Sie haben euch zu sich eingeladen und wollen euch etwas zu essen und die Gelegenheit geben, euch etwas zu bewegen.« Der Kapitän macht uns klar, dass keine Gefahr besteht. Mit einem Seufzer der Erleichterung klettere ich mit Meng und Eang nach oben. Zu meiner Überraschung sehen die Piraten gar nicht wüst aus. Sie haben keine Schwerter, tragen keine Augenklappen, und auf ihrem Schiff ist nirgends eine Totenkopfflagge zu sehen. Sie sind dunkelhäutig und sehen uns Kambodschanern sehr ähnlich.

Ihr Schiff ist riesengroß und es ist genug Platz für achtundneunzig Leute, die sich bewegen und ausstrecken wollen. Sie halten auch Wort und geben uns Reis mit gesalzenem Fisch, und außerdem erlauben sie uns, so viel Wasser zu trinken, wie wir wollen. Dann suche ich nach der Toilette. Hier gibt es eine richtige Wasserspülung und Sitze wie damals in unserer Wohnung in Phnom Penh. Als wir auf dem Hausboot gelebt haben, mussten wir uns über einen Korb hocken, der über dem Wasser hing, und an einem Pfahl festhalten, damit wir nicht ins Wasser fielen. Sowie ich anfange, mich zu beruhigen, verkündet der Kapitän, dass wir jetzt in unser Boot zurückgehen müssen. Aber bevor wir hinüberdürfen, müssen wir uns einzeln anstellen, um unsere neuen Freunde »kennen zu lernen«.

Von überall her scheinen die Piraten jetzt zu kommen, es werden immer mehr, schließlich wimmelt es nur so von ihnen. Eang reicht mir hastig eine kleine Streichholzschachtel. Darin ist ein kleiner Jadebuddha, in einen Goldrahmen gefasst, der Papa gehört hat. Ich zittere, als ein Pirat auf mich zukommt. Er beugt sich herunter und sieht mir in die Augen. Was er haben will, ist in meiner Tasche.

»Hast du etwas für mich?«, fragt er mich lächelnd in gebrochenem Khmer. Ich senke die Augen, schüttele den Kopf und traue mich nicht, ihm ins Gesicht zu sehen. Mein Herz klopft so laut, dass ich meine, es müsste durch meine Kleider brechen. Er glaubt mir nicht, faßt in meine Taschen und zieht die Schachtel hervor. Als er sie schüttelt, hört man den Buddha klappern. Er öffnet die Schachtel und nimmt ihn heraus.

»Kann ich das haben?«, fragt er mich.

Eingeschüchtert nicke ich.

»Du kannst in dein Boot zurückgehen.« Er steckt Papas Buddha in seine Tasche.

Ich kämpfe mit den Tränen und klettere rüber.

Während uns ein paar Piraten durchsucht haben, haben andere unser Boot geplündert und Diamantringe, Saphirketten, Goldbarren, die unter den Kleidern versteckt waren, gestohlen. Die Leute händigen ihre Sachen ohne Protest aus. Unsere Familie hatte kein Gold, also konnten sie uns auch keins wegnehmen. Meng hatte mit den Thai-Piraten gerechnet und Mamas Schmuck bei Khouy in Kambodscha gelassen. Obwohl sie mir das genommen haben, was mir auf der ganzen Welt am meisten wert war, erklärt uns der Kapitän, dass wir uns glücklich schätzen sollten. Als alle wieder auf dem Boot sind, geben uns die Piraten die genaue Position des thailändischen Flüchtlingslagers an. Unser Kapitän dankt ihnen höflich und scheint keinen Groll gegen sie zu hegen. Dann wünschen uns die Piraten Glück und winken uns hinterher, als wir weitersegeln.

»Land, Land!«, ruft jemand viele Stunden später. In null Komma nichts sitze ich aufrecht. Nachdem wir drei Tage auf dem Meer verbracht haben, überwältigt mich der herrliche Anblick. Richtiges Land mit grünen Bäumen und Gras. Wir haben gehört, dass viele Boote nie in Thailand ankommen, sondern irgendwann auf den Philippinen oder in Singapur angeschwemmt werden. Die Flüchtlinge sind an Hunger gestorben, bevor sie von der Küstenwache geborgen werden können.

»Das ist nicht nur Land, das ist das Lam-Sing-Flüchtlingslager«, sagt der Kapitän zuversichtlich. Eine Menschenmenge hat sich am Ufer eingefunden. Sie wollen sehen, ob ihre Freunde oder Verwandten an Bord sind. Auf einmal drängen sich alle an Deck, und das Boot neigt sich bedrohlich auf eine Seite. Die Passagiere winken wie wild, sie lachen und brüllen die Namen von Freunden und Verwandten. Der Kapitän schreit, dass sich die Leute ruhig verhalten sollen, weil das Boot sonst kentert, aber niemand hört auf ihn.

»Wir haben es geschafft!«, rufe ich begeistert und schlage mit den Armen, als ob es Flügel wären.

Lam-Sing-Flüchtlingslager

Februar 1980

In der großen Gruppe von Flüchtlingen stellen wir uns einzeln an der Pier an, um uns anzumelden. Die gerade angekommenen Boatpeople unterhalten sich aufgeregt mit ihren Freunden und Angehörigen und erzählen ihnen die Neuigkeiten aus Vietnam. Sie sind froh, sich wieder gefunden zu haben. »Fünf Jahre«, murmele ich vor mich hin.

Es dauert viele Stunden, bevor wir den Anmeldetisch erreichen und den Angestellten alle notwendigen Informationen gegeben haben. Meng beantwortet ihre Fragen, dabei wird mir plötzlich bewusst, dass mein Gesicht noch schwarz von der Kohle und meine Haut schuppig ist und meine fettigen Haare vollkommen verfilzt sind. Meng muss viele Formulare ausfüllen, und danach werden wir zur Lagerkirche geschickt, wo wir saubere Kleider, Bettwäsche und Essen bekommen. Neuankömmlinge ohne Freunde oder Verwandte verbringen ihre erste Nacht in Thailand in der kahlen Holzkirche.

In dieser Nacht trennen Eang, ihre Schwester und eine Freundin die Goldklümpchen aus BHs, Bündchen und den Säumen von Blusen und Hosen. Wir legen alles zusammen und kaufen eine Bambushütte von einem Flüchtling, der in der nächsten Woche nach Amerika abreist. Mit dem bisschen Gold, das wir dann noch übrig haben, kaufen wir Töpfe und Pfannen und was sonst noch notwendig ist und richten uns auf einen längeren Aufenthalt ein. Die Lagerangestellten haben uns erklärt, dass man entweder von einer Person, einer Gruppe von Menschen, einer Organisation oder einer Kirchengemeinde unterstützt wird, die auch die Verantwortung dafür übernehmen, dass wir uns in Amerika gut einleben, aber bevor man einen solchen Sponsoren gefunden hat, kann viel Zeit vergehen. Die Sponsoren helfen uns, eine Wohnung und eine Schule zu finden, in der wir Englisch lernen können, und sie unterstützen uns im amerikanischen Alltag. Sie zeigen uns, wie man in den Lebensmittelläden einkauft, gehen mit uns zu Ärzten und Zahnärzten, kaufen Kleider mit uns, gehen mit uns zur Bank, melden uns bei einer Fahrschule an und suchen uns einen Job. Die Lagerangestellten haben uns auf die Gefahr hingewiesen, dass viele Flüchtlinge im Laufe des Wartens auf ihre Sponsoren heiraten und Kinder bekommen, und wenn das der Fall ist, muss wieder ein Berg von Papieren bearbeitet werden, was den Aufenthalt hier verlängert. Sie teilen uns mit, dass wir nichts tun können, um das Ganze zu beschleunigen, als zu warten. Meng schätzt, dass es etwa drei- bis viertausend Flüchtlinge in Lam Sing gibt und wir deswegen nicht allzu lange warten müssen. Er sagt, in einigen Lagern gäbe es mehr als einhunderttausend Flüchtlinge, die viel länger warten müssen.

Jeden Morgen dröhnt eine Kolonne Lastwagen mit Reissäcken, Fisch und Wassertanks ins Lager. Dann teilen uns die Lagerangestellten Wasser, Salz, Reis, Fisch und manchmal sogar Hühnchen zu. Alles andere – auch Seife, Shampoo, Waschmittel und Anziehsachen – müssen wir selbst organisieren. Wenn die Essenrationen zu klein sind, stocken wir sie mit dem auf, was wir auf dem thailändischen Markt am Rande des Lagers kaufen können. Ansonsten besteht der Alltag aus dem Anstehen für Essen und Trinken.

Eines Tages sehe ich, wie sich eine lange Schlange vor dem Meer bildet. Die heiße Februarsonne brennt auf die Menschen herunter, ihnen läuft der Schweiß über die Gesichter. Ich sitze im Schatten eines Baums und muss lachen, als einer nach dem anderen an den »Vater« im Wasser herantritt. Ich starre den Vater fasziniert an und frage mich, wie er unter unserer heißen Sonne so weiß bleiben kann. Seine Augen sind blau wie der Himmel, seine Nase ist lang, und er hat lockiges braunes Haar. Er ist viel größer als die Männer und Frauen, die vor ihm stehen. Mit der einen Hand macht er andauernd das Zeichen des Kreuzes und mit der anderen taucht er die Köpfe der Menschen behutsam unter Wasser. Verblüfft sehe ich plötzlich Meng in einer Gruppe von triefnassen Leuten stehen.

»Ältester Bruder!« rufe ich und renne zu ihm. »Bist du auch von dem Vater untergetaucht worden?«

»Ja, er hat mich zum Christen gemacht.« Meng albert mit seinen Freunden herum.

»Warum denn? Ich dachte, wir sind Buddhisten.«

»Ja, das sind wir auch, aber wenn wir Christen sind, bekommen wir schneller Sponsoren. Viele Flüchtlinge werden von kirchlichen Gruppen unterstützt. Und Christen helfen gerne anderen Christen.« Ich verstehe das Ganze nicht, aber Meng hat mir sowieso schon wieder den Rücken zugekehrt.

Weil wir sonst nichts zu tun haben, gehe ich jeden Tag zum Strand. Ich schwimme in meinen Shorts und dem T-Shirt. An einem Tag sehe ich aus dem Augenwinkel etwas Rotes. Ich drehe mich um und schnappe vor Schreck nach Luft. Ich traue meinen Augen kaum. Eine junge Frau watet ins Meer. Sie trägt nichts als einen knallroten Badeanzug! Das elastische Material schmiegt sich an ihren Körper, sodass jeder ihre üppige Figur erkennen kann. Der Badeanzug hat weder Beine noch einen Rock, deswegen sind ihre weißen Oberschenkel unbedeckt. Als sie ins

Wasser rennt, kann man den Spalt zwischen ihren wippenden Brüsten sehen. Ich weiß, sie muss eines von diesen vietnamesischen Mädchen sein, über die sich die Leute die Mäuler zerreißen, weil ein chinesisches oder Khmer-Mädchen nie im Leben so etwas tragen würde. Khmer-Mädchen schwimmen entweder im Sarong, den sie sich eng um die Brust wickeln, oder völlig angezogen.

Ein paar Wochen später werde ich mitten in der Nacht durch einen lauten Schrei geweckt. Aus einer Hütte in unserer Nähe kommen noch weitere Geräusche eines Gerangels. Nach einer Weile verebben die Stimmen, und ich schlafe wieder ein. Am nächsten Tag redet das ganze Lager darüber. Man erzählt sich, dass eins der vietnamesischen Mädchen davon aufgewacht ist, dass ein Kerl auf ihrem Bauch saß. Er bedrohte sie mit einem Messer und warnte sie, nicht zu schreien, aber sie tat es trotzdem, und er rannte weg. Als sie sich in der Essensschlange anstellen, tratschen die Frauen darüber, dass das Mädchen selbst Schuld hat. »Schließlich ist sie Vietnamesin«, sagen sie. »Diese vietnamesischen Mädchen lachen immer so laut, sie reden mit Männern und flirten sogar mit ihnen. Sie ziehen sich sexy an, mit ihren hoch geschlitzten Röcken und Badeanzügen. So lenken sie unanständige Blicke auf sich.« Mein Gesicht brennt vor Wut. Ich renne weg von den Klatschweibern. Haben sie Recht? Haben diese Leute Recht, die den Mädchen immer so schnell die Schuld zuschieben?

Tage werden zu Wochen und Wochen zu Monaten. Bald ist Mai und wir haben immer noch keinen Sponsoren. Es sind viele Leute nach uns mit Booten angekommen, und viele sind in andere Länder abgereist. Wir haben Kambodscha vor acht Monaten verlassen. Wir haben hier keine Möglichkeit, mit Chou und dem Rest der Familie in Verbindung zu treten, um ihnen zu sagen, dass es uns gut geht. Sie haben keine Nachrichten von uns, wir könnten auch auf See vermisst oder sonst irgendwie gestorben sein. Mein Herz wird mir schwer, wenn ich daran denke, dass sich meine Familie Sorgen macht. Auch wenn viele der Flüchtlinge arm sind, sind wir mit Abstand die Ärmsten. Tag für Tag müssen Meng und Eang Geld von ihrer Schwester leihen, um die kümmerlichen Rationen aufzustocken. Die anderen Mädchen tragen hübsche Kleider und können sich auf dem thailändischen Markt köstliches Essen kaufen, aber wir essen Reisschleim und Fisch, wenn wir uns Fisch leisten können. Wegen der anhaltenden Unterernährung ist mein Bauch immer noch geschwollen, während ich ansonsten klein und dünn bin.

Aber am 5. Juni 1980 kommt Meng mit einem vor Aufregung glühenden Gesicht aus dem Lagerbüro angerannt. Er verkündet uns, dass wir einen Sponsoren gefunden haben. »Wir fahren nach Amerika!« Eang und ich weinen und schreien vor Glück.

»Wir müssen zwar noch eine Woche warten, aber jetzt geht es endlich los!«, sagt Meng zu uns.

»Wir fahren nach Amerika! Wir müssen kein Geld mehr sparen!« Eang hört auf zu schreien und sieht mich an. »Wir müssen Stoff kaufen, um dir ein schönes Kleid zu nähen, das du in Amerika tragen kannst!« Am nächsten Tag geht sie mit mir auf den Markt, wo wir einen Stoff aussuchen wollen. Ich gehe im Laden herum und sehe mir die auf den Tischen herumliegenden wunderbaren Regenbogenfarben der Ballen an. Ich wische mir erst die Finger an der Hose ab, damit kein Staub und Dreck mehr dran ist, bevor ich sie ganz leicht über die Stoffe gleiten lasse. Die Seide schimmert; sie fühlt sich glatt und kühl auf meiner Hand an. Sie ist so schön, aber ich weiß, dass wir uns so ein Material nicht leisten können. »Komm mal her, sieh dir das mal an«, ruft mich Eang. Sie hält einen orange, rot und blau karierten Stoff hoch. »Ist der nicht schön? Ich glaube, er würde dir stehen.« Ich nicke, mein Blick gebannt von den roten Karos.

Am nächsten Tag sehen Meng, Eang und ich uns den Film an, den die Lagerangestellten in dieser Nacht zeigen. Wir sind bester Laune. Der Film soll den Flüchtlingen, die nach Amerika wollen, eine Vorstellung von ihrer neuen Heimat vermitteln. Er wird unter freiem Himmel auf einem weißen Laken mitten im Lager gezeigt. In der Dämmerung versammeln sich die Flüchtlinge mit Decken, Reistöpfen, Fischtellern, Teekannen und fangen laut zu essen an, als der Film beginnt. Ich liege bäuchlings neben Meng und Eang auf der Decke und halte den Atem an, als Bilder aus Amerika auf der provisorischen Leinwand vorüberziehen. Die Gebäude sind aus grünem Marmor mit weißem Granit oder aus roten Ziegelsteinen mit hohen Glasfenstern. Durch silbern verspiegelte Türen treten Menschen auf die Straßen, sie tragen hochhackige Schuhe und schwarze Lederstiefel. Die Menschen haben alle möglichen Haare und Frisuren: schwarz und kraus, orange und gelockt, glatte rote Strähnen, blond gewellte oder dunkle Pagenschnitte. Sie steigen in Autos, pfeifen Freunden zu und gleiten auf Schuhen mit Rollen auf den Bürgersteigen entlang. Dazu dröhnt laute Musik aus den Lautsprechern.

»Amerika«, flüstere ich. Meng lächelt und fährt mir durchs Haar.

»Kalifornien«, erklärt er mir.

»Kommen wir dahin?«

»Nein, wir kommen in einen Staat, der Vermont heißt.« Er konzentriert sich wieder auf den Film.

»Ist es so wie in Kalifornien?«, frage ich ihn.

Meng sagt, dass er es nicht weiß. Es sieht so aus, als gingen nicht viele Leute nach Vermont. Viele haben noch nie von Vermont gehört. Aber er versichert mir, dass es in Amerika ist und dass es deswegen ein wenig wie Kalifornien sein muss.

Eang und ihre Freundinnen nehmen Maß bei mir. In den nächsten Tagen arbeiten sie wie besessen an meinem Kleid, sie steppen den Saum ab und ändern die Länge dann wieder, sie nähen die Ärmel und den Kragen. In der Passe bekommt das Kleid sogar kleine Biesen. In der Nacht bevor wir das Flüchtlingslager verlassen, packe ich bedächtig meine Sachen. Ich lege das Kleid und neue Sandalen zur Seite und stecke das kleine Schreibheft und zwei Stifte, die Meng mir gekauft hat, zusammen mit ein paar Blättern Zeichenpapier in meine Umhängetasche. Dann hebe ich mein wunderschönes Kleid noch einmal hoch und lege es ganz vorsichtig wieder hin, damit es ja nicht knittert. Ich bin traurig, dass das andere rote Kleid, das der Soldat verbrannt hat, schließlich ersetzt wurde. Dies ist mein erstes Kleid seit fünf Jahren, und morgen werde ich es tragen und damit angeben. Aber noch ehe ich mich darüber freuen kann, steigt die Traurigkeit in mir hoch. Ich starre auf das Kleid hinunter. Nie wird es dem Kleid, das Mama für mich genäht hat, gleichkommen. Beide habe ich für immer verloren.

Die Nacht ist heiß und feucht, eine gewöhnliche Juninacht in Thailand. Blitz und Donner zucken durch die schwüle Luft. Ich erschaudere, als ich die Gewitterwolken in der Ferne grollen höre. Ich hasse Gewitter, es hört sich so an, als führe der Himmel mit sich selbst Krieg. Die Donnerschläge erinnern mich an Explosionen. Ich fühle mich, als sei mir der Tod auf den Fersen. Ich mache die Augen ganz fest zu und versuche, mich nicht zu fürchten. Meng und Eang schlafen ruhig neben mir, sie haben sich den Rücken zugekehrt. Ich beneide sie, weil sie erwachsen sind und keine Angst vor nächtlichen Gewitterstürmen haben. Doch nachdem eine Ewigkeit vorbei ist, ist das Gewitter weitergezogen und Regen setzt ein. Das sanfte Trommeln der Regentropfen auf dem Hüttendach beruhigt mich. Beim Einschlafen denke ich an Papa. Ich weiß, dass mir sein Geist über Land folgen kann, aber ich mache mir Sorgen, ob er auch den Ozean nach Amerika überqueren kann. Dann sitzt Papa in meinem Traum neben mir, seine Finger streicheln über meine Wangen. Die sanfte Berührung kitzelt und bringt mich zum Lachen.

»Papa, du fehlst mir«, flüstere ich.

Papa lächelt mich an, um die Augen und den Mund bilden sich ganz viele Fältchen.

»Papa, morgen gehe ich nach Amerika. Der älteste Bruder sagt, Amerika ist sehr weit entfernt von Kambodscha, sehr weit entfernt von dir ...« Die Worte hängen in der Luft. Ich fürchte mich so vor seiner Antwort, dass ich Papa noch nicht einmal im Traum meine Angst eingestehen kann.

»Mach dir keine Sorgen. Ich finde dich, wo immer du auch bist«, sagt er zu mir, und streicht mir zärtlich ein paar einzelne Haarsträhnen aus dem Gesicht. Als ich am Morgen die Augen öffne, hat der Regen aufgehört und die Sonne blinzelt zwischen den Wolken hervor. In der kühlen Brise kitzeln mich die Haarsträhnen auf den Wangen.

Ein paar Stunden später halten Meng, Eang und ich uns fest an der Hand. Wir betreten den Bangkok International Airport. Unser Flugzeug, ein gigantisches silbernes Geschoss mit Flügeln steht wartend am Flugsteig. Mein Herz klopft wie verrückt, meine Handflächen sind kalt und feucht. Doch dann fällt mir der Traum von Papa ein, und ich steige beherzt an Bord.

Epilog

Ich bin fast zu Hause. Nach einem einunddreißigstündigen Flug über den Pazifik befinde ich mich auf dem letzten Abschnitt von Bangkok nach Phnom Penh. Unter mir liegt Kambodscha – mein Land, meine Geschichte. Ich lehne die Stirn gegen das Fenster und kann erkennen, dass Regenzeit ist. Ein großer Teil des Landes liegt unter silbrig schimmernden Wasserflächen. Ich denke an Papa, Mama, Keav und Geak. Ich schlucke meine Tränen herunter und bringe mir ins Gedächtnis zurück, wie es war, als ich meine Familie hier zurückgelassen habe.

Als Meng und ich nach Amerika kamen, habe ich alles getan, um nicht an sie zu denken. In meinem neuen Land habe ich mich tags in die amerikanische Kultur vertieft, aber nachts haben mich Albträume vom Krieg verfolgt. Ab und an hat der Krieg die Grenze meiner Traumwelt überschritten und wurde zur Realität, zum Beispiel, als im Jahr 1984 während der großen Dürre in Äthiopien täglich Bilder von verhungernden Kindern gezeigt wurden. Auf dem Fernsehschirm bettelten Kinder um Essen, deren Bäuche zu groß für ihre Körper waren und deren Haut lose von ihren vorstehenden Knochen hing. Ihre Gesichter ausgemergelt, ihre Lippen trocken, ihre Augen eingesunken und vor Hunger glänzend. In diesen Augen habe ich Geak erkannt, und ich habe mich daran erinnert, wie sie nur etwas zu essen haben wollte.

Als die äthiopische Krise von den Bildschirmen und aus dem amerikanischen Bewusstsein verschwand, war ich noch entschlossener, ein normales amerikanisches Mädchen aus mir zu machen. Ich habe Fußball gespielt. Ich war bei den Cheerleaders unseres Footballteams. Ich hing mit meiner Klicke rum und habe Unmengen von Pizza gegessen. Ich habe mir die Haare schneiden und eindrehen lassen. Ich habe meine Augen dunkel umrandet, damit sie runder und westlicher wirkten. Ich hatte gehofft, wenn ich Amerikanerin würde, könnte das meine Erinnerungen an den Krieg auslöschen. In ihren Briefen an Meng hat Chou immer nach mir gefragt, sie wollte wissen, was ich machte – ich habe ihr nie geantwortet.

Khouy, Kim und Chou lebten weiterhin im Mamas Geburtsort Bat Deng mit unseren Onkeln und Tanten. Bald nachdem Meng und ich gegangen waren, kam unsere Großmutter mütterlicherseits mit der Frau unseres jüngsten Onkels und ihren beiden Töchtern im Dorf an. Unsere jüngste Tante schrieb, dass die Roten Khmer ihren Mann getötet hätten. Unsere Großmutter ist in ihren Achtzigern, sie ist altersschwach und spricht nur wenig Khmer. Als sie gefragt wurde, was sie gesehen habe, füllten sich ihre Augen mit Tränen. Sie hat nur den Kopf geschüttelt, sich die Tränen weggewischt und sich die Brust über dem Herzen massiert.

Chou hat an ihrem achtzehnten Geburtstag einen Mann aus dem Dorf geheiratet, mit dem sie im Laufe der Zeit fünf Kinder bekam. Mit etwas finanzieller Unterstützung von Meng eröffneten sie einen kleinen Laden vor ihrem Haus, in dem sie Bambusschachteln und braunen Zucker verkaufen. Khouy schafft es mit seinen zwanzig Dollar Gehalt als Dorfpolizist und etwas Hilfe von Meng, seine Frau und sechs Kinder zu ernähren. In Bat

Deng erhob sich aus der Asche des Krieges ein fast hundertköpfiger Clan von Ungs.

1988 schlug sich Kim in der Hoffnung, zu uns nach Amerika kommen zu können, zu einem thailändischen Flüchtlingslager durch. Dort versteckte er sich mehrere Wochen und lebte von dem Geld, das Meng ihm geschickt hatte. Auf der anderen Seite der Welt, in Vermont, füllte Meng eilig alle Familienzusammenführungspapiere aus, die Kim in die Vereinigten Staaten bringen sollten. Er trieb die zehntausend Dollar auf, die nötig waren, um Kim aus Thailand herauszubekommen. Meng gelang es, Kims Flucht auf dunklen Wegen bis nach Frankreich zu organisieren. Ein paar Monate danach erhielten wir die Nachricht, dass die Einwanderungsquote von Flüchtlingen reduziert worden war. Das führte dazu, dass die Thailänder die Flüchtlinge alle wieder nach Kambodscha deportierten. Nach all diesen Jahren wartet Meng heute sehr zuversichtlich auf die baldige Ankunft von Kim und seiner Familie in Vermont.

Meng und seine Frau Eang leben seit unserer Ankunft als Flüchtlinge im Jahr 1980 in Vermont. Sie haben inzwischen zwei Töchter. Ihrer harten Arbeit und ihrer Entschlossenheit ist es zu verdanken, dass es unserer Familie in Kambodscha und in Amerika gut geht. In einem fremden Land gestrandet, ohne Kenntnisse der Kultur, Gesellschaft, des Essens und nur mit den rudimentärsten Kenntnissen der Sprache, machten und machen beide mittlerweile viele Überstunden bei IBM, um die große Familie unterstützen zu können. Und obwohl Meng viele Jahre lang die Familie über Wasser gehalten hat, grämt er sich unendlich, dass es ihm nicht gelang, die ganze Familie herüberzubringen. Bei den derzeitigen Immigrationsbestimmungen ist die Chance, dass unsere Familie je wieder vereinigt werden wird, nur sehr gering.

Was mich angeht, so habe ich fünfzehn Jahre von dem andauernden Krieg in Kambodscha beschützt gelebt. Während Meng und Eang arbeiteten, nicht nur, um genug für uns zu haben, sondern auch, um etwas rüberzuschicken, habe ich Englisch gelernt, bin zur Schule gegangen und habe auf ihre beiden Kinder aufgepasst. Schließlich habe ich einen Abschluß in Politikwissenschaft gemacht und 1994 angefangen, in einem Frauenhaus in Maine zu arbeiten. Drei Jahre später bin ich nach Washington, D. C., umgezogen, wo ich Arbeit in der Kampagne für eine Welt ohne Landminen (Campaign for a Landmine-Free World, CLFW) gefunden habe.

Als Sprecherin der CLFW mache ich jetzt ausgedehnte Reisen in den USA und weltweit. Dabei kann ich mich gegen Landminen einsetzen und davon erzählen, wie es in Kambodscha war. Wenn ich Menschen von diesem Völkermord erzähle, bekomme ich die Gelegenheit, etwas einzulösen. Jetzt habe ich die Chance, etwas zu tun, das es wert ist, dass ich lebe. Es gibt mir Kraft: Es fühlt sich richtig an. Je öfter ich Menschen davon erzähle, desto weniger werde ich von den Albträumen heimgesucht. Je mehr Menschen mir zuhören, desto kleiner wird mein Hass. Nach einiger Zeit hatte ich sogar so viel geredet, dass ich meine Angst vergessen habe, das heißt: bevor ich mich dazu entschlossen hatte, nach Kambodscha zu reisen.

Als die Reise jedoch näher rückte, wurde ich immer nervöser, und die entsetzlichen Albträume kehrten zurück. In einem Traum steige ich als erwachsene Frau in Amerika ins Flugzeug, um als Kind in Kambodscha auszusteigen. Das Kind ging in der Menge unter, verzweifelt suchte es nach seiner Familie, rief die Namen seiner Geschwister, rief nach seinen Eltern. Jeden Morgen wachte ich in Gedanken an diese Heimkehr panischer auf.

Am Tag der Reise verwandelten sich meine Ängste in Aufregung. Als ich in Los Angeles das Flugzeug bestieg, stellte ich mir vor, wie es sein würde, dahin zurückzukehren, wo ich hingehöre. Ein Ort, an dem jeder meine Sprache spricht, mir ähnlich sieht, meine Geschichte teilt. Ich sah mich aus dem Flugzeug kommen und in die offenen Arme meiner Familie laufen. In meinen Tagträumen war es die Wärme der vielen Arme meiner Tanten,

Onkel, von Chou, alle umschlossen mich, sie bildeten einen Kokon, in dem ich sicher war.

Endlich quietschten die Reifen auf der kurzen Landebahn, und ich bereitete mich auf das erste Wiedersehen mit meiner Familie seit all dieser Zeit vor. Mir schlug das Herz bis zum Hals, sogar meine Kopfhaut schien zu schwitzen. Die Stewardess mahnte die Reisenden, sitzen zu bleiben, bis das Flugzeug zum vollkommenen Stillstand gekommen sei. Es kam mir wie Stunden vor, bis ich schließlich durch den Zoll war und durch die Tür gehen durfte.

Ich sah meine Familie sofort. Sie waren alle da. Zwanzig oder dreißig von ihnen standen Ellenbogen an Ellenbogen und schubsten sich, um den ersten Blick auf mich zu erhaschen. Chou und Khouy standen ganz vorne. Obwohl es nicht heiß war, waren meine Handflächen feucht. Ich bemerkte, wie meine Onkel und Tanten ihre Stirn runzelten, als sie mich erkannten. Meine bequeme, praktische, fleckenabweisende, weite Hose, das braune T-Shirt und die schwarzen Teva-Sandalen zogen auch argwöhnische Blicke von Chou und Khouy auf sich. Plötzlich wurde mir mein Fehler klar. Ich sah aus wie eine Rote Khmer. Meine Phantasien der augenblicklichen Harmonie waren zerstört. Meine Familie und ich reagierten gezwungen aufeinander, und sie ließen ihre vielen warmen Arme hängen.

Ich stand allein und starrte Chou an. Ich hatte einen Frosch im Hals. Sie war zwar gewachsen, aber ich bin immer noch ein paar Zentimeter größer als sie. Mit ihrem langen schwarzen Haar, ihrem schönen Teint und den geschminkten Lippen und Rouge erinnerte sie mich an Mama. Sie war schön. Sowie sie mir in die Augen sah und wir uns anschauten, bemerkte ich, dass ihre Augen noch dieselben waren: freundlich, zärtlich und offen. Im selben Moment hielt sie sich die Hand vor den Mund, brach in Tränen aus und rannte auf mich zu. Die Familie war sprachlos. Chou griff nach meiner Hand, ihre Tränen fielen in meine Handfläche. Unsere Finger glitten so selbstverständlich ineinander, als sei unsere Verbindung nie unterbrochen gewesen, und Chou führte mich zum Auto, während die anderen mit meinem Gepäck folgten.

Danksagung

Ich möchte vor allem meinem Arbeitgeber und Mentor Bobby Muller danken. Mein Dank gilt seiner Arbeit in Kambodscha und bei der Eröffnung des Kein-Khleang-Rehabilitationszentrums. Als ich in Amerika war und versucht habe, den Völkermord aus meinem Gedächtnis zu löschen, war er in Kambodscha und verlieh den Überlebenden und Opfern von Landminen und den andauernden Verwüstungen durch das Regime Pol Pots eine Stimme und Hilfestellung. Ohne seine Ermutigung wäre dieses Buch vielleicht nie geschrieben worden. Bobby hat mir gezeigt, wie ein Mensch die Welt verändern kann. Ich möchte mich auch bei dem Senator von Vermont, Patrick Leahy, bedanken. Er ist ein Politiker, der über sein Amt hinauswächst, dessen Engagement und Arbeit bei unseren Bestrebungen, Landminen abzuschaffen, von unschätzbarem Wert waren.

Mein Dank gilt auch meinem Agenten, George Greenfield, der immer an dieses Buch geglaubt hat. Vielen Dank meiner Freundin, Leserin und phantastischen Lehrerin Rachel Snyder. Auch Trena Keating, meiner Lektorin bei HarperCollins, bin ich sehr zu Dank verpflichtet, deren Unterstützung und Enthusiasmus für dieses Buch niemals schwanden. Ohne Trena Keatings Lektoratsarbeit müssten Sie alle ein viel, viel längeres Buch lesen ... Bronson Elliott meinen herzlichen Dank für die steten Worte der Unterstützung.

Mein besonderer Dank gilt Mark Priemer, meinem besten Freund, der mich immer unterstützt hat, egal, was ich tat oder wohin ich ging, und ohne dessen Liebe und Unterstützung ich nicht diejenige wäre, die ich heute bin. Und meinen Freundinnen und neuen Schwestern in Amerika Ly Carboneau, Heidi Randall, Beth Poole, Kia Dorman, Britta Stromeyer, Joan Mones, Nicole Devarenne und Jeannie Boone gilt mein Dank fürs Lesen der vielen Fassungen.

Meiner zweiten Familie in Vermont, Linda, George und Kim Costello, danke ich dafür, dass sie meine Familie nach Amerika geholt haben. Ellis Severance, meinem Englischlehrer in der neunten Klasse in der Essex Junction High School: danke für die Eins plus für meinen Aufsatz. Immer wenn ich dachte, ich könnte dies nicht schreiben, habe ich an Sie gedacht. Allen tollen Lehrern und Lehrerinnen an der Albert D. Lawton Junior High School und der Essex Junction High School und dem Saint Michael's College danke ich dafür, dass sie mich für ein Leben in Amerika vorbereitet haben. Ein besonderer Dank geht an die Gemeinde in Essex Junction, Vermont, wo die Menschen sehr freundlich sind. Es konnte keinen besseren Ort für meine Heilung geben.

Schließlich an meine in Amerika geborenen Nichten, Maria und Victoria. Ich hoffe, dieses Buch hilft euch, eure Großeltern und Tanten kennen zu lernen, die ihr nicht erlebt habt.

Engagieren auch Sie sich für ein Verbot aller Landminen:

Loung Ung ist Sprecherin der »Kampagne für eine Welt ohne Landminen« der Vietnam Veterans of America Foundation. Über die Arbeit dieser Organisation erfahren Sie mehr unter www.vvaf.org. Diese Organisation arbeitet eng mit dem deutschen Initiativkreis für das Verbot von Landminen zusammen:

Deutscher Initiativkreis für das Verbot von Landminen
C/O BITS
Rykestraße 13
10405 Berlin
www.landmine.de

Die Mitglieder des Initiativkreises:

Brot für die Welt
Stafflenbergstr. 76
70184 Stuttgart
www.brot-fuer-die-welt.de

Deutscher Caritasverband
Karlstr. 40
79104 Freiburg
www.caritas.de

Christoffel Blindenmission
Nibelungenstr. 124
64625 Bensheim
http://www.cbmi.de/

Eirene-International
Engerserstr. 74b
56564 Neuwied
www.eirene.org

Deutsche Welthungerhilfe
Adenauerallee 134
53113 Bonn
www.welthungerhilfe.de

Handicap international
Hirschbergstr. 3
80364 München
www.handicap-international.org/deutsch/index.html

Jesuiten-Flüchtlingsdienst
c/o Kaulbachstr. 31a
80539 München
www.kathpress.co.at/
jesuiten/jrs.htm

Justitia et Pax
Adenauer Allee 134
53113 Bonn

Kindernothilfe e. V.
Düsseldorfer Landstr. 180
47249 Duisburg
www.kindernothilfe.de

medico international e. V.
Obermainanlage 7
60314 Frankfurt am Main
www.medico.de

Misereor
Mozartstr. 9
52064 Aachen
www.misereor.de

Oxfam Deutschland
Greifswalder Str. 33 A
10405 Berlin

Pax Christi
Feststr. 9
61118 Bad Vilbel
www.paxchristi.de

Solidaritätsdienst
International (SODI)
Grevesmühlener Str. 16
13059 Berlin
www.sodi.de

terre des hommes
Postfach 4126
49031 Osnabrück
www.tdh.de

UNICEF-Deutschland
Höninger Weg 104
50969 Köln
www.unicef.de